Ernst Décsey
Bruckner – Versuch eines Lebens

SEVERUS

Décsey, Ernst: Bruckner – Versuch eines Lebens
Hamburg, SEVERUS Verlag 2014

ISBN: 9-783-86347-855-1
Druck: SEVERUS Verlag, Hamburg, 2014

Der SEVERUS Verlag ist ein Imprint der Diplomica Verlag GmbH.

Bibliografische Information der Deutschen Nationalbibliothek:
Die Deutsche Nationalbibliothek verzeichnet diese Publikation in der
Deutschen Nationalbibliografie; detaillierte bibliografische Daten sind im
Internet über http://dnb.d-nb.de abrufbar.

© SEVERUS Verlag
http://www.severus-verlag.de, Hamburg 2014
Printed in Germany
Alle Rechte vorbehalten.

Der SEVERUS Verlag übernimmt keine juristische Verantwortung oder
irgendeine Haftung für evtl. fehlerhafte Angaben und deren Folgen.

SeveruS

VORWORT

Der Plan, ein Leben Anton Bruckners zu schreiben, beschäftigt den Verfasser ungefähr fünfzehn Jahre. Als Schüler des Meisters, von seinem reinen Wesen durchdrungen, von den Gewalten seiner Musik erfüllt, schien ihm Pflicht, eine Beglückung, die so selbstverständlich gewonnen war, auch weiter zu tragen. Umsomehr als es bei Aufführungen neben Begeisterungs-Inseln ein kleines Meer von uneingestanden Gelangweilten gab, worin die Hilflosigkeit noch immer hilflos umherschwamm und als Rettungs-Ästhetik die alte Hanslickiade diente. Allein bei jedem notierten Wort schien die Unmöglichkeit zu wachsen — es fehlte etwas, das dem Ganzen erst das brucknersche Gesicht gab.

Es erschienen die Bücher von Rudolf Louis, von Gräflinger und August Halm, von denen namentlich Louis tief wirkend wurde. Aber diese Bücher, die den Verfasser entmutigten, bestärkten allmählich seine Absicht. Noch gab es ein Thema herauszuarbeiten und zum Hauptmotiv zu machen: den ethischen Gedanken, das Christentum des Künstlers. Die Musik als Geberdenkunst zu betrachten und aus Bruckners Sinfonie Bruckners innere Haltung zu deuten. Erst der Krieg mit seinem Umstürzen der Seelen, der Eintritt des religiösen Erlebnisses führten zum vollen Bruckner-Erlebnis, und so muß der Verfasser vor allem der Zeit, die ihn warten lehrte, und den andern Büchern, die ihn hemmten, dankbar sein.

Dankbar ist der Verfasser aber auch einem produktiven Freund, Herrn Kapellmeister Friedrich Pollack in Graz, der in langer Sommernächte schlafbedrohter Mühe ihn zur intensiven ethischen Durchleuchtung des ganzen Stoffs und seiner Einzelfragen veranlaßte. So entstand ein Brucknerbuch, das nicht ganz überflüssig sein mag, umsomehr als der Verfasser — einer der wenigen Glücksfälle seines Lebens — die Ehre genoß, ein Jahr lang neben Bruckner als Lernender zu sitzen. Auch die Herren Franz Gräflinger, Dr. Max Pirker, und besonders Prof. Dr. Theodor Helm und Friedrich Eckstein haben den Verfasser unterstützt und verdienen Dank, einen Dank, der endlich denjenigen nicht vorenthalten sei, die den Verfasser im Stich ließen und sein Buch vor Überlastung bewahrten.

So weit wie möglich wurde neu auftauchender Stoff aus Tagesblättern und Zeitschriften verwendet, ganz zuletzt konnten noch die Erinnerungen von Artur Nikisch eingefügt werden; aber das Neue des Buchs liegt weniger am „Material" als an der Idee, die es trägt, und wenn es damit der Sendung des Meisters Antonius einen neuen Gläubigen geworben hat, fühlt es sich belohnt.

Graz 1919, am Sterbetag Anton Bruckners

Der Verfasser

INHALT

Seite

DAS LEBEN 9
Jahre der Jugend 11
Sankt Florian 17
Windhaag und Kronstorf 22
Wieder in Florian 26
In Linz 32
Nach Wien 53
In der Kaiserstadt 58
Lehrer und Organist 63
Der Kampf um die Sinfonie 76
Letzte Jahre, Ende 104

PERSÖNLICHKEIT UND GESAMT-WERK 113

ERLÄUTERUNGEN UND BE-MERKUNGEN ZU EINZELNEN WERKEN 157
Kirchenmusik 161
Die Sinfonien 175
    Erste Sinfonie 175
    Zweite Sinfonie 181
    Dritte Sinfonie 185
    Vierte Sinfonie 192
    Fünfte Sinfonie 198
    Sechste Sinfonie 204
    Siebente Sinfonie 207
    Achte Sinfonie 214
    Neunte Sinfonie 220

BRUCKNERS ERDEN- UND HIMMELFAHRT 226

BRUCKNER-LITERATUR 230

REGISTER 232

DAS LEBEN

Eine natürliche Unschuld, man möchte
sagen eine Moralität des Instincts, und
die ihm gleichgestimmte Fantasie ist
himmlisch.   Hölderlin

JAHRE DER JUGEND

Um die Zeit der Siebziger-, Achtziger- und Anfang der Neunziger Jahre wandelte in Wien durch die innere Stadt öfter eine seltsame Erscheinung: eine breitgedrungene Gestalt, schwarz gekleidet, einen großen Schlapphut auf dem Kopf, die Beine in wunderlichen, weiten Hosen. Im Gewimmel städtischer Eleganz, unter dem Modepublikum des Ringstraßen-Korsos nahm das Gewalthaupt mit den geräumigen Zügen und der eigenwillig gehöckerten Römernase etwas Fernes und Unweltliches an und zwang manchen Vorübergehenden, sich nach dem heroischen Schädel umzusehen, der aus dem bis zum Schlüsselbein hinabschwingenden Hemdkragen hervortrat. Wenn dann seine Mienen aus Versunkenheiten erwachten, zeigten sie Neigung zu gutmütigem Anlächeln, und der Blick verriet das Treuherzig-Kindliche, woran man den Mann aus dem Volk erkennt. Er sprach auch die Mundart des Volks und redete bisweilen einen aus dem Volk an. Jeder aber mochte das Hierher-Verirrte des bedächtig Wandelnden empfinden und ihn nach seinen kurzen knöchelfreien „Pedalhosen" für einen Organisten oder Kirchendiener, Meßner oder „Lehrer vom Land" halten, weshalb er wohl auch über ihn lächelte, wie man sich eben mit Gesellschaftsfremden abfindet. Wäre der gleiche Meßner aber im Purpur und roten Hut des Kardinals in der Galakutsche zur kaiserlichen Burg gefahren oder damals im großen Festzug des Hans Makart als Bauernkönig mitgeritten, niemand hätte sich gewundert.

Und wie sollte man ihn nennen? Alter Herr? — Da stimmte etwas nicht; Herr war zu fein. Mann? — zu grob; das fühlte man schon. Greis? Es fehlte das Gebrechliche, wie es vielleicht aus Bildern des alten Stifter oder Rosegger heute spricht. Er verkroch sich auch nicht wie seinerzeit der schrullige Hofrat Grillparzer in scheue Schweigsamkeit. Überhaupt, war es nicht seltsam, schien es nicht, als sei das Alter die natürliche Gegenwart dieser Erscheinung, als habe sie niemals eine andere gehabt? Sei immer, ob mit wenig oder viel Jahren, so gewesen? Als wäre eben das Alter an ihm nicht, was es an andern ist — Ausgang, Letztes — sondern die seiner innern Wirklichkeit gemäße Daseinsform. Als habe die

Natur keine andern Mittel, wenn sie gerade dieses Wesen darstellen wollte?

Dieser Mann war Anton Bruckner, Professor am Konservatorium, Organist an der Hofkapelle und Komponist.

Tatsächlich witterte der städtische Instinkt richtig: der Mann stammte, unverzeihlich genug, aus der Provinz und verleugnete es sein Lebtag nicht. Sein Vaterhaus stand in Ansfelden in Oberösterreich (nach alter Bezeichnung: Viertel ob der Enns); dort wurde er am 4. September 1824 geboren. Der Wiener von 1870 bis 1900, durch wenige Gemeinsamkeiten mit seinen alten „Kronländern" verbunden, wußte von Oberösterreich nicht viel mehr, als daß dort Bauern leben, die man „Mostschädeln" nannte, daß dort alle Sommer das Salzkammergut liegt, wohin der Kaiser alle Sommer ging — Ischl, Gmunden — denn Wien, einen Staat im Staate bildend, dessen geographischer Blick durch den Dünkel begrenzt wurde, verwaltete das übrige Österreich, ohne es zu erleben.

Dem Geburtsland Bruckners aber geht es wie einem, den man erst durch Liebe sehen lernt. Oberösterreich hat vielleicht den hellsten Himmel von allem nördlichen Alpenland. Wenn man von der steirischen Seite über den Pyrrhnpaß aus dem Düster enger, einklemmender, tanniger Täler kommt, staunt man über die aufgehenden Weiten und Breiten eines ganz andern Landschaftsbildes: der Raum wird geräumiger, die Sonne lichter, der Menschenschlag freier und freudiger, das ferne große Wasser, die Donau kündigt sich an ... Und in Bruckners Jugend muß namentlich die Ennser und Trauner Gegend mit ihren sauberen, reichen Höfen, vergrauten Edelsitzen, Wildwässern, polternden Sensenhämmern, schweren Fuhrwerken, schleichenden Wildschützen und singenden Sennerinnen eine Provinz der Pracht gewesen sein, in ihrem Abseits ein Einsamkeits-Paradies, das Julius von der Traun (in den „Excursionen eines Österreichers", 1840—1879) wie eine heimliche Geliebte beschreibt.

Am Ufer der Enns und Steyr bis gegen Kremsmünster und Sankt Florian gehen die Bauernbuben am Sonntag noch mit ihren schwarzen Gewalthüten, um sich im Tragen dieser Ungetüme zu üben — nicht anders wird Anton Bruckner als Bub gegangen sein — und die Städte, das stillheitere Enns, die alte Trutzburg gegen Hunnen und Avaren, das gegiebelte Steyr, ein österreichisches Rothenburg, einst norische Waffenschmiede und später Heimat der Religionsromane Enrica Handel-Mazzettis, die damals noch befestigte Donaustadt Linz, wo Beethoven weilte und Stifter lebte — alles behäbige Nester, die nach überstandenen Geschichtsstürmen sorglos versunken neben der Welt dahindämmern. Eine reizvolle Rückständigkeit schützt die zurückgelassenen Zeichen einer starken Kultur. Kaisertreue und christlicher Glaube blieben die ethischen Merkmale der oberösterreichischen Menschen.

Wahrscheinlich ist die Familie Bruckner ursprünglich in St. Georgen im Attergau — einem noch aus der Agilolfingerzeit stammenden Gau — zu Hause gewesen, wenigstens sind dort schon im 17. Jahrhundert Bruckner (ein Wolfgang, ein Johann) nachweisbar. Brucknerv Großvater (gest. 1831) lebte schon als Lehrer in Ansfelden, trieb aber vorher das Bindergewerbe. Dessen Sohn Anton, der Vater des Meisters, folgte als Schullehrer im Amt und starb 1837. Die Großmutter Brucknerv, die Wirtstochter Josefa Helm, wurde Frau des Wirts und Amtsverwalters in Neuzeug bei Steyr, der auch Herbergsvater für Messerer und Schleifer war. Anton Bruckner entstammte also nicht unmittelbar dem Bauernstand, vielmehr dem ländlichen Mittelstand, indem seine Vorfahren von der Handwerks- und Wirtschaftsarbeit allmählich zur Kopfarbeit übergingen. Eine sich langsam hebende Linie gehört zur Entwicklung der Familie. Die Handschrift Anton Brucknerv zeigte auch die überlieferte schöne, sorgfältige altösterreichische Lehrerhand; und wenn er es selbst bis zum Wiener „Professor" brachte, so war er damit höchster Ausläufer heimatlicher Lehrergeschlechter.

Zeitlich betrachtet, stammt Anton Bruckner aus der Regierungswelt des Kaisers Franz. Es ist die Epoche des tiefsten Vormärzes, greisgewordnes Mittelalter, von Europa ängstlich abgeschlossen, in einer ideenlosen Stille festgehalten. Noch sind die Gewerbe zünftig geordnet, das Wort Freiheit klingt nach Hochverrat, das Leben ist gebunden, auf allen Formen lastet Autorität. Die Kinder sagen zu den Eltern Sie, der geistliche Herr zu den Angehörigen der Gemeinde, ob Lehrer, Organist, Gärtner, Du; das Handküssen ist Verkehrssitte zwischen Nieder und Hoch, und in Nieder und Hoch, in „Herrschaften" und Nichtherrschaften zerfällt die Menschheit Österreichs. Patrimonialgerichte sprechen auf dem Lande das Recht, bis 1848 gibt es noch bäuerliche Hörigkeit, die dem Adel Zehent und Neunten schuldet, Anastasius Grüns und Lenaus Bücher werden im Schmuggel aus Deutschland hereingeschafft. Leise, man möchte sagen, nur in Masken schleicht nach Österreich der Verkehr ein. Als Anton Bruckner fünf Jahre alt war, wurde die erste österreichische Eisenbahn gebaut — die Pferdebahn zwischen Linz und Budweis — und vor den Augen des Knaben versuchten die ersten Dampferchen schüchterne Wikingerfahrten auf der Donau. In Wien beginnt ein Schwarmgeist und Hitzkopf namens Friedrich List die mit der Post fahrende Bevölkerung durch Reden über Dampfbahnen zu beunruhigen. Als die Nordbahn gebaut wurde (1839), äußerte Kaiser Franz seine Zweifel: „Wer wird si' denn aufisetzen? Es is' eh der Stellwagen nach Kagran immer leer . . ." Und dieser Kaiser Franz herrschte über den ganzen, von Metternich im Kunstschlaf erhaltenen Staat wie eine Art Wiener Hausherr, der im Schlafrock und Käppchen von den Fenstern der Burg herausschaut, die Völker als Mietparteien betrachtend, bald boshaft und kleinlich, bald gnadenreich, ob sie auch nichts anstellen und beschädigen, sondern sich benehmen und Ruh geben.

Erst zu Beginn der Siebziger Jahre kommt in das oberösterreichische Wild-Garten-Idyll Unruhe und Leben: mit gespaltenem Herzen begrüßt Julius von der Traun das „Donnergerassel" der Salzkammergutbahn, die ihm mit „ihrem höllischen Gepfeife" als ganz stillose Neuerung erscheint. Früher hörte man nur das Mittagläuten vom Dorf und das Posthorn auf der Straße . . . und auf der Chaussee von Aussee fuhr mit seiner Gemahlin und seinem Gefolge der Kaiser Ferdinand von Österreich, im Begriff, von Ischl nach Mariazell zu wallfahrten. „Die schwerfälligen, grünen, goldbeschlagnen Hofkutschen, das reichgefütterte Kammergeschwader, die übermütigen Livréegesichter, alles in so patziger Sicherheit, als wäre die Weltgeschichte ein Märchen, als schliefe das Schicksal einen ewigen Schlaf auf den Zündlöchern der Kanonen . . ." Aber der Erzähler, der auch Politiker und Abgeordneter war, fügt hinzu: „Das Schicksal ist seitdem wach geworden und begann sofort die Kanonen abzufeuern: noch gellen uns davon die Ohren . . ." Es ist die 1866 beginnende letzte österreichische Sorge gemeint.

Dies ist wichtig für die geistige Struktur Anton Bruckners. Ein

Sohn des Vormärz, ein Enkel der Maria Theresienzeit, ragte er fremd in die aufkommende Betriebszeit des Nachmärz hinein. Er hat wahrscheinlich nicht anders gelebt wie sein Urahn Wolfgang im siebzehnten Jahrhundert: nichts verband ihn innerlich mit der „Gesellschaft" und Weltstadtkultur, in deren kühlen Rationalismus er später geriet. Ein hastig telephonierender, zigarettenrauchender, „stilvoll" eingerichteter Bruckner ist ebenso undenkbar wie ein literarischpolemischer Bruckner, der sich irgendwie „durchzusetzen", Einflüsse und Verbindungen zu sammeln, Bedeutungen zu erringen sucht, Prozesse mit Verlegern führt, sich von Zeitungen ausfragen und zum Feuilletonieren gebrauchen läßt. Vormärzluft umweht seine ehrwürdige, aus den Überlieferungen des Mittelalters hervorgewachsene Erscheinung.

Sein Großvater, der etwa 1750 auf die Welt kam, den großen Fritz und die große Kaiserin, die schlesischen Kriege miterlebt hatte, war im gleichen Schulhaus zu Ansfelden tätig gewesen, wo jetzt der kleine Anton ein- und ausging. Schulmeister! Das war damals mehr als der Name sagt. Der „Schulmoasta" lehrte Jung und Alt geigen und blasen, er leitete die Kirchenmusik, neben ihm auf dem Chor sang die Tochter mit, auch die Frau, das Jüngste im Arm, und die Leuteln führten nicht gerade Palestrina auf: man legte Stücken aus Singspielen oder Volksliedern („Brüderlein fein") lateinische Texte unter, ja Herbeck erzählt in seinen Gedanken über den Zustand der Kirchenmusik auf dem Lande (1848) von einem beliebten Pastorale, wo die Hirten beim Gloria begannen: „Wos is dös für a Gschroa, dös müassn Engel sein!" Worauf die Engel antworteten: Gloria in excelsis Deo! — — Und der Schulmeister machte den Hans Dampf in allen Gassen: wenn er die Hände auf den Tasten, die Füße auf den Pedalen hatte, blieb noch immer der Mund frei, mit dem er in eine vorgehaltene Trompete zur Ehre Gottes blasen konnte. Kurz, die Schule im Pfarrdorf war das Dorfkonservatorium, wie Gräflinger treffend bemerkt, und der „Schulmoasta" sein Direktor.

In diese Welt eines dürftigen, familiären Musikmachens wurde Anton Bruckner hineingeboren. Er zeigte schon in seinen ersten Jahren Vorliebe für Musik, spielte, ehe er noch schulpflichtig wurde, auf einer Kindergeige, fand dann als Schüler weniger Vergnügen am Unterricht als an der Gesangsstunde und bemächtigte sich mit

Ausdauer des väterlichen Spinetts, auf dem er „furchtbar" zu spielen begann. Sein Festtag aber kam, wenn er auf dem Chor, neben andern Buben und Mädeln, dem Vater auf die Hände schauend, Pausen zählend, mitsingen durfte. Er ist nicht in der Theaterwelt aufgewachsen wie Wagner, nicht im Reisewagen wie Mozart, im Konzertsaal wie Liszt, in städtischen Schulzimmern und zwischen Wiener Liedern wie Schubert — in Kirchen ist seine erste Heimat, zwischen Orgeln und Organisten, auf den kleinen Chören oben, von denen man über die Balustrade den Priester am Altar in seinem bunten Meßgewand sieht, während Weihrauchwolken die Sonnenstrahlen beim Hochamt durchwölken, und das Herz stockt, wenn sich alles zur Wandlung beugt. In der ärmlichen Welt der katholischen Dorfkirche beginnt Bruckner, der Musiker. Die Orgel steht am Anfang seiner Laufbahn: ihr Klang ist sein Urerlebnis.

Sein erster Lehrer war naturgemäß sein Vater. Vielleicht erkannte der Vater aber selbst, daß er da nicht ausreiche, oder es spielte ein glücklicher Zufall mit, kurz, mit elf Jahren kam Anton zum „Herrn Vettern", d. i. zu Johann Weiß, dem Schwager seines Vaters und Schulmeister zu Hörsching bei Linz, in die Lehre. Beim Vetter Weiß, einem tüchtigen Musikus, der selbst komponierte — ein Requiem von ihm gab später der Hörschinger Pfarrer Lanninger heraus — lernte der Musiklehrling die „Grundlagen zur Orgel", also auch Generalbaß-Spielen, blieb ein Jahr dort und kehrte dann nach Ansfelden zurück. Sein Vater, schon kränkelnd, war um diese Zeit oft dienstunfähig, und Anton mußte, ihn vertretend, an der Orgel in Schule und Amt aushelfen. Seine innere Macht beginnt sich zu regen, es drängt ihn zu Niederschriften, es entsteht ein erstes Werk, „Abendklänge" (ein Stück für Klavier und ein zweites, nicht bezeichnetes Instrument), das „an P. T. Herrn Vater" gewidmet ist, wahrscheinlich im Jahre 1837.

Mit diesem Jahr wendet sich Bruckners Leben in neuer, bedeutender Weise. Es stirbt sein Vater, erst 40 Jahre alt, an Lungensucht und Auszehrung, der Lehrerkrankheit, von der zum Glück auf den Sohn nichts übergegangen ist; seine Mutter entschließt sich darauf, das verödete Schulhaus zu verlassen und in ein andres Dorf, Ebelsberg bei Linz, zu übersiedeln. Er wäre nun allein gestanden, halb verwaist, ein weltunkundiger Bursch vom Land, 13 Jahre alt, weit entfernt von Beethoven, der, mit 19 Jahren der bestellte Vormund seines eignen Vaters, Herrscherpflichten und -rechte ausübte, anders als Mozart, der bis in sein Heiratsalter ein von Vatershand behüteter Haussohn bleibt. Zum Glück nahm sich Bruckners jemand an, abermals der Herr Vetter, und zum Glück kam Weiß auf einen in seiner Natürlichkeit prächtigen Einfall: er brachte Anton als Sängerknaben ins Stift Sankt Florian bei Linz. Das lag ganz auf der Linie des Knaben, führte sie ins Höhere und Aussichtsreichere fort und bedeutete Schutz, Unterkommen und Zukunft, ohne daß der Vetter und sein Schützling es ahnten. Nach diesem Eingriff, der Erfahrung und Entschlußkraft vereinigt, dürfen wir in der Persönlichkeit des Josef Weiß einen unter der Maske des Zufalls auftretenden Bedeutungsmenschen in Bruckners Schicksal sehen.

Am 27. August 1837 trat der junge Ansfeldner Lehrerssohn in die dritte Klasse der Volksschule des Marktes Sankt Florian ein — er besuchte sie vom Stift aus, die Privatklosterschule war damals noch nicht eröffnet — und blieb dort bis zu seinem 17. Lebensjahr. Hier beginnt die eigentliche Bruckherwelt. Er fand die Stätte, die, allen Anlagen entgegenkommend, seiner Natur Entwicklung und Richtung gab. Die Stiftsgemeinde von Sankt Florian wird Bruckners Familie.

SANKT FLORIAN

Die geistlichen Stifte, namentlich die des Donautals wie Klosterneuburg, Melk, Hochgöttweih, aber auch Seitenstetten, Herzogenburg, Kremsmünster, gehören zum schönsten Kulturbesitz Alt-Österreichs. Landbeherrschend, auf Hügeln gralsburghaft aufsteigend, stehen sie als geistliche Riesenschlösser, abgewandt und verklärt, einsam und anheimelnd, mit den rhythmischen Reihen ihrer vielgefensterten Fassaden eine Stadt umschließend, über die die Türme der Stiftskirche als Zeichen ragen. Ausgedehnte Höfe, edelgestimmte Plätze empfangen den Eintretenden, blendend weiße, saubere Gänge geleiten ihn, während geheimnisvolle Stille das immer festliche, weiträumige Gebäude durchfließt, eine entrückte Feierlichkeit, von irgendwoher schwebend, diese Innenwelt durchklingt.

So auch in Sankt Florian, dem ältesten Stift des Landes. Steile

Dorfgassen emporklimmend, sieht man im Torausschnitt die ungeheure weiße Stirnwand durch den Park schimmern. Unter seiner Erde liegt die Römerwelt. Die Adler der Legionen zogen hier vorbei nach Laureacum, der Soldatenstadt, heute Lorch; hier starb der Oberst Florianus für den neuen Glauben in der Enns den Tod des Blutzeugen; hier begann die Christlichkeit des Landes. Der Leib des Heiligen verlor sich, sein Name weihte den Boden. Nach den Türkenkriegen haben Augustiner Chorherren die barocke Pracht des Stifts erbaut; sechzig Jahre schufen sie an seinen riesenhaften Ausmaßen, als sollte nun der Raum sich selbst verherrlichen. Hell und freudenrein wölbt sich das weiße Stiegenhaus mit dem Blumen- und Rankenspiel seiner Stuckdecken, lange Fluchten von Prunkzimmern, heute unbenützt, durchqueren den Bau, und man steht sehr klein in dieser perspektivisch sich verlierenden Ausdehnung, durchschreitet wortlos das grüne, blaue, gelbe, das Papst-, das Prinz Eugen-, das Kaiser-Zimmer mit ihren spiegelnden Fußböden, Gemälden, Sprüchen, Seidentapeten, Gobelins, Gewalttöfen, Prunkmöbeln — eine Pracht, die nicht prahlt, Räume, die nicht profane Eile kennen, nur gemessenes Durchschreiten kaiserlichen, fürstlichen, päpstlichen Schritts.

Durch die hohen Fenster dringt die Donaulandschaft herein, der Stadtturm von Enns, der Kirchturm von Lorch, Kornfeld, Wiese, Obstgarten drängen an die Mauern, und drunter duckt sich mit den Giebelhäusern der Markt, der unterm Krummstab wohnt. Überall wandeln die Chorherren in schwarzer Sutane und weißem Rochetstreifen, das Kind, das sie sieht, das alte Weib, das vorübergeht, bückt sich zum Handkuß, die Klostersuppe, die den Armen gereicht wird, ist nicht bloß Suppe, und die Armen sind nicht bloß Arme: Chorherrnmilde fühlt in jedem Gast den Herrn Jesus selbst nahen.

Kurz vor Bruckners Eintritt besuchte (1835) der Klosterneuburger Stiftsherr Albin Bukowski auf seiner Biedermeierreise Sankt Florian, findet die Kirche vom schönen, kräftigen Schlag der Bauersleute erfüllt, bewundert den Herrn Stiftskellermeister, der ein Weinchen von anno 1783 kredenzt, schildert die Herrn Kapitularen, vor allem den „kavaliermäßigen" Herrn Gastmeister Mayer, den großen Naturforscher Schmidtberger, den obderennsischen „Tacitus" Kurz, staunend, welch gelehrte und unterrichtete Männer Sankt Florian zu den Seinen zähle. Und der knorrige Hansjakob, der den gastherrlichen Klosterpalast auf seinen letzten Fahrten, ein paar Jahre nach Bruckners Tod, besuchte, mochte im Speisesaal „eigentlich nur Marzipan essen und Schampagner trinken" und fragt, ob nicht auch der lebenslustige Barockstil, der diese Herren überall umgibt, zur allgemeinen Jugendfrische der St. Florianer beitrage.

Das Herz des Ganzen aber ist die Kirche. Über Katakomben, worin die ersten gotischen Mauern wie Kadaver ruhen, erhebt sich weiß und festlich das hochgewölbte Schiff mit seiner Säulen- und Raumpracht. Man rät auf italienische Barockkünstler, und in der Tat haben Carlo und Bartolomeo Carlone aus Mailand, zwei Brüder, diesen Bau (von 1687 bis 1700) ausgeführt. In Freuden Gott dienen . . . das könnte Segensspruch der hellen Kirche sein. Die Symbolik von Wänden und Portal, die bunten Freskomalereien der Decke, die heiteren Emporen, der Hochaltar, von dem die himmelfahrende Madonna des Römers Ghezzi leuchtet, die schwarze Kanzel aus Lilienfelder Marmor, das tiefbraune Chorgestühl, das Gold und Silber der Geräte, die geometrische Grundlage des Raumganzen, das aus Gegenwart und Leben ins Zeitlose strebt, die weitlaufenden, sich aufschwingenden, in Bögen zurückrauschenden Linien, die die Himmelskuppel nachzubilden scheinen — das alles muß mit seiner Wucht befreiend, nicht bedrückend, auf Bruckners junges Gemüt gewirkt und ihm seine Gewalt für immer zurückgelassen haben: der Geist einer weihevollen, traditionserfüllten Kulturstätte der Provinz gab dem Mann ein unverlierbares Gut mit.

Dem Hochaltar gegenüber aber steht die große Orgel, selbst ein Altar der Musik. Sie ist ein Werk des Laibacher Priesters Krismann, der sie im Auftrag des Propstes Matthäus des Zweiten 1771 mit einer bestimmten Bedeutung errichtete. Dieser lebensfrohe Kirchenfürst — sein Bild in der Gemäldesammlung zeigt einen Herrn von fast grütznerischem Ausdruck — hatte in Rom studiert und fand, zurückkehrend, Aug' und Seele von Kunst erfüllt, nichts mehr zu bauen und zu schmücken — da verwirklichte er einen barocken Traum und ließ die Kirche mit einer Orgel versehen, die seinen Namen den künftigen Mitgliedern des Stifts täglich in hundert Zungen verkündete. So entstand die weißumbaute Orgel, die, mit ihren 92 Registerzügen und 78 klingenden Stimmen, nach wechselvollen Schick-

salen von Mauracher in Salzburg ausgebaut, eine Berühmtheit unter
ihren königlichen Schwestern geworden ist.
Sie steigerte alle Brucknerschen Orgel-Erlebnisse. Wenn er als
Sängerknabe seine Stimme in den Raum ausschickte, wenn er später
selbst die Orgel spielte, dann mußte der Tönend-Betende in der andächtigen Gemeinde seine ersten Zuhörer erblicken, und, als Mensch
mit größeren musikalischen Raumvorstellungen geboren, sich öffnen
für Pracht und Wölbung, Stimmenfülle und Verklärtheit einer feierlichen Raummusik, die als einziger großer Gesang zwischen Diesseits und Jenseits schwebte. Hier, nicht im Konzert-Orchester Josef
Haydns, fand die sinfonische Empfängnis des Künstlers statt.

In den Kreis der weithin wirkenden Stiftsherren, deren Propst damals Michael Arneth, ein Bruder des Wiener Altertumsforschers Josef
Arneth war, trat Bruckner freilich zunächst nur als Benjamin und
Lehrling. Gewiß hat er oft den Marmorsaal betreten, den Altomonte
schmückte, die Bücherei, die Handschriften gesehen, die Münzen,
Kupferstiche und Gemälde, kurz alles, was edles Sammeln und Genießenwollen häufte. Seine Mutter wohnte eine Stunde weit in Ebelsberg, wo 1809 die Franzosen marschierten, heute noch Brunnen
und Haus von Napoleon erzählen, wo die Traun blaugrün vorüberschäumt und der Rüssel des fernen Traunstein sichtbar wird. Sein
Geburtsort Ansfelden lag ganz nahe, das Auge der Heimat ruht
auf ihm, und älter werdend wächst er in diese Gemeinschaft, als wäre
er deren freiwilliges Mitglied, ihr innerer Bruder, und findet hier
sein geistiges Zentrum, die bergende Insel im Strom der Welt.

Als er später nach Wien kommt, geht er dahin gleichsam wie
die andern geistlichen Abgesandten, die als Professoren oder Archivare wirkten, innerlich von Sankt Florian abhängig, trägt Sitten und
Gewohnheiten der Stiftsherren, ihr Frommsein, ihre katholisch-genießerische Art mit sich (soweit seine Zech- und Bierfreuden dazu
gehören) — die ganze patriarchalisch gestimmte Lebensführung, das
Handkuß- und Bücklingswesen nimmt er von dort mit sich, ja bis
in seinen altgeistlich gefärbten Briefstil hinein klingt Sankt Florian
(wenn er den Empfänger „edler Freund" anspricht, wie aus dem Lateinischen übersetzt), und, aus den Wirren der Stadt wie aus dem Land
der Heiden flüchtend, sucht er im Sommer immer wieder den heiligen
Boden auf, seine Stiftsfamilie, die ihn mit Himmel und Welt verbindet.

In den ersten Jahren freilich hat er noch nicht viel Verbindung mit dem Stiftsleben selbst. Er besucht, wie erwähnt, die Volksschule im Markt — als Dreizehnjähriger, in einem Alter, wo heutzutage die Volksschule gewöhnlich verlassen wird — und wohnte bei dem Schulleiter Michael Bogner, der die Sängerknaben beaufsichtigte und verköstigte. Seine Lehrer waren nicht Chorherren, sondern Stiftsbeamte, und zwar in erster Linie der tüchtige Stifts-Organist Kattinger für Orgel- und Klavierspiel, dann der Regens Chori Schäffler; im Violin-, Klavierspiel und Gesang überdies noch Gruber, der, am Wiener Konservatorium ausgebildet, als Schüler des berühmten Quartettisten Schuppanzigh eine gewisse Beethoven-Überlieferung mitbrachte.

Der Schulgehilfe Steinmayr ist es aber, der Bruckner für den sogenannten Präparandenkurs vorbereitet, denn der junge Bruckner will der überlieferten Linie folgen und Lehrer werden. Nach der alttheresianischen Schulordnung von 1775, die ihrem Wesen nach noch galt, waren die in den Provinzialhauptstädten befindlichen Normalschulen mit Präparandien verbunden, das ist mit Kursen zur Heranbildung von Volksschullehrern. Ein solcher Kurs dauerte drei oder sechs Monate, später etwas länger, was hinlänglich erschien, um einen fertigen Lehrer auszubacken. Auch in Linz gab es eine Präparandie, und nachdem Steinmayr im Sommer 1840 seinen Zögling zur Ablegung der Aufnahmeprüfung nach Steyr geführt hatte, ging der sechzehnjährige Bruckner im Herbst darauf nach Linz, um „auf den Schulgehilfen zu studieren". Er wohnte in der Bethlehemstraße bei einer Greislerin; ärmlich war auch sein Studium. Gräflinger hat die Gegenstände veröffentlicht, die der künftige Bauernkinderlehrer „erlernte", und die Noten beigefügt, die der Lehramtskandidat bei der Prüfung im Herbst 1841 erhielt; Religionslehre, Kurrent-, Latein- und Kanzleischrift, Rechtschreibung, Vortrag, Sprachlehre, Rechnen, Schreibart, Geographie, wozu noch das „Verfahren" kam, das ist offenbar die Methodik. Alles wurde „gut" oder „sehr gut" bestanden und Bruckner hierauf als Gehilfe für Trivialschulen (das ist für die gewöhnlichen Volksschulen) geeignet befunden.

Außerdem hört er während des Präparandenkurses Vorlesungen über die Harmonie- und Generalbaßlehre und über das Orgelspiel, wie ein Zeugnis vom 30. Juli 1841 besagt. In zwei Linien bewegt sich seine Entwicklung, nach dem Lehrer kommt der Musiker. Im Oktober 1841 wird der so „Ausgebildete" zum Schulgehilfen (Unterlehrer) in Windhaag an der Maltsch ernannt.

WINDHAAG UND KRONSTORF

Er blieb in Windhaag bis zu seinem 19. Lebensjahr (Januar 1843). Eingeschlossen in ein kleines Bauernnest — Windhaag zählte damals etwa 250 Einwohner — und mit einem Gehalt, das zum Leben zu wenig, zum Sterben zu viel war, wird er keine frohen Zeiten mitgemacht haben.

Die oberösterreichischen Dörfer enthielten ja außer Schule, Wirtshaus und Kirche nur noch wenige Bauerngehöfte, oft viertelstundenweit voneinander entfernt zwischen Feldern, unter Obstbäumen versteckt. Die Angaben Brunners und Gräflingers über Bruckners Einkommen schwanken, aber wenn in der Linzer Dom- und Stadtpfarrschule der Schulgehilfe damals (wie aus Pillweins Linzer Wegweiser hervorgeht) mit 120 Gulden jährlich besoldet wurde, kann man sich vorstellen, was einer auf dem Land bekam, vielleicht kaum ein Viertel. Jedenfalls wurde für wenig Geld sehr viel verlangt. Der Unterlehrer war überdies Meßner, Kirchendiener, Organist, Chorleiter und Pädagog in einer Person und mußte, um sein Einkommen zu erhöhen, tanzgeigen, das heißt bei Bauernhochzeiten, Kirchweihen und Faschingstänzen aufspielen; zwei Violinen, eine Baßgeige, eine rauhstimmige Klarinette und „eine sehr vorlaute Trompete" bildeten das Orchester; unter der Musikantenbank standen die steinernen Bierkrüge und neben dem Primgeiger der Teller, auf den die Tänzer auflegten, das heißt ihre Geldspenden warfen. Wenn dann die Bauernstiefel auf dem Tanzboden scharrten und schliffen, der Vorgeiger den groben Takt dazu trat, in ungefügen Freudenjauchzern das ululatus des Tacitus hörbar wurde und der Bursch seine Erkorene im Ländlerwirbel an die Decke schwang, daß man ihre wohlgeformten Beine sah, mag der junge Unterlehrer die Ureindrücke empfangen haben, die er später in den Dorferinnerungen seiner Sinfonien sehnsüchtig verklärte —: auf sehr angenehme Weise hat er den Musikstoff allerdings nicht gesammelt.

Sozial betrachtet war der Unterlehrer der letzte im Dorf. Was bedeutete der Schulgehilf', selbst wenn er Latein verstand, gegen den Bürgermeister, die reichen Großbauern, und wie kommandierte ihn der Pfarrer in seinem Fischbeinhut! Man muß solche Einzelheiten kennen — Julius von der Traun erzählt davon so manches —, um die Lebenstiefen zu ermessen, aus denen einst ein Künstler aufstieg.

In Windhaag fällt er seiner Umgebung auch zum erstenmal als Original auf. Er ist gar nicht wie die andern. Er liebt einsame Spaziergänge, womöglich abseits auf Feldrainen, nicht auf den gewöhnlichen Wegen, und es werden nicht nur seine „rotjuchtenen Stiefln" gewesen sein, die er damit schonen wollte. Der Eigenbrötler ärgert die Windhaager Bauern auch dadurch, daß er wie J. S. Bach in Darmstadt „die Gemein' confundiret" haben soll, wenn er sich in der Kirche beim Segen einer phantastisch entführenden Begleitung hingab, die geradlinige Gemüter hinauswarf. Und dann — die „Verrucktheit"! Wenn der Schulg'hilf' querfeldein wandelte, trug er immer ein Buch mit sich, blieb zuweilen stehen, nahm den großen Bauernhut vom Kopf, zog daraus einen Streifen Notenpapier hervor und begann zu notieren! Einen „Mückenfänger" nannte ihn sein Vorgesetzter, der Schulmeister Fuchs, und das wird so ungefähr die öffentliche Meinung Windhaags gewesen sein ...

Im Jahr 1843 wurde er von Windhaag, das im Norden Oberösterreichs (bei Freystadt im Mühlviertel) lag, nach Kronstorf versetzt. Bei dieser Gelegenheit stellte der Geistliche Rat und Pfarrer Franz von Schwinghaimb „dem Anton Pruckner, Lehrer an der Trivialschule zu Windhaag im Dekanat Freystadt" auf sein Ansuchen ein Zeugnis aus, worin neben dem Fleiß im Lehrfach „seine achtungsvolle Unterwürfigkeit gegen seine Seelsorger und Katecheten, gute Behandlung der Schulkinder und auferbauliches Betragen bey den Verrichtungen im Messnerdienste" hervorgehoben und weiter festgestellt wird, daß „Anton Pruckner auch seine freyen Stunden mit allem Fleiss dazu verwendet habe, um sich in der Kirchenmusik immer mehr zu vervollkommnen" sowie „auch andre Kenntnisse, besonders in der für den Text der Kirchenmusik nicht überflüssigen lateinischen Sprache zu erwerben". — In der langen Reihe der Brucknerschen Zeugnisse bestätigt dieses nicht als einziges die vormärzliche Tugend der „Unterwürfigkeit", die Bruckner aus der Jugend in sein Leben mitnahm. — Hiermit verließ er Windhaag.

Kronstorf war in jeder Hinsicht besser. Zwar zählte das Dorf nur 150 Einwohner, und er wohnte in einem Raum, den der Volksmund „Speckkammerl" nennt — aber man hatte nur zwei und eine halbe Wegstunde nach Stadt Steyr — Steyr mit seiner wunderbaren alten gotischen Pfarrkirche und der schönen Orgel, die auch von Krismann stammte und etwas ganz anderes war als die Dorforgel von Windhaag. Ein glücklicher Zufall wollte es überdies, daß sich in Kronstorf ein Bauer fand, der ein — Spinett hatte, oder ein altes Klavichord, und es sogar herlieh, so daß der Schulgehilfe alle Morgen seinen Bach üben konnte. Und wenn ihm in Kronstorf geistig etwas abging, er konnte es jederzeit aus den nahen Städten holen, aus Steyr und Enns, und hiermit fängt ein neues Thema in der Brucknerwelt an: das Wandern ums Wissen, die Wallfahrt nach Musik.

In dieser Provinzferne stand keine Akademie, die frischgelieferte Talente ausbuk, und in halbmittelalterlicher Schwerfälligkeit, in einem Alter, wo die Heutigen schon „fertig" sind, muß Bruckner die Pythagorasse aufsuchen, die die Geheimlehre vermitteln. Folgt er mit seinem Bestreben, Lehrer zu werden, der Linie der Familie, so führt ihn der Trieb nach musikalischer Ausbildung schon eigene Wege, das Nebenamt wird in erster Ahnung sein Hauptamt, und wie er später die beschwerlichen Fahrten von Linz nach Wien unternahm, so ging er jetzt von Kronstorf nach Enns. Dort hauste als Chorregent Leopold Edler von Zenetti, der als Organist in großem Ruf stand. Bei ihm suchte Bruckner sich zu vervollkommnen und legte ihm die ersten schüchternen Skizzen zum Ausbessern vor. In Figur und Kleidung, sagt Gräflinger, paßten Lehrer und Schüler vortrefflich zusammen: der alten Mode getreu trugen sie weite, faltige Hosen, hohe Atlaskrawatte und Chemisette. Wahrscheinlich benützte Zenetti beim Unterricht das Lehrbuch des berühmten D. G. Türk, die „Anweisung zum Generalbaßspielen", deren Ausgabe von 1807 (gedruckt von der Typographisch-Musikalischen Gesellschaft in Wien) die bezeichnende Empfehlung der Verleger enthält: „Es ist Kennern der Musikgelehrtheit bekannt, daß wir kein besseres und gründlicheres Lehrbuch dieser Art in Teutschland besitzen als gegenwärtige Anweisung, welche alle andern früher über diesen Gegenstand erschienenen Werke entbehrlich macht und sie weit hinter sich zurücklässt." Türk ist zwar altväterlich hinter den Regeln her — die Vorbereitung der Dissonanzen im reinen Satz sei notwendig, „damit das Gefühl bey dem freyen (unerwarteten) Eintritte derselben nicht so heftig angegriffen werde" —, aber als Erzieher denkt er ganz frei und vernünftig: „man glaube nur nicht, daß das schon ein guter Musiker werde, der die Regeln weiß ...", was sogar heute noch nicht ganz veraltet ist, und sicher in die Brucknersche Lehrweise mit überfloß.

So ging es fort zwischen Kronstorf, Enns und Steyr bis 1845. Namentlich Steyr wächst sich ihm ins Herz und bleibt darin gleich nach Sankt Florian.

Dieses Jahr bringt eine weitere Wendung ins Günstige. Der Unterlehrer hatte nun drei Jahre gedient und hiermit die vorgeschriebene Wartezeit hinter sich. Er konnte nach neuerlicher Prüfung bestätigt und an einer größeren Schule angestellt werden. Mit der Zeit ging der Vormärz nicht gerade ökonomisch um. Bruckner unterzog sich der Konkurs-Prüfung, legte sie in Linz, wahrscheinlich mit gutem Erfolg, ab, denn er wurde sogleich als Lehramtsgehilfe angestellt, und zwar in — Sankt Florian. Ob es ein glücklicher Zufall gewesen, ob er selbst einen Wunsch laut werden ließ oder eine freundliche Hand mitgeholfen, ist einerlei — er sah sich in die ungern verlassene zweite, aber eigentliche Heimat zurückversetzt. Zu gleicher Zeit meldete er sich auch an der Normal-Hauptschule in Linz zu einer „ordentlichen Prüfung" aus dem „allgemeinen Musikfach und insbesonders in der Harmonie- und Generalbaßlehre", erhielt dabei „in der allgemeinen Musiktheorie, in der Harmonik und dem praktischen Orgelspiel" die erste Klasse mit Vorzug und bewies auch „in der Vokal- und Instrumentalmusik, namentlich im Choral- und Figuralgesange sehr empfehlenswerte Kenntnisse und Fertigkeiten". Mit dem Anstellungsdekret vom 25. September 1845 wurde er zum „ersten sistemisirten Schulgehilfen" ernannt, seine Besoldung stieg auf 30 Gulden jährlich, und wo er fünf Jahre zuvor als zaghafter Schüler eingetreten war, stand er jetzt als bestallter Lehrer.

Es war 1845, das Tannhäuserjahr. Doch bedeuten bei den verschiedenen Meistern dieselben Jahreszahlen nicht das gleiche. Wenn Berlioz im Jahre 1832 aus Rom nach Paris zurückkehrte, so ist Paris ungefähr, was Wien 1872 bei einem Österreicher wäre. Andere politische Entwicklungen geben der Zeit verschiedene Werte, und der einundzwanzigjährige Bruckner steht weit hinter dem einundzwanzigjährigen Berlioz, Wagner oder Schumann.

WIEDER IN FLORIAN

In seiner Lehrerstellung verblieb Bruckner bis 1848. In diesem Jahr der ersten bürgerlichen Revolution schlug eine freiheitliche Welle, oder wie man's nennen will, auch nach Oberösterreich. Adalbert Stifter will im Mai „nach dem Geschrei des Tages" Wien verlassen und „die Baumblüten in Oberösterreich" sehen. Bruckner blieb wohl ziemlich unberührt. Aber mittelbar hatte der Umschwung für ihn höchst günstige Folgen. Viele Stellen wurden umbesetzt, die Verwaltung neu organisiert, der alte Stiftsorganist Kattinger, der nicht Chorherr, nur Stiftsbeamter war, kam als kaiserlicher Steuerbeamter nach Kremsmünster, und an seiner Statt wurde, wenn auch nur vorläufig, Anton Bruckner ernannt. Er hatte nun ein Recht zur Orgel, konnte üben und phantasieren, wann es ihn drängte, und tatsächlich hat er nach eigenen Angaben rastlos gearbeitet: Klavier zehn Stunden, Orgel drei Stunden täglich, dazu noch andere Pflichten, der Rest blieb der Erholung. Kattinger, der Ohrenzeuge des Brucknerschen Fleißes während der ersten drei Lehrjahre war, hinterließ seinem immer zeugnisbedürftigen Nachfolger auch ein höchst ehrenhaftes Schriftstück.

Abermals drei Jahre blieb Bruckner „supplirender" Organist, bis er, 1851, „definitiv" wurde und 80 Gulden Jahresgehalt nebst freier Station erhielt. Er war in seinem siebenundzwanzigsten Jahr bereits über Vater und Großvater, die im Schulhaus von Ansfelden endeten, weit hinaus, hatte sich auf der überlieferten Lehrer- wie auf der eigenen Musikerlinie emporgebracht. Dazu kam nun die Linie des Komponisten. Er hörte im Stift viel geistliche und Profanmusik, der Umgang mit der Orgel befruchtete ihn, das Organistenamt veranlaßte ihn, selbst Werke der Kirchenkunst zu schaffen, zumal da er sie leicht einstudieren und aufführen konnte. Die Gelegenheit gesellte sich zum Trieb, und so entstanden seine ersten größeren, durch den Druck bekannt gewordenen Werke, darunter ein Requiem in d-moll für vier Singstimmen, Streichquintett, drei Posaunen und zwei Hörner im Benedictus. Es stammt (wie Gräflinger angibt, der die Handschrift zweier Seiten veröffentlichte), aus den Jahren 1847/49, ist dem Musikdirektor Bayer gewidmet und wurde aufgeführt: in Sankt Florian und Steyr, nach Bruckners Tod, 1896, in Wien.

Inzwischen war der Präparandenkurs irgendwie verbessert und auf zwei Jahre erweitert worden. An Religionslehre, Deutsche Sprache und Schönschreiben schloß sich auch Geographie, Geschichte, Mathematik, Geometrie, Naturgeschichte und Naturlehre. Diesen modernisierten Kurs, der an einer unvollständigen Unterrealschule stattfand, aber die vormärzliche Schnell-Abrichtung jedenfalls überragte, machte Bruckner in Linz, 1850/52, abermals mit. Es wird ihm nicht leicht gefallen sein, das Lehr- und Organistenamt, kurz den Beruf mit neuem Studium zu vereinigen; aber bei der Nähe Sankt Florians läßt sich denken, daß er, zäh und bestrebt, mit dem auch bei Rosegger wiederkehrenden Respekt vor dem Lehrerstand, abermals Wallfahrten ums Wissen unternahm und sich in seinem Alter noch einmal auf die Schulbank setzte. Er nahm sogar bei einem Chorherrn Unterricht im Lateinischen, obwohl er darin schon etwas bewandert war. Er erhielt fast in allen Fächern des Kurses die Note „sehr gut"; im schriftlichen Aufsatz und in der „Technologie", die ihm wahrscheinlich ferner lag, brachte er es im zweiten Jahr bloß auf „gut".

Vielleicht sind die Jahre 1850—1855, in leichterem Sinn, Bruckners erste Krisenzeit. Er ahnt seine Richtung, hört aufwärtsrufende Stimmen — aber er ist dann wieder zweifelnd, unschlüssig-verlangend, nicht von seiner künstlerischen Sendung durchdrungen, nicht krank und besessen von Siegesträumen und Eroberungsvisionen wie Berlioz oder Wolf. Er hält Ausschau nach bürgerlichen Posten im Gedanken des christlichen Dienens, als müsse er sich der Gemeinde nützlich machen, für die ein Musiker nur Putz- und Zierstück bildet. Seit dem Jahre 1851, nach Ablegung seines Lehrerkurses, ließ er sich in der Bezirksgerichtskanzlei des Marktes Sankt Florian aushilfsweise verwenden — er tat, vielleicht als Anwärter auf höhere Stellen, freiwillige Schreiberdienste — und obwohl man sich Anton Bruckner kaum als Gerichtsbeamten vorstellen kann, so ist doch für die demütige Seite seiner Natur, für die Art seiner Herkunft bezeichnend, daß er daran dachte. Ja, im Juli 1853 macht er vollen

Ernst und richtet „an die hohe k. k. Organisierungs-Commission für das Kronland ob der Enns" die Bitte um „eine Kanzlisten-, oder eine andre, seinen nachgewiesenen Kenntnissen und Fähigkeiten angemessene Dienststelle", wobei er sich auf seine „Vorliebe für das Kanzleifach" und seine freiwilligen Dienstleistungen beruft. Zum Glück war die hohe Organisierungskommission nicht in der Lage, auf den Bittsteller „Bedacht zu nehmen" und hat ihn damit vielleicht vor dem Los der meisten komponierenden Beamten bewahrt.

Er war neunundzwanzig Jahre alt. Während Frühblüher wie Schubert und Wolf schon den größten Teil der Ernte heimgebracht, ihr Lebenswerk vollendet hatten, ist er — ein Spätblüher — am Anfang, unsicher, zögernd, beklommen. Seiner schweren Natur fällt alles schwerer als anderen, keine freie Beweglichkeit, kein Flug des Temperaments entführt ihn jäh erkannten Zielen zu. Sein Studiengenosse, der spätere Oberlandesgerichtsrat Seiberl in Wels, der ebenfalls Sängerknabe in Florian war, erzählte sogar, Bruckner habe sich mit der Absicht getragen, Jurist zu werden, habe in Linz viel mit Juristen verkehrt, neuerlich Latein studiert und sich wegen seiner Berufswahl verstimmt und verdrossen gezeigt. Er schwankte zwischen Staatsdienst und Musik, juristischer oder geistlicher Laufbahn, ja, noch 1856 mußte Seiberl ihm den Juristen unter Hinweis auf seine musikalische Zukunft ausreden: Beweise eines langen inneren Kampfes, den Bruckner, zerrissen und mit sich uneins, im Stillen ausfocht. Die Veranlagung seines Geistes ist ärmlich, er denkt nur Gegenwarten, baut nicht die stolzen Burgen von Zukunftsplänen, und die barocke Naturgewalt, die schwellend in seinen Tiefen schlummert, steht mit dieser ängstlichen Anlage in Widerspruch. Man ist fast geneigt, sein Zurückweichen in der zweiten Sinfonie schon in seiner Lebensführung vorbereitet zu sehen.

Es dürfte übrigens keinen großen Musiker gegeben haben, der sich so oft und so gern — prüfen ließ wie Anton Bruckner. Sei es, daß er Bauernfreude empfand, den Prüfenden zu überraschen, sei es, daß er erst an sich glaubte, wenn er's schwarz auf weiß hatte, oder stammte es aus seinem Lehrertum: kurz, er suchte geradezu danach, was andere lieber zu vermeiden pflegen, sich auf

Herz und Nieren untersuchen zu lassen. So fuhr er um diese Zeit nach Wien und stellte sich dem Theoretiker Simon Sechter, dem Kirchenkomponisten Ignaz Aßmeyer und dem späteren Kirchenkapellmeister Gottfried Preyer vor. Dieses Dreigestirn aus Michael-Haydnschen Zeiten vereinigte ungefähr, was Wien an Glanz und Tüchtigkeit besaß. Ein Zeugnis Aßmeyers bekundet, daß Bruckner, „bey vorgenohmener Prüfung desselben sich als ein gewandter und gründlicher Organist erwiesen habe". (9. Oktober 1854.) Nun dürfte er, für einige Zeit beruhigt, nach Sankt Florian zurückgekehrt sein.

Kurz darauf ergibt er sich abermals der seltsamen Prüfungswonne, diesmal aber als Lehrer, wie wenn er nun doch wieder nach dieser Schulmeisterseite hin Neigung empfände und auch auf dieser Linie sicher gehen wollte. Am 25. und 26. Januar legte er die sogenannte Hauptlehrerprüfung ab, bestand sie und erlangte damit die Befähigung für das Lehramt an Hauptschulen.

Wir dürfen uns von der Bildungsfülle, die Bruckner durch seine Schulen empfing, keine übertriebenen oder falschgerichteten Vorstellungen machen. Vom liberalen Gesichtspunkt angesehen war die altösterreichische Schule eine Mongolei des Geistes, in der Auswendiglernen als Alpha und Omega galt. Ein sehr wohlwollender Schulmann, Ernst Gnad, erzählt in seinen Denkwürdigkeiten („Im österr. Italien", Innsbruck 1904) vom vormärzlichen Gymnasium, daß Religion der gehaßteste und gefürchtetste Gegenstand war, weil das Buch bis auf die „und" auswendig hergesagt werden mußte, denn das Buch enthielt, wie der Professor sagte, das Wort Gottes, woran niemand nach eigenem Gutdünken auch nur eine Silbe ändern dürfe. Genau das gleiche — es liest sich wie eine Wiederholung — erzählt der tschechische Dichter Machar vom Gymnasium des Nachmärz: Auswendiglernen, auswendiglernen, alles wortgetreu, denn — sagte der Professor — „Sie müssen wissen, daß sich in die Glaubenslehre nichts hineindichten läßt, gar nichts!" („Die Galeeren des Gymnasiums", Wien 1919.) „Man gab uns Klappen vor die Augen, damit wir die Welt und das Leben — nicht sehen!"

An Bruckner hat diese Schule nun weder viel gesündigt, noch viel entwickelt. Primitiv in seinen Äußerungen, machte er den Eindruck des durch die gewöhnliche Volksschule Gegangenen, keine Ferne oder Tiefe der „Bildung" tat sich auf, ganz ausnahmsweise stellte sich heraus, daß er ein anderes als ein musikalisches Werk gelesen habe — es fesselten ihn höchstens Bücher über Mexiko und Polarfahrten, und er verblüffte seine Umgebung manchmal durch die Frage, was geschehen wäre, wenn Diaz nicht das Kap der guten Hoffnung umschifft hätte. Und doch verloren selbst Leute von hoher Geistigkeit in seiner Gegenwart nie das Gefühl, einem Überlegenen, irgendwie Höhergearteten gegenüberzustehen. Sein Reich war nicht von dieser Welt. Die Natur hatte ihn versagend und gewährend behandelt, als hätte sie für seine Gemüts- und Phantasiekräfte alles aufgebraucht und nichts mehr übrig, als habe sie, die Sprache der Musik verleihend, die andern Sprachen der Seele geraubt. Auch in einer besseren Schule hätte er es kaum „weiter" gebracht. Auswendiglernen mochte er mit freudiger Demut, denn er besaß es schon innen: er glaubte.

Und deshalb erregt es immer Widerspruch, ihn ungebildet nennen zu hören, als sei er ein geistig Unerlöster gewesen. Wenn wir unter Bildung die innere Formung, die seelische Plastik im Sinne Goethes verstehen, dann kann auch ein Unbelesener eine herrliche Bildung besitzen.

Welch prächtiger Mensch, der ohne Bücher wissend ist! Der lesende Liberalismus legte als Abkömmling der Aufklärung Hauptgewicht auf jenes Studium, das seinen Söhnen Oberfläche, Konversation und Prüfungswissen verlieh, nicht „Gestalt". Ungewollt fahndete jeder darin nach den inneren Sicherheiten, deren der Gläubig-Geformte nicht erst bedurfte. Aber die Richtung von Fühlen und Wollen entscheidet, und ein Mann wie Bruckner brauchte nicht, was die Zerfahrenheit der Zerfahrenen brauchte, er hatte nicht innere Leerheit zu ersticken, vielmehr mit höchster Kraft ein fremdes Füllsel abzuwehren, um sich rein zu halten von schöngeistigen Kompliziertheiten, die sein Wesen verschnörkeln und verbiegen konnten. Und immer besaß er die gespannte Kraft nicht einmal, wie sein gelegentliches oder heimliches Bewundern der Programm-Musik beweist.

Nun wendet sich sein Leben abermals ins Verheißungsvolle, gute Geister begleiten sein Geschick, solange er in der Provinz weilt. Zu Ende dieses Jahres stirbt der Linzer Domorganist Wenzel Pranghofer, und die freie Stelle muß besetzt werden. Da der Kirchendienst nicht unterbrochen werden darf, beruft man einstweilig den Schulgehilfen

Bruckner aus Sankt Florian, der als Organist „wirklich ausgezeichnet ist". Das war schon ein Erfolg. Aber die endgültige Verleihung hing von einem Probespiel ab. Ob Bruckner von dem entscheidenden Tag nur zufällig erfahren habe oder nicht, ob er im Hausrock wie er ging und stand nach Linz gefahren sei oder im Frack des Kandidaten, ist einerlei. Linz — Domorganist, das war für ihn Signal, ein Ziel, aufs Innigste zu wünschen, und die Konkursprüfung wird ihm keine Sorge gemacht haben. Geprüftwerden reizte seine Kräfte, und überdies hatte er schon einmal mit zwei andern in Sankt Florian selbdritt um die Wette gespielt, daß Haupt- und Seitenorgeln dröhnten. So fuhr er zur Konkursprüfung, die (am 25. Januar 1856) im Dom vor sich ging.

Drei andere Wettbewerber hatten sich angemeldet und harrten der Dinge: ein Privatmusiklehrer Georg Müller aus Linz, dann Ludwig Paupie, Organist an der Stadtpfarrkirche in Wels (ein besonders gewichtiger Nebenbuhler -- Edlbacher erwähnt ihn noch 1872 in seiner Landeskunde von Oberösterreich neben Bruckner) und der Linzer Organist Raimund Hain. Das Protokoll, das über diesen Organisten-Krieg aufgenommen wurde und das Gräflinger zum erstenmal veröffentlicht hat, unterdrückt nur schwach die Komik der Vorgänge. Georg Müller scheint sehr schnell versungen und sich gedrückt zu haben, „derselbe hat sich daraufhin unbemerkt freywillig entfernt und der weiteren Prüfung über Choralbegleitung gar nicht unterzogen . . ." Ludwig Paupie gab das Thema mit der offenherzigen Erklärung zurück, es sei ihm zu schwer, die verlangte Choralbegleitung lehnte er „als ihm ganz fremd" ab und zog auch seiner Wege. Raimund Hain nahm zwar das Paupiesche Thema an, spielte aber, sich in klüglicher Absicht vorüberschlängelnd, etwas ganz anderes, und obwohl seine Choralbearbeitung befriedigte, machte er nicht den Eindruck eines Kirchenlichts.

Anton Bruckner dagegen, der Letzte, wurde der Erste. Er führte das Paupiesche Thema „in einer streng kunstgerechten, vollständigen Fuge" durch und verarbeitete die ihm aufgelegte, schwierige Choralbegleitung „mit so hervorragender Gewandtheit und Vollendung zum herrlichsten Genusse, daß dessen ohnedies in der praktischen Behandlung der Orgel wie nicht minder in seinen bekannten sehr gediegenen Kirchenmusik-Compositionen bewährte Meisterschaft sich neuerlich mit aller Auszeichnung fest erprobte."

Die vier Prüfungskommissäre, darunter der Altmeister des Männerchors A. M. Storch und der Professor der Generalbaßlehre an der Präparandie J. A. Dürrnberger, entschieden sich, den Geist spürend und lobstrahlend, „in vollster Gerechtigkeit" für Anton Bruckner, und zwar aus der Erwägung „der wichtigen und einflußreichen Stellung eines Domorganisten überhaupt zur Ehre der ersten und obersten Kirche in der ganzen Diöcese" und dann in Erwägung „seines nächsten Berufs als Vorbild und musterwahrer erhabener kirchlicher Kunstübung für alle Organisten der Diözese..."

So endete die Konkursprüfung mit einem Triumph, der Sankt Florianer Organist wurde über alle im Land gesetzt. Bruckner erhielt die Stelle endgültig und damit ein Einkommen von jährlich 448 Gulden nebst einigen Stiftungsgebühren (72 Fl. 37 Kr.), wozu noch die freie Wohnung kam. In St. Florian insofern besser gestellt, als er freie Station hatte, konnte er immerhin in der Provinzhauptstadt auskömmlich leben.

Der Schulgehilfe von Windhaag, nun Domorganist, durfte dem Lehrerberuf Lebewohl sagen. Ob ungern oder nicht, sei dahingestellt; jedenfalls bekannte Bruckner noch in späteren Jahren mit Vorliebe, daß er aus dem Lehrstand hervorgegangen sei, und war selbst ein vortrefflicher Lehrer. Auch seine Stellungen in Wien sind der Hauptsache nach Lehrerstellungen, und er behält sie auch als Schaffender, bis er ganz zuletzt erst völlig freier Künstler wurde.

IN LINZ

Linz war die erste Stadt, die ihn als Wirkungskreis umgab. Sein Arbeitsfeld wird reicher, die Beziehungs- und Betriebswelt erweitert sich, die dreißig Jahre dörflicher und stiftischer Jdylle sind zu Ende.

Er wohnte zu Linz im Haus der Stiftsherren von Sankt Florian auf der Landstraße. Sein Orgelspiel trug seinen Namen bald herum, mit ihm gewann er auch den einflußreichsten Gönner, den großen Bischof Rudigier. Vierzehn Jahre dauert im ganzen übersehen Bruckners Linzer Aufenthalt, wovon die zweite Hälfte (1861—1868) Erfolg und Aufstieg, Festsetzung im Leben, die erste Hälfte aber Studium, von neuem Studium bedeutet. Am Eingang dieser zweiten Lehrzeit steht der Bischof Dr. Franz Josef Rudigier.

Die Gestalt dieses Mannes (geboren 1811), menschlich und politisch gleich anziehend, ist schon in die Literatur eingetreten („Es war einmal ein Bischof . . ." von Adam Müller-Guttenbrunn). Er stellt ein Stück des kirchenherrlichen Mittelalters dar, das streitbar war gegen Kaisermacht, eine bäuerliche Renaissancenatur, die, im Kampf um Glaubensrecht bis zur Gehorsamsverweigerung gehend, auch Person und Schicksal zu opfern bereit war. Damals, zur ersten Brucknerzeit, stand er auf der Höhe des Lebens, in den Kraftjahren zwischen 40 und 50, eine Gewalt-Erscheinung, wie ihn auch die Büste in Sankt Florian zeigt. Auf der Höhe des Kampfruhms stand er ein Jahrzehnt später, als das alte Österreich sich eine neue Maske zu geben versuchte, die liberale Reichstagsmehrheit gegen das Konkordat ein Ehe-, ein Volksschulgesetz erließ, worin die Kirche, der Gerichtsbarkeit in Ehesachen entkleidet, des Einflusses auf die Schule verlustig, dem Staat eingegliedert wurde. Es war die Zeit der liberalen Berauschung, ein Teil des Zickzack, auf dem die Regierung des Kaisers sich versuchte — aber Rudigier, der mindestens das Unorganische und innerlich Unösterreichische durchfühlte, richtete als Vertreter der ecclesia militans gegen die neuen Gesetze seinen nur einmal veröffentlichten und doch so berühmt gewordenen Hirtenbrief. In Linz verhaftet und sich dem weltlichen Gericht weigernd, wird er gleichwohl zu Kerker verurteilt, am nächsten Tag aber vom Kaiser begnadigt, ein Ereignis, das bis heute unvergessen blieb. Zwei Zeitalter stießen in diesem Kulturkampf aufeinander, „zwei geistige Rassen befehdeten sich, Menschen des irdischen Lebens mit allen dessen Relativitäten und ein im Absoluten ruhender Geist" (Hermann Bahr, Rudigier, S. 56) — die gleiche Stellung, die später Bruckner und seine Ankläger einnahmen, obwohl sich Glaube und Unglaube kunstverschleiert als Ethik und Ästhetik, kaum erkennbar gegenüberstanden.

Dies war der große Bischof, der auf Bruckners Seelenleben mit Märtyrergröße wirkend, in seine Nähe als musikempfängliche Natur trat. Denn es gab einen zweiten Rudigier, der der Musik als einer Form des göttlichen Trostes, der himmlischen Gnade in bedrängter Stunde sein Herz öffnete. Da wurde er schweigend, saß versunken in der Kirchenbank und lauschte. Und nun war der neue Organist gekommen, ein Dorfungetüm, das auf eine seltsam entführende, ja störende Art zu fantasieren vermochte. Da vergaß der Bischof des Betens und, den Sorgen des Amts, dem Tag und seiner Anfeindung enthoben, wurde er vergleichbar dem König Saul, der der Davidsharfe lauscht: „so erquickte sich Saul, und ward besser mit ihm, und der böse Geist wich von ihm . . ."

Rudigier war Bruckner dankbar. Er begrüßte ihn auf der Straße mit auszeichnender Gebärde wie einen Kirchenfürsten, ja, als Bruckner schon längst in Wien war, wurde er vom Bischof öfter zurückberufen — zu jenen Davidsharfen-Stunden an der Orgel. Und umgekehrt gab sich Bruckner dem großen Mann aus dem Innersten hin, demütig aufschauend zu ihm, der in seiner Glorie doch des Organisten bedurfte. In Bruckners Leben gab es außer Rudigier nur noch einen Mann von gleicher Verehrungshöhe: Richard Wagner. Als er ihn später kennenlernte, bezeichnete ein Wiener Witzwort die Stellung Wagners auf der Leiter der Brucknerschen Respektsgefühle etwa damit: Wagner stehe ungefähr zwischen dem Bischof von Linz und dem lieben Gott.

Rudigier ließ es, als der Mann der Tat, nicht bei bloßen Gefühlen bewenden. Seiner Menschenkenntnis ward eine Erscheinung wie die seines Organisten bald klar, und wie er Hundsrosen von den Feldwegen in seinem Garten veredelte, so gedachte er auch diesem wildwüchsigen heimatlichen Gewächs durch Inokulieren den Duft und die Pracht fremder Kulturen zu geben. Er war es, der Bruckner ermöglichte, zeitweise von Linz nach Wien zu fahren, um dort den Unterricht des berühmten Simon Sechter zu genießen. So ist der große Bischof für Anton Bruckner Schicksals- und Bedeutungsmensch geworden.

Bruckner mochte in erwachender Selbstkritik, sich in Andern gespiegelt sehend, empfinden, daß Linz ihm viel bot, mehr noch vermissen ließ. Er hörte nun mancherlei weltliche Musik, Chor- und Orchesterkonzerte (im Musikverein etwa Paulus, die Jahreszeiten), besuchte die Aufführungen des Theaters und sah, daß jenseits der Kirchen- und Kammermusik von Sankt Florian sich ein Meer ausbreite, an dessen Ufern er unkund und trotz allem Studium, Fleiß, Unterricht unfertig stand. Noch mußte es höhere Geheimnisse geben und einen Weg zu ihnen, ein Heraus aus dem bedrückenden Unsicherheitsgefühl, das seltsam widersprach seinem wachsenden Ruf als Komponist und Organist. Die Linzer Anerkennung als Gefahr überwinden: — das war vielleicht die beste Frucht des Aufenthalts, und es ging ihm ähnlich wie Adalbert Stifter. War der Dichter 1848 von Wien hierher geflohen, um Arbeitsfrieden zu finden, so beginnt in Linz nunmehr der Kampf um Wien. Allmählich wird ihm die ermattend stille Stadt zum Exil, zum Tomi am Pontus. „Es ist oft zum Totärgern, wie es in dieser Stadt langweilig ist . . . der Masse der Linzer gegenüber dürfte ich ebenso gut ein Seifensieder als ein Dichter sein, ja ersteren dürften sie bedeutend höher schätzen . . . hätte ich nur ein mäßiges, bestimmtes Einkommen, das mir die Unabhängigkeit des Schaffens ermöglichte, ich säße in Wien, ginge mit trefflichen Männern um, schaute mir im Sommer Berge, Seen und Wolken an und machte einige Meisterwerke . . . Könnte ich alle Entwürfe ausführen, die sich in meinem Haupte drängen, wie glücklich, wie überglücklich wäre ich . . . !"

So klagt der vierzigjährige Stifter, auch Schulmann und Künstler, und erlebt den Konflikt: Großstadt—Provinz in allen seinen Schauern.

Bei Bruckner lag die Sache nicht ganz gleich. Eine unbefangenere Natur, dürfte er das Seifensiedertum zwar auch gefürchtet, vor allem aber in jenem rätselhaften Durst des Ewig-Lernenwollenden, Immer-Gierigen gelechzt haben, den Linz nicht stillen konnte, und der gestillt werden mußte, wenn er, als Gläubiger, Gottes würdiges Werkzeug sein wollte. Da war Wien, da war Sechter, da war Wissen wie ein ferner Schatz — es zog ihn magisch an, und der Bischof, dem er seinen Wunsch wohl nicht verhehlte, gab dazu die äußeren Möglichkeiten: er bewilligte ihm alljährlich einen dreiwöchigen Urlaub um die Weihnachts- und Osterzeit, und Bruckner fuhr nun von 1855, seine Sehnsucht verwirklichend, abermals ein Schüler, regelmäßig nach Wien, zu Simon Sechter.

Er kannte ihn schon aus der ersten Prüfung her, hatte ihm, wie Gräflinger angibt, inzwischen auch einmal eine Messe zur Durchsicht überreicht, kurz, er fühlte sich bei ihm gewissermaßen schon zu Hause. Zum Zutrauen des immer Autoritätsgläubigen tritt vorwegnehmende Dankbarkeit, das Gefühl des Geborgenseins und eine Arbeitslust, die, alles zusammenreißend, dem mit Pflichten gesegneten Tag die durchstudierte Nacht folgen läßt. Sechter, ein gebürtiger Deutschböhme, war außerdem in jungen Tagen — Schulgehilfe in Oberösterreich gewesen, hatte auch den Präparandenkurs in Linz durchgemacht, bevor er Mitglied der Hofkapelle, Hoforganist und — seit 1851 — Lehrer für Harmonie und Kontrapunkt am Wiener Konservatorium wurde.

In diesem Lebenslauf eine Parallele, in dieser Herrscherstellung vielleicht ein Berufsideal erblickend, unterwarf sich Bruckner des Meisters Offenbarungen wie Glaubenssätzen. Ihre Langatmigkeit schien ihren Gehalt zu verbürgen: von 1855 bis zum Sommer 1858 dauerte allein die Harmonielehre, 1859 lernte er den einfachen, 1860 den doppelten, drei- und vierfachen Kontrapunkt, 1861 den Kanon und die Fuge. Und es gibt darüber fünf Zeugnisse mit Handschrift und Siegel, worin der Verfasser der richtigen Folge der Grundharmonien in wohlgesetzten Worten „den einsichtsvollen und redlichen Fortpflanzer dieser Kenntnisse" rühmt. Und Sechter war streng, oft heftig gegen den Schüler, setzte in dessen Verhalten die größte Pietät voraus, trieb es aber doch wieder mit Scherz und Laune, ganz wie Bruckner später selbst als Lehrer.

Von Sechter hat Bruckner immer als von der höchstdenkbaren Instanz, als dem lumen mundi gesprochen. Mit besonderer Betonung hob Bruckner dabei hervor, daß er sieben Jahre bei ihm studierte, die einzelnen Unterabschnitte bedeutungsvoll anführend, was eine offene Spitze gegen die Kürze des Theorie-Unterrichts am Wiener Konservatorium enthielt.

Um es kurz zu sagen: das Verhältnis Bruckners zu Sechter war das des Faust zu dem trockenen Schleicher Wagner, beeinträchtigt insofern, als Wagner der Meister, Faust der Schüler war ... Dabei ist wichtig, daß Bruckner als Lehrer später immer an einer gewissen Mentalreservation festgehalten hat, als ob Theorie und Schaffen, zwei getrennte Welten wie Kerker und Freiheit, nichts miteinander zu tun hätten, und jenseits vom strengen Satz und seiner Gefängnisluft die goldenen Gefilde freien Musizierens anfingen, wo man's nach Lust und Laune treiben konnte, wo alle jene Regeln nicht galten, die man aber doch erlernt, und immer wieder genauer erlernt haben mußte, und gar nicht genau genug erlernen konnte, um sie endlich zu übertreten. Und diese Überzeugung dürfte sich ihm auch als Schüler Sechters nach und nach herausgebildet, so dürfte er studiert haben.

Meister Simons Leben reicht von Mozart bis Wagner, von Maria

Theresia bis Franz Josef. 1788 geboren, ist er eben Vierzig, als Schubert bei ihm Unterricht nehmen will. Er zählt 68 Jahre, als Bruckner zu ihm kommt, ein Greis mit allen natürlichen Pedanterien und Vertrocknungen, allen Verlangsamungen des Lebensprozesses, was die Schwerfälligkeit seines Unterrichts noch schwerfälliger machte.

Immer schien mir Sechter vergleichbar einem Meister jener Bauhütten des Mittelalters, der alle sittlichen Verantwortungen für Lehrlinge und Gesellen trug — daß sie zur Beichte gingen, nicht zu Karten und Frauen — der in seinem Handwerk ein Höheres erblickte, weil es nach mathematischen Regeln vor sich ging, den Gang der Ausbildung starrsinnig einhielt, dabei von einem gewissen Hüttenstolz erfüllt, daß er allein das wahre Geheimnis besitze, ohne zu merken, daß die Hütte längst nicht mehr schöpferisch war, sondern nur Bestehendes erhielt.

Sechter hat ein (heute nicht mehr aufgelegtes) Werk hinterlassen: „Die richtige Folge der Grundharmonien oder vom Fundamentalbass und dessen Umkehrungen und Stellvertretern" (Leipzig 1853, Breitkopf & Härtel), das aussieht wie ein Museum: viele Dinge, wertvolle, nützliche Dinge — aber tot, und draußen liegt das Leben. Dieses Lehrbuch, überholt durch die Praxis der Künstler, war schon veraltet, als es erschien. Peter Cornelius schreibt einmal rühmend an Liszt (Wien, Anfang Mai 1859): „Welch feine Beweglichkeit der See'e liegt in dieser harmonischen Mannigfaltigkeit. Wie interessant sind die paar Akkorde, die Sie in Burmeisters Album geschrieben..." Dann fügt er noch hinzu: „Sechter soll eine ganz gehörige Weile in Anschauung dieser kleinen Skizze verbracht haben (!!)". Die beiden Ausrufungszeichen deuten die geistige Stellung Sechters an, und wir können uns Meister Simon, der in Bachs Werken zu viele Freiheiten fand, öfter in Anschauung neuer Rätsel versunken vorstellen. In seinem Tagebuch bekannte er, woher sein Gedankengut, seine Denkweise stammte: „... Marpurgs Abhandlung von der Fuge und dessen Temperatur; Kirnbergers Kunst des reinen Satzes, dessen wahre Grundsätze der Harmonie; Emanuel Bachs Lehre vom Akkompagnement; Albrechtsbergers Generalbass- und Kompositionslehre; Matthesons vollkommener Kapellmeister; Türks Generalbaßlehre. In neuerer Zeit las ich auch Gottfried Webers Theorie, die Kompositionslehre von Reicha; auch ein paar Theile vom System des Herrn Marx aus Berlin und noch einige andere kleine Lehrbücher. Daß ich auch Riepels Werke gelesen, hätte ich bald vergessen . . ." In Wirklichkeit fußt seine Lehre auf der großartigen fruchtbaren Fundamentallehre des Rameau (Traité d'harmonie, 1722), wonach nicht der jeweilige Baß der Akkorde, sondern der tiefer ruhende, manchmal wirklich klingende, manchmal nur gedachte Fundamentalton für ihre Natur und ihr Schicksal entscheidend ist. Das gab, weit über den Schematismus der Generalbaßlehre hinausgehend, Klarheit für das Erkennen, Klanggefühl für die Behandlung, das hatte Goldwert für die Praxis; und selbst einem weniger bedeutenden Schüler Sechters, Vesque von Püttlingen etwa, muß Hanslick satten Wohlklang der Stimmführung nachsagen.

Der Sechterismus, eine Glanzleistung der altösterreichischen Musiker-Pedanterie, ist oft und viel angegriffen worden; Riemann wendet sich gegen die nur in der Sequenz möglichen Fundamente aller sieben Tonleiterstufen, und eigentlich hatte schon Rousseau im Musiklexikon die verwundbare Stelle herausgefunden: daß der Fundamentalbaß nicht immer wirklich erklingt, woher natürlich die Gefahr der Augenmusik, sozusagen einer musica ficta, droht. Und dennoch steckt so viel Gesundes, Lebenskräftiges, ja Verführerisches in der Lehre, die über den mächtigen Urschritten des Quintfallens und Quartsteigens durch alle sieben Stufen ihre Akkordketten wie Girlanden hinzog, daß wir Sechterianer später nur mühsam in die Welt der Riemannschen Funktionenlehre hinüberfanden. Ja, viel Gerümpel, aber überall darunter das Elementare. Wenn die Fundamente nur in Terzen fielen, wurde ein Zwischenfundament eingebaut, das heißt der elementare Schritt eingefügt, und Stimmführungsakkorde, fast tristanartig, ließen sich, durchgangshaft gesehen, wieder auf wenige Urschritte zurückführen. Und alles war g e s u n g e n gedacht!

Josef Schalk wollte Sechter durch chromatische Zwischenfundamente „modernisieren" und auf Wagner anwenden, denn Wagner konnte man auch mit den „Zwitter"- und den „Schein"-Akkorden nicht mehr beikommen. Bruckner, der Diatoniker, war aus Instinkt dagegen. Mit vollem Recht. Um die Lehre für die neue Kunst zu retten, hätte man sie vereinfachen, nicht komplizieren müssen, das unmögliche Fundament auf der siebenten Stufe (h, d, f ist kein Dreiklang) aufgeben und das Ganze auf thetische, synthetische, antithetische Grundakkorde — Tonica, Oberdominant, Unterdominant — zurückführen müssen: dann wäre eine Art Riemann herausgekommen. Aber so, wie die Lehre war, obwohl nur unvollständiger Rameau (die sixte ajoutée fehlte), obwohl nur mechanisierendes Terzenbauen, war sie dennoch Samen und Segen. Denn man wird auch heute über d'Alembert nicht hinauskommen: „Der Grundbaß ist der wahre Wegweiser des Ohrs und die wahrhafte Quelle des diatonischen Gesanges." Wer die Stammakkorde auf ein Fundament hin dachte, dachte sie zugleich mit ihrem Schöpfungsgedanken, dachte sie im melodischen Aufriß. Das gab dem Musiker ethische Sicherheiten. Die diatonische Grundempfindung herrschte vor, die Chromatik galt als romantische Nebenblüte — und einer Natur wie Bruckner, die von vornherein ethisch und auf Urschritte gestimmt war, mußte dies alles mächtig entgegenkommen. Man darf vielleicht sagen: als gläubiger Katholik, als Enkel einer Überlieferungswelt, hat Bruckner keine zusagendere Schule finden können.

Er vergrub sich in dies alles mit Wonnen. Nun gab es kein Geheimnis mehr. Die Blätter mit den Beispielen — Sechter war unerschöpflich im Aufgabenbeispiel — füllten das Zimmer des Beflissenen wandhoch, ganze Stöße lagen darin umher, und in diesem selbstvergessenen Fleiß lag eine moderne Wiederholung mittelalterlich-mönchischer Askese. Ja, dem hochgesteigerten Ausmaß seiner Studien schreibt Dr. Franz Marschner wesentlich die Abnormität der Nerven Bruckners zu, denn, „zu kontrapunktieren, wie er es gewohnt war, war auch bei der größten Begabung und der größten Leichtigkeit der Auffassung eine höchst anstrengende Sache; nicht weniger anstrengend etwa als philosophieren", und in seiner kontrapunktischen Riesentechnik, die jedes Problem überwand, erblickte Bruckner wohl auch seine wissenschaftliche Befähigung.

Ein anderer Grund für Bruckners fanatischen Fleiß lag in seiner Demut: im Kunstwerk diente er Gott, für den nichts lauter, rein, gediegen und kostbar genug sein konnte. Daher seine von Sechter übernommene Peinlichkeit und Sauberkeit. Noch in späteren Jahren prüfte er seine Posaunen- und Trompetensätze gesondert vom übrigen nach der Fundamentallehre, und mit ihrer Tadellosigkeit war auch ihr Klang gewährleistet. Manche seiner Holzbläsersätze sehen dem

Bild nach aus wie erweiterte, verklärte oder beseelte Sechtersche Verkettungen, ja, sein Partiturbild hat — gegen Richard Strauß — etwas Übersichtlich-Altes, Geometrisch-Solides; selbst wo er das Kühnste kombiniert, das Ungewagte wagt, schimmert immer das Diatonische durch, die Bässe schreiten immer majestätisch im Herrscherschritt, Luft streicht durch die Stimmen, alles singt.

Temperamentsmenschen wie Wagner, wie Wolf, wären Sechter nach dem ersten Monat davongelaufen — für Bruckner hatte die Methode, die jeden Quartsextakkord argwöhnisch beobachtete und als dissonant vorbereitete, etwas ungemein Anziehendes, es konnte ihm gar nicht lange genug dauern, nicht gründlich genug sein: Priester wird man nicht auf einmal, man muß alle Weihen durchlaufen, vom Subdiakon an.

Im Jahre 1861 war er fertig. Und Sechter erkannte ihn als „reinen Meister in diesem Fache" an. Daran aber hatte Bruckner nicht genug. In seinem Drang, geprüft zu werden, rief er eine noch höhere Instanz an, die, sein Wissen und Können bestätigend, die Sechtersche Anerkennung anerkannte. Er wandte sich an die Gesellschaft der Musikfreunde in Wien und bat zunächst, vor einer eigens ernannten Kommission eine Prüfung ablegen zu dürfen, und dann, im günstigen Fall, um die Verleihung des Titels „Professor der Harmonielehre". Dies, wie er in einem zweiten Gesuch ausführt, nicht etwa aus Eitelkeit, sondern deshalb, weil er schon von verschiedenen Behörden aufgefordert worden sei, sich darum zu bewerben. Das Ansuchen, dem die kontrapunktischen Arbeiten beilagen, und das es an Respektausdrücken nicht fehlen ließ, wurde bewilligt, und die Kommission trat im November zusammen. Sie bestand aus dem Konservatoriums-Direktor Josef Hellmesberger, dem Dirigenten der Gesellschaftskonzerte Herbeck, dem Hofopernkapellmeister Dessoff, dem Schulrat Becker und Sechter. Als sich die Herren im Musikvereinsgebäude versammelt hatten, erhob sich Herbeck, der Bruckner schon kannte, und bemerkte, daß eine gute mündliche Beantwortung vorgelegter Fragen dem Kandidaten zwar keinen Vorrang vor anderen mit Auszeichnung Studierenden einräumen könne; wenn Bruckner hingegen fähig sein sollte, ein ihm gegebenes Thema im fugierten Stil sogleich praktisch auf einem Klavier oder einer Orgel durchzuführen, so würde dies, mehr als alles theoretische Wissen, seine eminenten Fähigkeiten beweisen. Bruckner, gefragt, ob er sich dieser Aufgabe unterziehen wolle und welches Instrument er vorziehe, war mit dem Vorschlage Herbecks einverstanden und wählte die Orgel in der Piaristenkirche in der Josefstadt. Man begab sich dorthin. Professor Sechter wurde aufgefordert, ein Thema niederzuschreiben. Es waren vier Takte, und Herbeck erweiterte sie auf acht. Das Blatt wird Bruckner übergeben. Lange starrt er es unschlüssig an, und die Kommission wird schon stutzig. Aber dieses Notenanstarren war schon ein Teil der folgenden künstlerischen Arbeit: er nahm das Thema langsam in sich auf. Dann setzte er sich an die Orgel und improvisierte darüber eine Fuge von solcher Macht, daß den Herren angst und bange wurde. Das hätte keiner von ihnen können. „Er hätte uns prüfen sollen," hörte man Herbeck im Abgehen sagen ... Eine freie Phantasie schloß sich an die Fuge. Und den großen Eindruck vom Ganzen bestätigte das Zeugnis, das Bruckner als „Lehrer der Musik an Konservatorien und zur Unterweisung von Lehramtskandidaten" empfahl. Auch die Linzer Zeitung nahm von dem Erfolg Notiz und feierte den Landsmann, der die Prüfung bestanden.

Es war 1861, er zählte 37 Jahre. Er wollte „seinen" Klang erlöst sehen, sich und seine Religion, Gott und Schickung als Gesang formen — und nun überall Hemmung, Regel und Verbot bei jedem Schritt. Es schien ja geradezu, als habe er die Geheimlehre erlernt, um zu sehen, daß das Geheimnis vor ihm zurückwich, daß sich das Eigentliche verbarg, die Gestaltungen zerrannen, die man zu ballen glaubte. Und war die Fuge „seine" Form? War die Orgel „sein" Instrument, die hundertzüngige, aber doch nicht biegsame, eher herrschsüchtige als unterwürfige Orgel? Und überall um ihn her eine Musik, nach keinem Rezept Sechters gemacht, nach keiner seiner Regeln zu fassen.

Er sah sich neuen Ungewißheiten ausgeliefert. Vielleicht ist komponieren nichts als die Erlaubtheit des Unerlaubten? Sich selbst überlassen, hätte er wahrscheinlich auf eigene Faust ein Ufer zu finden gesucht, wäre in der Provinz ein Sonderling und Knorre geworden — aber das kleine Linz bot ihm das, was ihm das große Wien nicht bieten konnte: den richtigen Mann zur richtigen Zeit.

Statt des verflachsten Dalai Lama der Theorie einen praktischen Musiker, vor allem einen Menschen, eine unberühmte, aber lebendige, der Sechterschen ganz entgegengesetzte Persönlichkeit.
 Dies war der Linzer Theaterkapellmeister Otto Kitzler. Um zehn Jahre jünger als Bruckner (geb. 1834), aber an Blick und Erfahrung um ebensoviel älter, kam er 1858 zum ersten, 1861 zum zweiten Male nach Linz. Dazwischen dirigierte er am Königsberger Theater. Linz —Königsberg, das Hin und Her auf solchen Linien bezeichnet das Leben eines Wandernden. Während Sechter aus Wien nicht hinauskam, sah Kitzler die Welt. Ursprünglich Cellist, bildet er sich in Dresden, Brüssel und Prag aus, lernt bei Servais, bei Goltermann, wird Chordirektor und Solorepetitor, kommt nach Straßburg, Troyes, Lyon, Paris, Eutin, und zuletzt auf dieser Musiker-Odyssee nach Linz. Um seine Studienjahre schweben die guten Genien der Kunst, die Namen seiner Lehrer sind mit den besten Namen der europäischen Musikkultur verknüpft, überall gibt es Beziehungen zu bedeutenden Menschen und Ereignissen, was man in seiner hübschen, kleinen Selbstbiographie („Musikalische Erinnerungen", Brünn 1904) bequem nachlesen kann. In der Theorie gerät er in die Hand des großen Fétis, des Brüsseler Propheten einer neuen Omnitonalität, der „nach der blühenden Methode Cherubinis" vorging, nicht nach den Postillen von Fux und Kirnberger. Über seiner Jugend aber geht eine glänzende, feurige Sonne auf: Richard Wagner. Als Knabe erlebt er die Dresdener Uraufführung des Tannhäuser, sieht Wagner als Kapellmeister am Pult, als Elfjähriger singt er in der Neunten Sinfonie mit, die Wagner leitet, und vom Schwung, den der achtundvierziger Revolutionsmann den jungen Leuten seiner Zeit mitgab, hat wohl auch Kitzler sein Teil mitbekommen. Noch als zitteriger Greis in Graz, wo er seinen Lebensabend zubrachte, — er starb 1915 — hatte er die stete innere Bereitschaft, die Helle des Angesichts, der Stimme. Eine feine, zierliche Erscheinung, mag er in den Linzer Jahren den Typus des jungen, modern entzündeten Kapellmeisters gewesen sein, wie er in größeren Ausmaßen von Herbeck in Wien dargestellt wurde.
 Bruckner war schon 1858 mit Kitzler, der auf dem Kirchenchor freiwillig als Cellist mitspielte, bekannt geworden und wurde, wahrscheinlich im Herbst 1861, sein Schüler. Zunächst in der musikalischen Formenlehre, denn bei Sechter hatte er wohl von der Fuge,

nicht von Sonate, Sinfonie, Ouvertüre erfahren. Mit Hilfe des E. F. Richterschen Leitfadens führte Kitzler ihn in den Bau der Tonwerke ein und ließ ihn von der achttaktigen Periode bis zur Sonate alle notwendigen Studien durchmachen. „Beethovens Sonaten bildeten die vergleichende Grundlage unserer Übungen, und Bruckner bezeugte stets besondere Freude, wenn er auf eine, seinen früheren Satzstudien zuwiderlaufende Wendung oder Gestaltung stieß . . ." Alles Kühne und Eigene freut ihn jetzt, er trinkt Freiheitsluft, es ist seine unsechterische Periode, die Vorzeit seiner Ersten Sinfonie.

Nach der Formenlehre nahm Kitzler mit seinem Jünger die Instrumentationslehre nach dem Lehrbuch von A. B. Marx durch; sie war freilich zeitlich begrenzt und endete bei Meyerbeer, aber der Linzer Kapellmeister kannte schon andere Instrumentationen, so neu und unerhört, daß sie noch lange nicht lehrbuchfähig waren: die Partituren des Holländer, des Lohengrin und vor allem des Tannhäuser . . . Ja, Tannhäuser, den Kitzler in Straßburg als erste deutsche Aufführung auf französischem Boden wiedergehört hatte, gehörte zu seinem Bildungserlebnis. Im Dezember 1862 führte er Bruckner in dies Bacchanal romantischer Orchesterfarben ein: die neue Behandlung der umspielenden Violinen, die spannenden Schauer des dramatischen Tremolos, die nicht mehr füllenden, sondern einzeln singenden, oder in chorischer Stoßkraft geballten Hörner, die metallische Pracht luftig gebauter Posaunenmassen mit sieghaft überglänzenden Trompeten — alles dies mochte der erglühende Lehrer seinem Schüler als Ausdrucksgebärden der heidnischen und christlichen, der Venus- und Elisabeth-Welt erklären.

Vielleicht hatten Bruckners Ohr schon in Wien Wagnersche Klänge gestreift — als neue Sprache kamen sie erst jetzt in sein Bewußtsein: die Alten in Wien, deren Richtung Bauernfelds kindische Epigramme (noch 1870/71) bezeichneten, haben ihn sicher nicht verwagnert, und er selbst ging in anderer Richtung. In Linz war noch keine Note von Wagner erklungen — Grund genug für den jungen Kitzler, es damit zu wagen, und der Tannhäuser, den sie eben studierten, sollte das erste Werk sein. Längst von diesem Lieblingsgedanken erfüllt, sieht er jetzt die Zeit der Verwirklichung gekommen: gerade ist Richard Wagner in Wien, um den Proben seines Tristan beizuwohnen (denen die Aufführung allerdings erst —

1883 folgen sollte . . .). Kitzler sucht Wagner auf und erlangt von ihm die Erlaubnis, Tannhäuser zu seinem und seiner Braut (der Opernsängerin Krejci) Vorteil in Linz ohne Honorar aufzuführen. Er probiert und studiert das Werk auf das Sorgfältigste und bringt es am 13. und 20. Februar 1863 heraus. Es findet „unerhörten" Erfolg, wie denn Provinzaufführungen trotz unzulänglichen Mitteln oft näher an uns kommen als große. Leider ist kein Tagebuch, kein Brief Bruckners bekannt, worin etwas von seinen Eindrücken jener Abende festgehalten wird, wie glücklicherweise beim Wiener Tannhäuser-Erlebnis Hugo Wolfs. Wir können wohl annehmen, daß er als Künstler davon in den Grund hinein berührt war: irgendwie veränderte sich das ganze Bild der Musik, das er bisher empfangen, und er selbst veränderte sich mit, betroffen und bedrückt von dem Großen und doch zugleich ermutigt, voll Begierde, selbst auf diese Weise tönend zu werden. Denn immer erleiden die großen Musiker einen Vorfahren unter Schauern, der sie niederwirft und doch erhebt, als gehöre der fremde Besitz nun auch ihnen. Im übrigen sind wir auf Bruckners Werke angewiesen, die von Anfang an mit eigenen Zeichen versehen, durch die Wagnerwelt hindurchgehend, eine neue Brucknersprache entwickeln.

Dem Linzer Tannhäuser folgte (noch 1863 im Konzert) das Liebesmahl der Apostel, 1864 der Fliegende Holländer, Lohengrin, 1865 der Fliegende Holländer und am 4. April 1868 der Schluß der Meistersinger, den Bruckner selbst — noch vor der Münchener Uraufführung — im Konzertsaal leitete.

Bruckner stand im vierzigsten Lebensjahr: die Instrumentationslehre, die seine Studien bei Kitzler abschloß, war erlernt. Spät hatte er sich zu eigen gemacht, was andere zwanzig Jahre früher zu erlernen pflegen, sein Meister selbst ist davon Zeugnis. Fassen wir rückblickend den Lehrgang zusammen, so sehen wir, daß die Ausbildung in der reinen Satztechnik die weitaus größte Zeit in Anspruch nahm: sie reicht, weit genommen, vom elften bis zum siebenunddreißigsten Lebensjahr. Darauf folgt die kurze Kitzlerzeit, wo er, wie mit einem Ruck in die moderne Welt gestellt, die Formen, Themenarbeit, Architektonik erlernt. Es ist jedenfalls kein harmonischer, sondern ein schicksalsbedingter, ungleichmäßiger Gang, dessen Ende im Schwabenalter liegt.

Die Zeit war um, Kitzlers Engagement in Linz ging zu Ende, er sollte nach Brünn gehen — da fragte Bruckner ihn eines Tages, wann er denn freigesprochen werde. Ganz seiner mittelalterlichen Natur gemäß sah Bruckner einen Abschnitt beendet, der als solcher gekennzeichnet und durch eine Generalpause vom folgenden geschieden werden mußte. Nun mußte der Übergang vom Lehrling zum Gesellen gefeiert werden. Kitzler erwiderte auf jene Frage, er könne seinem Schüler nichts mehr beibringen, da er ihn schon übertroffen, und der Freispruch könne jeden Tag erfolgen; und so lud Bruckner denn seinen Lehrer samt dessen Frau zu einer Wagenpartie nach dem reizend am Walde gelegenen Jägerhause von Kirnberg ein, wo denn bei fröhlichem Mahl die gewünschte Freisprechung erfolgte... Das gewünschte Zeugnis aber besagte, daß Bruckner den eigentlich zweijährigen Kurs dank seinem ausdauernden Fleiß in 19 Monaten durchmachte und daß die aufrichtigen Glückwünsche des Lehrers „diesen talentvollen und strebsamen Künstler auf seine weitere musikalische Laufbahn begleiten."

Jetzt ist die neue Zeit gekommen, jetzt fühlt sich Bruckner wirklich reif und mutig genug zu „freien Kompositionen", und sie ließen auch nicht lange auf sich warten. Gräflinger erwähnt zwar, daß Bruckner nach Kitzlers Abgang von Linz mit dem Theaterkapellmeister Dorn und dem späteren Dirigenten des Wiener Singvereins Wilhelm Gericke, Studien getrieben und andere moderne Partituren, darunter Liszts Faust-Sinfonie, kennengelernt habe. Es ist immerhin möglich, denn jeder Musiker sagt sich mit dem alten J. J. Fux: an nescis musicam esse mare, nec Nestoris annis possit exhauriri? und des Lernens ist kein Ende — aber in der Hauptsache sind Bruckners Lehrjahre mit dem Tannhäuser-Erlebnis vorbei, und es war streng genommen gleichgültig, ob er die moderne Musik auch durch andere Werke erlebte.

Wagner, der Aufstachler und Erreger, traf eine Seite Bruckners, die bisher im Unsichtbaren gewesen: er berührte den Sinnenmenschen und entzündete in der religiös gerichteten Seele Empfindungen, die bis zu Krampf und Katastrophe führten. Noch hatte das Weib in Bruckners florianischem Leben keine Rolle gespielt, nun berührte es ihn in Musikgestalt, ein marienhaftes Denken mit Unruhen und Ahnungen erfüllend.

Unmittelbar auf die Kitzlerzeit folgen die ersten wirklich großen Brucknerschen Schöpfungen: die d-moll-Messe (1864) und die erste Sinfonie in c-moll (1865/66).

Alle vorangegangenen Werke, und es sind ihrer nicht wenige, erscheinen bald in höherem, bald in gewöhnlichem Sinn als Gelegenheits- und Anlaßkunst, nicht als Lebensmusik, erwachsen aus dem Bedürfnis der Stunde, der Forderung des Tages, sei es, daß man an Bruckner herantrat, sei es, daß seine Stellung als Domorganist und Männerchorleiter es mit sich brachte. Die Messe und die Sinfonie dagegen sind freie, anlaßlose Seelenkunst und eröffnen eine Reihe von solchen Werken, denen gemeinsam ist die Abkehr ins Innere.

Um jene Zeit — 1866 — war Österreich müde geworden. Vermorscht und ausgewaschen wie ein altes Gebirge, beginnt es aus Europa als Machtstaat, unmerklich auch für Ahnende, zu verschwinden. Der italienische Freiheitskampf entreißt, den Spielberg rächend, dem Hausmachtkörper den halben Süden, den deutschen Schulmeister drängt es aus dem Norden, vulkanische Gewalten sprengen sein Inneres: — in diesem Verfall beginnt Österreich noch einmal sein reinstes Leben zu leben, aus Verwesung strahlt sein Licht. Es kommt zu einer Glanzzeit der neuerbauten Wiener Hofoper, zu einer Glanzzeit der Philharmoniker, vor allem zu einem Aufgehen der gestaltenden Mächte in den Erscheinungen Anton Bruckners, Hugo Wolfs und Gustav Mahlers, zu denen sich, eben durch den athenischen Aufgang hergezogen, der Magus aus dem Norden, Johannes Brahms gesellt. Es sind die Ausblüher, die Nachklassiker, Erntende und Säende, die das carolingisch-theresianisch bedingte Beethoven- und Schubertzeitalter verlassen. Aus Abendröten kommend, gehen sie dem Morgen zu. Im Jahre 1866, dem ersten deutlichen Verfallsjahr, schreibt Anton Bruckner seine erste Sinfonie.

Eine eigene Schaffensgelegenheit öffnet sich Bruckner dadurch, daß im Sommer 1860 der Dirigent A. M. Storch die Liedertafel Frohsinn verließ und sein Nachfolger Kirchberger im gleichen Jahr verstarb. Bruckner wurde nun zum Chormeister dieses Vereins gewählt und führte ihn zu bedeutenden Erfolgen, so auf dem Sängerfest in Krems (29. und 30. Juni 1861) und auf dem Nürnberger Sängerfest (19. und 24. Juli 1861), bei welchen Gelegenheiten Bruckner gewiß auch Johann Herbeck kennen lernte, der, dort als Führer der Wiener Chöre anwesend, später bestimmend in sein Schicksal eingriff. Von seinen Anlaßwerken sei ein „Grabgesang" genannt, den er (Februar 1861) zum Begräbnis einer Linzer Kaufmannswitwe schrieb und durch den „der Hauch zarter Empfindung und Gottvertrauens wehte" (Linzer Zeitung). Für die Vermählung eines ihm befreundeten Frohsinns-Genossen schrieb er ein Trauungslied (1865), von dem die gleiche Quelle sagt: es sei nicht schablonenhaft hingeschrieben wie oft Gelegenheitsstücke, vielmehr herrsche die tiefste religiöse Weihe, kein Ton erinnere an Weltliches, und wenn eine Stimme das Werk für gar zu ernst gehalten habe, so sei das gerade das Richtige: Bruckner habe nicht eine Hochzeit mit Ball, sondern den religiösen Akt der priesterlichen Einsegnung besungen. Seine Grundhaltung gibt schon, wie man sieht, den kleinen Werken Kern.

Dann entsteht ein Chor „Herbstlied" (1864) für Männerchor und Klavierbegleitung und zwei Sopransoli, sowie der große „Germanenzug" (für Männerchor und Bläser), der beim ersten Ober-Österreichisch-Salzburgischen Sängerfest unter Bruckners Leitung (Juni 1865) den zweiten Preis erhielt. Ein gemischtes Quartett „Du bist wie eine Blume" (Heine) gehört hierher, sowie die Chöre „Vaterländisches Weinlied", „Der Abendhimmel", „Vaterlandslied", wovon das Vaterlandslied (Verse von Silberstein: „O, könnt ich Dich beglücken") mit ihrer Verwebung von zwei Solostimmen in den Chor besondere Liedertafeldankbarkeit besitzt.

Bruckner nahm sein Amt als Chormeister nicht nur von der biergemütlichen Seite; er scheint Anforderungen gestellt und Ernst verlangt zu haben. „Möge sich die Liedertafel in ihrem Kunstleben eng an ihren tief und gründlich gebildeten Chormeister, Herrn Bruckner, anschließen: in ihm erkennen wir den Mann, der sie zum Ruhm und zur Ehre führen kann", mahnt eine Kritik aus dem Jahre 1861 (mitgeteilt von Damisch im „Merker", 15. Oktober 1916). Auch als man (1863) daran dachte, ihn zum Direktor des Musikvereins in Linz zu gewinnen, machte er sein Ja von vielen künstlerischen und anderen Verbesserungsvorschlägen abhängig, Dinge, die freilich nur Vorschläge blieben. Jedenfalls versank er nicht im Abseits eines kleinbürgerlichen Musikbetriebs, obwohl zur Bruckner-Sphäre immer, auch in Wien bis zuletzt, das Chorwesen, die Liedertafel, der Kommers und die singende Jugend gehört. Nach einem Jahr schied er aus dem Kreis des Frohsinn, ohne jedoch seine Beziehungen zu dessen liebgewordenen Menschen zu unterbrechen, so daß er 1868, nachdem ein Durchschnitts-Chormeister seine Stelle niedergelegt hatte, abermals an dessen Spitze trat. Zur Gründungsfeier des Frohsinn (4. April 1868) gab es reichen musikalischen Aufwand, u. a. die Tannhäuser-Chöre und den Einzugsmarsch, sowie den Schlußchor mit der Ansprache des Hans Sachs aus den Meistersingern. Er erhielt hierzu die Erlaubnis von Richard Wagner, den er zum erstenmal in München bei der Uraufführung von Tristan und Isolde (Juni 1865) erblickt und (zugleich mit Hans von Bülow) kennen gelernt hatte.

Daneben laufen noch kirchenmusikalische Tätigkeiten. Aus früherer Zeit sind vorhanden Fünf Tantum ergo (1846 in St. Florian entstanden), Sakraments-Gesänge, die „in ihrer tiefen Frömmigkeit für die Liturgie sehr verwendbar sind" und in ihren harmonischen Eigentümlichkeiten eine von Haydn und Mozart ausgehende Selbständigkeit verraten (siehe Max Auer, Musica Div. Nr. 7, 1913). Dann u. a. zwei Ave Maria, in F-dur, ein vierstimmiges aus dem Jahr 1856 mit Orgel, das bezeugt, was Bruckner als Kontrapunktiker schon v o r Sechter vermochte, und ein siebenstimmiges (Sopran, 2 Alte, 2 Tenöre, 2 Bässe) aus dem Jahr 1861, das den „Stempel der Meisterschaft" trägt. Zu Ehren des Dogmas von der Unbefleckten Empfängnis sollte nach dem Fastenhirtenbrief des Bischofs Rudigier in Linz ein neuer Dom aus freiwilligen Beiträgen errichtet werden, und am 1. Mai 1862 kam es tatsächlich zur Grundsteinlegung. Bruckner, zur Verherrlichung der Feier eingeladen, schuf (nach einem Text von Dr. M. Pramesberger) eine Festkantate, die unter Mitwirkung der Frohsinn-Leute aufgeführt wurde. Sieben Jahre später aber schrieb er für die Einweihung der Votivkapelle (30. Sept. 1869) die große Messe in e-moll (für 8-stimmigen Chor und Blas-Orchester). Diese Messe, dem großen Bischof gewidmet, wurde von Bruckner einstudiert und dirigiert „an dem herrlichsten meiner Lebenstage . . . Bischof und Statthalter toastirten auf mich bei der Bischöfl. Tafel." (An Joh. Burgstaller, Wien, 18. Mai 1885.)

Besondere Bewegung und Erregung ging einem andern Ereignis, der Aufführung einer neuen Messe, d-moll, im alten Linzer Dom

— 20. November 1864 — voran. Es war die erste Messe des Domorganisten, sozusagen sein Antrittswerk in größeren Formen, was diese Spannung der Stadt hervorrief, und als die Scharen der Hörer das Gotteshaus verließen, warteten sie gewiß auf den Bericht der Linzer Zeitung, um ihren Eindruck zu klären. Ein kirchlicher Sinfoniker war laut geworden, es klang etwas aus dieser Messe, was alter Gläubigkeit einen neuen ungewohnten Ton gab. Das Kyrie entstammte der Schubertwelt, ähnliche Notenlinien zeigte ein Gesangsthema des Forellenquintetts (wenn man will, auch das Hauptmotiv des Liebestodes aus Wagners Tristan). Hier ist es in Moll gesunken, die Stimmen durchschlingen einander — aber nicht das ist entscheidend, sondern die flehende Gebärde des Tief-Gläubigen und die Choralfestigkeit des Zuversichtlichen, wie sie in gleichen Linien viel später das Adagio der Siebenten Sinfonie wiederholen sollte. Ein kirchlicher Dramatiker ward gehört, der Jesu Auffahren in den Himmel als Erlebnis empfand und mit der wuchtigen Hand Tintorettos malte — mit einer Steigerungsgebärde, die er, noch gesteigerter, dreißig Jahre später im ersten Satzteil seiner Neunten Sinfonie zeigte. Und aus der süßen Benedictus-Lyrik ihrer schwelgerischen Inbrunst alterierter Akkorde, ihrem stillen Verzücktsein ward ein kirchlicher Lyriker gehört, der nicht nur Regens-Chori-Überlieferungen aus Wiener Sonntagsmessen zu wiederholen hatte. Und dann die sinnvolle Verhängung des Kyrie mit dem Dona, ein Motiv, das dort Hoffnung, hier Erfüllung aussprach — zu viel des Neuen, und es fand auch seinen Widerstand.

Zwar die Besprechung der Linzer Zeitung stellt die „Größe und Kraft" der Messe durchaus fest, tadelt nur das allzu naturalistische Et resurrexit (das uns gerade so bildhaft vorkommt) und findet das Werk nicht mustergültig im alten Kirchenstil. Das wollte nun Bruckner wohl auch nicht: „offenbar drängt es ihn stark zum instrumentalen, neuen Ausdruck." Zuletzt folgt dieser Satz: „Wenn es Herrn Bruckner gelingt, seine Fantasie zu läutern oder vielmehr zu bändigen und in dieser Gattung Musik allzu gewaltsame Schlüsse und grelle Dissonanzen zu vermeiden, so sind wir überzeugt, daß er schon im zweiten derartigen Werke die Zuhörer nicht mehr überraschen und staunen machen, sondern auch wirklich erheben und erbauen wird . . ."

Es kündigt sich also das Genie an; schon hört man: machen Sie's glatter, bitte, sich zu mäßigen . . .! Freilich die d-moll-Messe stand nicht Du auf Du mit dem Herrgott: eine starke Stimme sang ihren Glauben für sich und die andern, und nur die Starken mochten sie hören. Die Messe wurde in einem geistlichen Konzert (Redoutensaal, Dezember 1864) wiederholt, kam dann nach Wien in die Hofkapelle, wo Herbeck sie aufführte, und erschien 1868 noch einmal beim Hochamt im alten Dom. „Qui deum laudat neminem violabit", lautet ein alter Organistenspruch — verletzt hat die Messe freilich niemanden; aber damals wußten nur wenige, daß sie das Empfinden der Andächtigen selbst war.

Ähnlich erging es der c-moll-Sinfonie, die Bruckner zum Erstaunen und zur Überraschung der Stadt ankündigte, und die er am 9. Mai 1868 selbst aufführte. Eine Sinfonie des Domorganisten! Die große und wirkliche Begabung wird auch diesmal festgestellt und dem Scherzo (das noch bei jeder Sinfonie am besten gefallen hat, eine Folge der rhythmischen Form) nachgesagt, daß es am besten gefallen habe. Aber die drei formellen Tugenden („Architektonik", „Verknüpfung", „Instrumentierung") werden bezweifelt, Streben nach Effekt bemängelt. Schon unterscheidet sich bei diesem Werk die Kritik von der alten: sie wittert Morgenluft, ist nicht mehr folgsam. Ästhetisch lauschend, entgehen ihr die ethischen Klänge, aber in Haltung und Ton steht sie doch hoch über dem Wiener Feuilletongeist.

Es gibt Erfolge, die einen Künstler bedrücken. Ein solcher wurmender Erfolg mag der der c-moll-Sinfonie gewesen sein. Das „gewählte" Publikum betrug sich sehr gesellschaftlich, nahm alles mit großem Beifall auf, aber wie aus dem Zeitungsbericht durchschimmert, fehlte es nicht an bedenklichen oder betroffenen Stimmen, und wie es geht, kamen sie Bruckner zu Ohren, bohrten in ihn hinein, machten ihn nachdenklich und ließen vielleicht das nagende Gefühl zurück, als hätten die Zuhörer an seiner Stimme, die ihre eigne war, vorbeigehört. Ein Durchfall unter Beifall? In dem jungen Sinfoniker wuchsen vielleicht die Bauernskrupel, ob die Stadtherren nicht doch recht hätten, und in verstärkter Neigung zur Selbstkritik mochte er schwankend oder unsicher werden. In der Tat war diese Sinfonie vor allem Charakterbild, ein bewußtes Aufbegehren, ein Protest gegen Schulfuchserei und Sechsterei, und er nannte sie auch später, das Individual-Erlebnis in seine Sprache übersetzend, „s' Beserl" oder „keckes Beserl", womit er nach einem Wiener Studenten-Ausdruck auf ein ungebundenes oder schnippiges junges Frauenzimmer zielte. Wahrscheinlich blieb auch das provinziell zusammengestoppelte Orchester (Theater-, Militär-Musiker und Dilettanten) einiges schuldig, kurz, die Hörer empfingen nur ein Bruchstück, die Wucht der knorrigen Persönlichkeit ihres Organisten, keine Überzeugung oder nachsummende Berauschung.

Als Künstler, am Gehör für die inneren Stimmen doppelt leidend und aus diesem Erfolg zerklüftet und zerspalten hervorgehend, mochte Bruckner überhaupt schon länger in eine Krisenzeit eingetreten sein. So schreibt er im Dezember 1866 an A. M. Storch, der ihn um Überlassung einiger Chöre bat: „Grundsätzlich hier von aller Welt zurückgezogen und auch verlassen staunte und erfreute ich mich im hohen Grade, daß ein Mann in der Ferne meiner noch gedenkt, umso mehr ein Mann, dem ich wie alle Welt hohe Verehrung und Bewunderung mit Recht zollen. Nehmen hochverehrter Herr Kapellmeister für diese mir erwiesene unverdiente Liebe und Auszeichnung hiemit meinen tiefsten Dank entgegen!" Er ist also mit Linz und dessen Menschen zerfallen, lebt abgewandt, fühlt sich doch wieder vereinsamt und hofft nicht auf Teilnahme von außen, ist vom bloßen Anfragen Storchs überbewegt. — — Was war geschehen? Was klagte der Riese? Was bedrohte ihn, seine Natur erschütternd . . .?

Tatsache ist, daß Bruckner erkrankte und eines Nervenleidens wegen im Sommer 1867 die Kaltwasserheilanstalt Kreuzen bei Grein in Oberösterreich aufsuchte. Er blieb dort drei Monate. Es kostete ihn, der nichts besaß, ein schönes Stück Geld, er bat nachher das erzbischöfliche Ordinariat um eine Krankenkostaushilfe, die er auch erhielt. Welcher Art die Krankheit gewesen, welche Ursachen sie gehabt, wissen wir nicht genau. Karl Waldeck, der spätere Nachfolger Bruckners im Organistenamt, gibt Überanstrengung durch kontrapunktisches Improvisieren auf der Orgel an: „Trotz seiner kräftigen Körperbeschaffenheit und seines gesegneten Appetits kam es zu geistigen Störungen und er mußte durch Trübsinn, fixe Ideen u. dgl. viel leiden." Ja, Bruckner richtete an Waldeck die Gethsemane-Bitte, bei ihm zu bleiben, gleichsam zum Schutz vor den inneren Überfällen, für die die Gewöhnlichen das Lachen der Gewöhnlichen haben mochten — er konnte bei Spaziergängen Halt machen und die Blätter eines Baumes zählen — und der Freund blieb bei ihm bis in die Nacht. Louis wiederum denkt in seiner Biographie an „die excessive und scrupulöse Art der Brucknerschen Religiosität", vielleicht auch an die „seelischen Folgen einer streng durchgeführten Enthaltsamkeit", da der Meister, streng florianisch lebend, nunquam mulierem attigit. Er war 43 Jahre alt, eine Natur, in der die Sinnenflamme höher brannte als in Unkünstlern. Und nicht „trotz seiner kräftigen Körperbeschaffenheit", sondern wegen ihr wurde er leidend.

Vielleicht wirken beide Ursachen und noch eine dritte zusammen. Wir glauben, Bruckner war in die kritischen Jahre des Künstlers eingetreten. Sie sind sonst (wie Robert Nagel ausgeführt hat) zwischen den Dreißig und Vierzig zu suchen; können aber bei einem späten Menschen wie Bruckner um zehn Jahre später angenommen werden. In diesem Alter tritt heftiges Verdunkeltwerden auf: Goethe flieht nach Italien, Grillparzer macht die beklommene Reise zu Goethe, Kleist die in den Tod. Raimund durchlebt ein Jahr tiefster Niedergeschlagenheit, Lenau und Hölderlin zeigen die ersten Erscheinungen des Irrewerdens. Tieck brach fast zusammen, Grabbe ging zugrunde, bei Scheffel entstand Verfolgungswahn. Idylliker wie Keller und Stifter reifen in diesen Jahren, bei stärkeren Naturen nimmt die innere Wendung geradezu sprengende Formen an. Gewöhnlich endet die Krisenzeit aber mit der Geburt eines neuen Werks, das sich unter diesen Schauern ankündigte, sei es die Gefesselte Phantasie, der Fidelio, der Freischütz, die Zauberflöte oder, wie bei Bruckner die f-moll-Messe, die im Jahre darauf, 1868, entstand. Der Künstler will sich von dem Drohen der Vorstellungsmassen, die er selbst schuf, befreien, der Hölle entrinnen, deren Feuer er entzündete, und die ungeheure Belastung von sich schleudernd, findet er sein Gleichgewicht und seinen hellen Himmel in der Arbeit. Bruckner verließ die Heilanstalt Kreuzen als gesund; geheilt aber hat ihn sein neues, großes Werk.

Dann aber trat noch ein Ereignis ein, das, seine alte Linie ins Weite und Hohe fortführend, ferne Ziele näher rückte und zuletzt sein Selbstvertrauen doch befestigen sollte: die Berufung nach Wien. Was er vor einigen Jahren mit schüchterner Gebärde verlangt hatte, den Titel eines Professors, das erfüllt sich nun reicher und rascher als er gedacht. Unsere Wege sind meistens Umwege. Dem Abschnitt „Windhaag-Linz" folgt der Sprung von Linz nach Wien.

NACH WIEN

Der Mann, von dem die Berufung ausgeht und der sie durchsetzt, war Johann Herbeck, Hofkapellmeister und Dirigent der Gesellschaft der Musikfreunde, Professor am Konservatorium, kurz, der große Dirigent, der musicus maximus des damaligen Wien. Wer sein Bild im Direktionszimmer der „Gesellschaft" gesehen hat, vergißt es nicht. Ein mächtiges Christushaupt, wogende Haarmassen in den Nacken geschüttelt, dunkelbrennende Prophetenaugen, die auf Frauen bestrickend, auf Chormassen demagogisch gewirkt haben. 1869, als er Liszts Heilige Elisabeth im Gesellschaftskonzert wagt, ist er Favorit und Gebieter. Immer schien dieser Mann ein Banner zu schwingen: ein echter musikalischer Achtundvierziger, Liedertafler und Herold zugleich.

Um sieben Jahre jünger als Bruckner (geb. 1831), Sohn eines armen Schneidermeisters aus deutsch-slawischem Blut, hat er manche Parallele mit Bruckners Entwicklung — auch er kam von unten, auch er war Sängerknabe und hat aus seinen Heiligenkreuzer Stiftszeiten den Sinn für Chorwohlklang mitgenommen; aber ein Sonntagskind und Eroberer, hat er das doppelte Tempo. Er geht nicht, er rennt dem Gipfel zu. Mit 22 Jahren wird er Regens Chori an der Piaristenkirche in der Josefstadt (wo die berühmte Prüfung Bruckners stattfand), mit 25 Jahren erster Dirigent des Wiener Männergesangvereins, mit 27 Professor für Männergesang am Konservatorium, mit 28 Dirigent der Gesellschaftskonzerte, mit 32 erster Dirigent der Hofkapelle und im Flug über einige hohle Köpfe weg mit 38 Jahren Hofopernkapellmeister. Das Jahr darauf wird er Hofoperndirektor.

Sein Ehrgeiz triumphiert. Der Gipfel ist gewonnen. Er leitet die erste Aufführung der Meistersinger in der neuen Hofoper (1870) — es kommt dabei fast zu Prügelszenen im Publikum — er bringt Goldmark, Götz, den Verdi der Aida auf die Bühne, er herrscht fünf Jahre. Da wird er von einem untergeordneten Beamten gestürzt. Er hat in Wahrheit nie geherrscht. Er war kein Theatermann. Sein Ziel ist sein Ende. Gipfelstürze sind die tiefsten. Gedemütigt geht er zu den Gesellschaftskonzerten wieder zurück. (Brahms hatte sie inzwischen übernommen.) Ohne Glauben an sich schleppt er den Rest des Lebens. Der Anblick des Theatergebäudes, ein Zufallswort mußte ihn verstören. „Eine wunde Heftigkeit", sagt Hanslick, zeichnete sein Tun in den letzten Jahren aus. Erst 46 Jahre alt, stirbt er. Die Ärzte stellten eine Lungenentzündung fest... Wie ein Meteor verlosch er in dieser Wiener Zeit. Ein Künstlerschicksal, dessen glanzvoller Nachruhm heute auf einer Straßentafel leuchtet.

Herbeck, dessen tragischer Irrtum im Verkennen seiner Begabung lag, war Chor- und Orchestermusiker. Romantiker am Pult, gab er sich dem Verkündigen alles Jungen, morgenlich Tönenden hin. Er führte Schumann, Liszt, Berlioz mit ihren großen Werken ins widerstrebende Wien ein (Manfred, Paradies und Peri, Harold-Sinfonie, Cellini-Ouvertüre, Faust, Ungarische Krönungsmesse). Immer kehrt in Hanslicks Kritiken, der zwar haßte, was jener aufführte, die Wendung wieder: „Herbecks Verdienst ist..." und was Hanslick (Okt. 1868) von seiner Leitung des jubilierenden Männergesangvereins rühmt, gilt von seinem ganzen musikalischen Betreiben: er hat die Konzerte über das Niveau des bloß Geselligen und Gefälligen gehoben, eine musikalische Stadterweiterung.

Die Liebe dieses großen österreichischen Temperaments aber hieß Schubert. Er führte 1859, ein Menschenalter nach Schuberts Tod, die C-dur-Sinfonie zum erstenmal auf und fuhr, ganz abgesehen von andern Schubert-Taten, nach Graz, um dem verschrobenen alten Hüttenbrenner in diplomatischer Zähigkeit — kein kleines Stück Arbeit — die Partitur der „Unvollendeten" zu entwinden. Schubert entdeckten die Wiener durch Herbeck.

Und von Schubert zu Bruckner war ein Schritt. Der Raschentzündete, in dessen Herzen die oberösterreichischen Berge, das Kärntner Volkslied, Liszt und Berlioz, einen Platz fanden, kannte Kühnheit, Wohllaut, Urgewalt und Gährung der d-moll-Messe von der Hofkapelle her, und, das Schubertische durchfühlend, sah er mit dem Prophetenauge in dem provinzialen Domorganisten, was noch niemand gesehen hatte: das Genie.

Es fügte sich, daß 1867 Simon Sechter starb und damit die Lehrstelle für Theorie und Orgel am Konservatorium frei wurde. Da entstand in Herbeck der Gedanke, der Nachfolger müsse jener Anton Bruckner werden. Er ließ durch eine Mittelsperson in Linz anfragen, ob Bruckner denn nicht ans Wiener Konservatorium strebe, — aber von Bruckner kam ein ablehnender Bescheid. Darauf nahm nun Herbeck die Sache selbst in die Hand, leitete in Wien alle Schritte ein, und da er gerade zur Erholung nach dem Salzkammergut ging, stieg er in Linz aus und suchte den Zögernden auf. Er fuhr mit ihm nach Sankt Florian und entledigte sich auf dem Wege des Auftrags der Gesellschaft der Musikfreunde. Schließlich wendete er sich, alle Überredungskunst aufbietend, an den guten Österreicher und versicherte, daß er entschlossen sei, nach Deutschland zu fahren und sich von dort einen geeigneten Mann zu holen, falls Bruckner sich weigere: „Ich meine aber, daß es Österreich zur größeren Ehre gereiche, wenn die Professur, die früher Sechter versehen, von einem Einheimischen bekleidet wird."

Gewiß machte das Eindruck auf Bruckners altösterreichisches Gemüt, zerstreute aber nicht die lastenden Bedenken. In Sankt Florian gehen beide in die Kirche, und Bruckner setzt sich an seine Orgel. Sie, die so oft Zeugin seiner Seelenkämpfe war, mit der er aufgewachsen, die ihm in mancher dunklen Stunde ihren Beistand geliehen — die alte Kameradin und Beraterin sollte ihn auch diesmal aus Wirrnissen ins Klare befreien. Er spielte, und kein Musiker hat wohl die Entscheidung einer Lebensfrage so musikalisch herbeigeführt. Sie kehrten nach Linz zurück, und auf der Heimfahrt empfing Herbeck die Gewißheit, die Reise nicht umsonst getan und Bruckner für Wien gewonnen zu haben.

Man hätte vermuten können, daß Bruckner von vornherein freudig zugegriffen und Herbecks ehrenvollen Antrag wie eine Erlösung aufgenommen hätte. Er kannte die Linzer Enge und war an ihr leidend geworden. Praktisch genommen hatte er schon vor Jahren gefürchtet, im beschwerlichen Orgeldienst bei einem Gehalt von nur 500 Gulden — da er mit Privatstunden kein Glück hatte und um e i n e n Gulden unterrichtete — im Alter verkümmern zu müssen. Und als Komponist fühlte er, was die Luft der Residenz für seine Sendung bedeutete — Umstände, die ihn damals zur großen

Reifeprüfung bei Sechter bestimmten. Und nun kam jemand, reichte ihm die Hand, zog ihn mit sich fort, und er lehnte ab? Oft sind es die Augenblicke erfüllter Wünsche, die uns zaudernd und betroffen machen, als stiegen durch sie erst alle Bedenken ans Licht. Linz bot ihm alles, was es ihm bieten konnte. Aber es war doch nur Linz. Dort bleiben hieß verzichtend werden, hieß sich weiter von Wien entfernen und den Anschluß versäumen. Aber Wien? Wien war ein unsicherer Boden, das Leben dort weit schwieriger; und sollte er eine geringe, aber gesicherte Sorglosigkeit gegen eine gesicherte Sorge vertauschen — auf die Hoffnung hin, dort einmal festen Fuß zu fassen? Wie, wenn diese Hoffnung trog? Sein Talent, doch nicht ausreichend, ihn im Stich ließ? Dann saß er zwischen zwei Stühlen. So kämpfte er, seinen Musiker-Skrupeln ausgeliefert, den Kampf des Provinzlers mit der Weltstadt, sich sehnend und vor dem eigenen Entschluß erschrocken.

Sehr brucknerisch ist denn die Lösung, die Bruckner endlich findet: er machte (am 24. Juni 1868) dem bischöflichen Ordinariat die Mitteilung, daß er die ihm angebotene Stellung am Wiener Konservatorium angenommen habe und zugleich ersuche, ihm seinen bisherigen Posten als Dom- und Stadtorganist gnädigst zu reservieren. Er wollte sicher gehen. Das Ordinariat hat ihm denn auch in gütigem Gewähren seine alte Stelle zwei Jahre (bis zum Juli 1870) vorbehalten. Darin liegt nicht bäuerliches Vorsichtigsein, Mangel an Selbstvertrauen allein — alles dies ist Rhythmus seiner schweren, abschnittweise — man möchte sagen: gletscherhaft weiterrückenden Art und ihrer Scheu vor unbekannten Verhältnissen.

Es zeichnet Herbeck aus, daß er diese Seele verstand, den Herkules auf dem Scheideweg nicht durch Wortschwälle und Flunkerei nach österreichischer Manier („es wird schon werden . . .") zu betäuben suchte, vielmehr darauf einging und alles daransetzte, die zukünftige Stellung Bruckners in Wien materiell möglichst zu verbessern. Aber er will auch keine Verantwortung übernehmen, er fordert einen reiflich erwogenen Entschluß „auf eigne Gefahr", da Bruckner in Wien auf das Unterrichten angewiesen sei, und nicht wie in Linz auf das Orgelspiel und Dirigieren. Vielleicht glaubte er an Anton Bruckner mehr als Bruckner selbst, denn Bruckner ergießt seine Ungewißheit in „jammervollen Ausbrüchen", beklagt, daß er „überall danebenkomme", und beschuldigt sein Vaterland, das ihn verstoße, wobei er im Grund sich selbst meinte. Herbeck aber veranlaßt, daß Bruckners Gehalt als Theorielehrer mit 800 Gulden bemessen werde (statt wie bisher mit 600), ja er kann alsbald zusichern, daß Bruckner zum k. k. Hoforganisten ernannt werde, sowie er nur einmal Lehrer am Konservatorium sei, mit welchem Amt feste Alters- und Invaliditäts-Versorgung verbunden war; im übrigen aber setzt er seinem Schützling, der so wenig Vertrauen auf das gegebene Wort habe, den Kopf zurecht: „Es geht ja alles gut! Also ruhig Blut!" ... „Ihre Sache wird jetzt den unaufhaltsamen, geraden und günstigen Weg gehen. Niemand kann ihr schaden, höchstens Sie selbst, wenn Sie nämlich an andere Persönlichkeiten so überspannte Briefe richten würden, wie Ihr heute an mich gekommenes Schreiben ist. Also nicht „aus der Welt", sondern „in die Welt!" gehen, keine eines Mannes und Künstlers Ihres Schlags unwürdige Verzagtheit, Sie haben keine Ursache dazu." (20. Juni 1868.)

In die Welt ...!

Dies muß doch Eindruck gemacht und die Schwierigkeiten zuletzt behoben haben. Aus zwei kurzen Briefen Bruckners an die Direktion des Konservatoriums (Juni und Juli 1868) klingt neben gebührendem Respekt vor der „Ehrenstelle", die er antreten solle, zwar noch die Furcht, daß sie nicht „fest bleibend, sicher" sein könne; aber er empfängt „schriftliche Beruhigungen": — da sagte er „in Gottes Namen" Ja.

Im Herbst 1868 übersiedelt Bruckner nach Wien und tritt noch in diesem Schuljahr seine neue Stellung an der Anstalt an, die er 22 Jahre bekleiden sollte. Sein Gehalt betrug, wie erwähnt, 800 Gulden für die Theorie, wozu 240 Gulden für die Orgel kamen; dafür hatte er zwölf wöchentliche Theorie-Stunden und vier Orgelstunden während eines zehnmonatigen Schuljahrs zu geben. Drei Jahre später erhielt er den Professortitel. Schon im Dezember 1868 wurde ihm vom Unterrichtsministerium ein Künstlerstipendium von 500 Gulden auf ein Jahr „zur Herstellung größerer symphonischer Werke" verliehen und 1874 ein gleich hohes Stipendium ohne nähere Widmung vom Unterrichtsminister Stremayr.

Es gibt Städte, die ihren besten Menschen nicht mehr gewachsen sind, namentlich den Künstlern nicht, die, dort wohnend, schon nicht mehr darin leben, sondern ins Ferne wirken, die Nähe als Beengung und Hindernis, bestenfalls angenehme Dekoration und gesunden Aufenthalt empfinden. Dann pflegen kleine Städte sich an ihre Künstler zu gewöhnen, und sie, die sie erst respektvoll und scheu betrachteten, geringschätzig, ja mißachtend zu behandeln, eben weil sie da geblieben sind und nicht geholt wurden („es scheint doch mit ihm nichts zu sein"). Damit die Heimat „auf ihren Sohn mit Stolz" blicken könne, darf er nicht dort bleiben, nur als teures Exportgut einmal zurückkehren. Und endlich pflegt die Geistigkeit kleinstädtisch lebender Künstler — wir sehen von Jahrhunderterscheinungen wie Goethe in Weimar, Wagner in Tribschen ab — mit der Luft zu sinken, die sie atmen, mit den Selbstzufriedenheiten, in denen sie rosten, bis sie einmal mit dem Seufzer aus der Welt gehen: was hätte aus mir werden können ...!

So war es mit Bruckner in Linz. In Provinzen wird man, ohne große Gegner, nicht alle seine Spannungen herausholend, leicht welkend, alternd, bequem. Ein Einsamer in Einsamkeiten vereist bald, ein Einsamer unter Vielen gewinnt sich. Die tausend Zungen der großstädtischen Musikpflege, die Stimmen eines gewählten Chors oder Orchesters — und wie klang damals in den Kampfjahren das Opernorchester, als es selbst mitkämpfte! — ja selbst der böse Blick, der Hohn der Höhnischen, der Haß der Gehässigen haben Bruckners Phantasie und Widerstandskraft, Schmerz- und Schaffensfähigkeit mächtiger aufgeregt als ein ruhiges Jahr beim Frohsinn in Linz.

Er mußte auf den Jahrmarkt. Eine traurige Notwendigkeit zwar, daß Wien Entwicklungsstätte des Künstlers und sein Blutacker Hakeldama werden sollte, daß Dornenkrone und Geißelung dem Auferstehen vorangingen; aber alle Kunst ist leidgeboren.

IN DER KAISERSTADT

Noch während Bruckner von Linz zu Sechter fuhr, hatte sich die Stadt Wien in den Jahren 1858 bis 1864 gewandelt und ins Weite gedehnt: die Wälle, die sie umschnürten, die Basteien, die sie beengten, wurden abgetragen und mit fast unheimlicher Hast die mittelalterlichen Mauern niedergeworfen. Manche Stadtschönheit fiel, junge Straßenherrlichkeiten entstanden, kaiserlicher Ehrgeiz betrieb die pilzhafte Entstehung einer neuen Weltstadtpracht. Auf dem gewonnenen Gelände wuchsen in Stilbuntheit das Künstlerhaus, der Musikpalast des Konservatoriums (statt des alten Gebäudes „Unter den Tuchlauben"), 1869 das neue Opernhaus: die ganze Gegend, in der sich Bruckners Amtstätigkeit bewegen sollte, war ein prunkendes Viertel, und vom Mittelalter blieb unter anderem nur jene grauverwitterte Stiege in einer Ecke der Hofburg, über die man zur k. k. Hofkapelle hinaufstieg. Wer nach Wien kam, sollte ein Paris, aber in „gemütlicher" Steigerung, wiederfinden und mit einstimmen in das Preislied, das die Stadt sich selber sang. Beim Zobel kostete jede Portion feiner Speisen 12 Kreuzer und beim Schwender brausten Narrenabend und Vergnügungskongreß...

Nun ja. Bezeichnend für den Geist des sich neu bauenden Wien, das über eine halbe Million zählte, sind zwei Vorfälle. Beim Bau der Altlerchenfelder Kirche wurde der hoffnungsvolle Schweizer Künstler Müller, der ihren Plan entwarf, durch einen Monate währenden unablässigen Kampf mit seinen Gegnern in den Tod getrieben. Das neue Opernhaus, ein in seiner Art unübertroffenes höfisches Theater, wurde noch vor der Vollendung derart verunglimpft, daß sich der eine Erbauer, van der Nüll, das Leben nahm, der andere ihm bald nachstarb.

„Es war eine der schönen Wiener Hetzen, wie sie sich wenigstens alle fünf Jahre gegen irgend einen richtet, der Ungewohntes, Großes und Neues bringt, ohne vorher schüchtern anzufragen, ob er auch darf, und ob diejenigen, die über das zu wachen haben, was bei den Jours als Kunst gelten kann, nicht etwa dadurch gestört und vielleicht gar zum Umlernen oder doch zur Auseinandersetzung gezwungen werden" (Richard Specht: „Das Wiener Operntheater", 1919).

Man begreift nun eher das fast ahnungsvolle Zögern Bruckners und ersieht, was dem Naturkind, das Ungewolltes wollte, an Wiener Gefahren drohte. Die neue Gesellschaft, die sich mit der neuen Stadt bildete, gab der herkömmlichen Heiterkeit einen bösartigen Zusatz. Vielleicht darf man die witzige Rachgier und fröhliche Niedertracht der einander Verfolgenden auf geistige und körperliche Rassenunterschiede zurückführen. Jedenfalls zerfiel die Wiener Menschheit bei künstlerischen Neu-Erscheinungen in Parteien, Cliquen,

Stammtische, die einander mit der Unverträglichkeit von Spinnen anfielen. Im alten Wien der Stadtwälle war Peter Cornelius entzückt: „es gefällt mir sehr gut in Wien, Luft, Dialect, Essen, Glacis — und die herrlichen Venezianer in den Sammlungen — alles ist so schön und zusagend!" (An Liszt, 19. Mai 1859.) Drei Jahre später möchte er auf und davon: „Im Uebrigen habe ich Wien satt, satt bis zum Ueberdruß . . . sage mir Einer das Mittel, mit den Dustmanns, Hanslicks, Epsteins, Dachs' u. s. w. zu verkehren..." (An Tausig, 21. März 1862.)

Und dieser Zeiten Geist spiegelt sich in der Presse. Sicher im Wiener Glanz ruhend, fühlt sie sich üppig und herrscht durch das Feuilleton. 1864 kam Eduard Hanslick an die von Etienne und Friedländer geleitete Neue Freie Presse, das einflußreichste Tagesblatt Wiens, und wurde damit Wortführer im Musikleben Österreichs. Verwandt jenem epikuräischen Philodemos aus Gadara, der in der Musik nur ausdruckslose Kombination sah, doch ohne sie wie jener mit der Kochkunst zu vergleichen, gab er vierzig Jahre lang dem Publikum Stimme: eine vox populi, nicht immer gerade die vox dei.

Der kleine Mann mit den mächtigen Augenbrauen bildete den Glanz des älteren Musikjournalismus, und als solcher trat er in die Musikgeschichte. Er schrieb nie abstrakt, nie langweilig und, wie Bösgesinnte sagten, auch nie zu sachlich. Aus einer Epoche formaler Hochkunst gekommen, hielt er die formale Überlieferung fest, und in Übereinstimmung mit einer Stadt, die im Lied ein kunstbeherrschendes Element empfand, nahm er sich der durch Liszt, Berlioz und Wagner Erschreckten an, denen er selbst zugehörte. Sein Wort erlöste uneingestandene Empfindungen und, mit dem Triumph des Stilisten überwundene Leser als Anhänger sammelnd, galt er mehr als jeder Kritiker, jeder Künstler. Aus blumiger Lippe hauchte hie und da ein Giftchen, manchmal ein Gift, meistens ein Spaß, der am gleichen Tag durch alle Salons stöberte, aber jeder verstand ihn. Heute darf man annehmen, daß mancher Scherz aus der Trauer um ein versinkendes goldenes Zeitalter der melodischen Grazie floß. Als er nach Bayreuth zu den Festspielen geschickt wird und eine vier Tage dauernde Oper untersuchen soll, ist er verstört. Er findet in den Nibelungen nicht eine der hübschen Melodien, der Duette,

Chöre Aubers. Er ist schnell ermüdet, von allem gelangweilt, es fehlt ihm das Allegro-Erlebnis der sogenannten unendlichen Melodie. Er schaudert, als er einmal das Meistersingervorspiel vierhändig versucht — „im Spektakel der Nürnberger Wolfsschlucht hört jeder Gedanke an Musik auf" — das Tristanvorspiel zieht ihm die Gedärme aus dem Leib. Er wehrt sich, nennt Brünnhilde eine göttliche Geheimrätin, Lohengrin einen gefiederten Einspänner: es hilft nichts, Wagner wird immer berühmter. Verbohrt in die Welt seiner Abstraktion, voll närrischen Glaubens an seinen ersten Eindruck wird ihm Wagner zur idée fixe. Wagners Augen blicken ihn „eisig" an, wo er Wagner zu riechen meint, wird er physiologisch beunruhigt und flieht ihn wie einen dunklen Schrecken. Er stellt einen Gegen-Messias auf, einen Muster-Künstler, der alt und neu, formal und modern zugleich sein kann. Nun, dieser Johannes Brahms zeigt sich manchmal schrecklich widerborstig — immerhin läßt er sich als Diana von Ephesus brauchen.

Lächerlich, an Hanslicks Ehrlichkeit zu zweifeln: selten hat ein Kritiker den Geist seiner widerstrebenden Natur klarer und offener bekannt. Man kann viele seiner Einwände sogar bejahen, nur muß man eine andere ethisch-kulturelle Grundstellung zum Kunstwerk haben. In seinen Büchern findet man Sinn für feine Geselligkeit, für Reisen, für die Stimme der Patti; nie findet man einen Blick in die Wolken, in die Sterne, ins Jenseits, nie das Verlangen, in einen tiefen Menschen hinabzublicken und seine über die Gesellschaft hinausgehende Sendung zu erfühlen. Daß er, ein Ästhetiker des Genießens, Kunst hauptsächlich als gesellschaftliches Ereignis aufsuchte, nicht auf Seite der Schöpferischen stand, mit alten Formeln erlebnislos an einer neuen Produktion herumtastete, nicht produktiv, sondern rein reproduktiv, echohaft war — das haben wir heute gegen ihn.

Als Anton Bruckner eben in Wien wirkend wurde, 1869, erschien Hanslicks Buch „Aus dem Konzertsaal", worin folgende Abwehr der Tannhäuser-Ouvertüre wiedergegeben war: „Sie ist als Composition unerquicklich ... der einleitende Pilgerchor ist unbedeutend, seine (erste) Figurirung mit herabhüpfenden Violinfiguren geschmacklos ... Das zweite Allegro-Motiv (Tannhäusers Lobgesang auf Frau Venus) ist trivial, gesungen oder gespielt. Der Theil, wo die Ouvertüre sterblich oder besser: künstlerisch schon tot ist, wenngleich sie da den höchsten äußeren Glanz prätendirt, ist ihr langer, durch Monotonie und Lärm ermüdender Schlußsatz, eine stylistische Trivialität, welche den Virtuoseneffekt der ‚Umspielungen' auf das Orchester überträgt. Die Ouvertüre wird musivisch zusammengesetzt, anstatt organisch entwickelt. Das Ungeschick in der Bewältigung symphonischer Form teilt Wagner mit seinem Erzfeind Meyerbeer..."

Bruckner wird wohl gemerkt haben, wessen er sich selbst zu versehen, was seine „Richtung" von einem Mann zu erwarten hatte, der so mit seinem Meister umsprang. Und er beeilt sich, von Herbeck beraten, dem großen Kritiker jedesmal zum Namens- und Geburtstag zu gratulieren, woraus Hanslick später folgerte, er sei mit Bruckner seit 30 Jahren befreundet. Aber, die Welt seines „Freundes", seine melodische Gebärde, sein tönendes Ethos aufzusuchen, hat er nie über sich gebracht. Der Tatsachenmensch der modernen Weltstadt, irreligiös, intelligent, unfruchtbar, mit seiner tiefen Abneigung gegen das Bauerntum, stand dem Kind des Mittelalters mit seiner schwer-alten Kultur, seinem unerschütterlichen Gottesglauben gegenüber — genau wie Oswald Spengler diese Typen in seinem „Untergang des Abendlandes" gezeichnet hat.

Im besten Fall kann man Hanslicks Erscheinung als die Widerstandskraft betrachten, die bei jeder Bildung neuer Lebensformen auftritt. Daß diese Naturkraft auch boshaft sein konnte, gehört zu den Wiener Besonderheiten.

Diese Stimmung ungefähr umgab den Ankömmling in Wien. Er hatte als Freund den zunächst noch mächtigen Herbeck. Vorläufig gab er auch keinen Anlaß, „störte" künstlerisch in keiner Weise, galt vorzüglich als Organist und Theoretiker, übernahm sein Lehramt und trat bis 1873 als Sinfoniker nicht hervor.

Was ihm in diesen und den folgenden Jahren als Gegenkraft zu Hilfe kam, war die Vorstellung von Richard Wagner und dessen Anerkennung. Oft sprach Bruckner davon, um sich — unbewußt — Mut zu machen. 1865 bei der Uraufführung von Tristan und Isolde sah Bruckner den Meister zum erstenmal. Er dürfte ihm wieder begegnet sein bei dem Wiener Wagnerkonzert vom Mai 1872, und, um seinem Herzen Genüge zu tun, reiste er nach Bayreuth und legte

Wagner die Partituren seiner bis dahin vorhandenen Sinfonien vor. Wagner sollte diejenige auswählen, die ihm einer Widmung am würdigsten schien, und Wagner wählte nach sorgfältigster Durchsicht die d-moll Nr. 3. Auf eine nachträgliche zweifelnde Anfrage Bruckners, welche Sinfonie gemeint sei, die zweite oder die dritte, ließ Wagner ihm einen Zettel zurück mit den Worten: „Diejenige, bei der die Trompete das Thema hat." In einem Brief an Kitzler (vom 1. Juni 1875) erzählt Bruckner, Wagner habe die d-moll-Sinfonie als sehr bedeutendes Werk erklärt, die Annahme der Widmung dürfte also vorher erfolgt sein. Jedenfalls wurde es in Wien rasch bekannt, und die Sinfonie hieß später allgemein die Wagnersinfonie. Bruckner hat auch die Parsifal-Tage von 1882 miterlebt und pflegte im Zusammenhang damit zu versichern — so auch in der Ansprache an den Frohsinn in Linz (1886) — Wagner habe ihm die Aufführung seiner Sinfonien in Bayreuth versprochen. Vielleicht handelte es sich um einen Augenblickseinfall, vielleicht, wie Siegfried Wagner meint, um einen „wohlwollenden Scherz" seines Vaters — Bruckner blieb des festen Glaubens, nur der Tod habe den Meister verhindert, diese Absicht auszuführen. Die Zeit, die Bruckner in Bayreuth zubrachte, gehörte wahrscheinlich zu den glücklichsten seines Lebens: „sein Auge leuchtete jedesmal seltsam auf, sobald er auf sie zu sprechen kam" (Karl Hruby). Viele Anekdoten umkränzen jene Tage, einer der köstlichen Schattenrisse Otto Boehlers zeigt Bruckner in voller Devotion vor dem Meister, und das Bildchen hat Wirklichkeitsluft. Einmal — auf die Frage Wagners, ob Bruckner ihn denn wirklich so tief verehre, antwortete Bruckner mit einem Kniefall. Seine Unterwürfigkeit bediente sich florianischer Formen, und doch scheint er ein Übermaß gefühlt zu haben, denn er erklärte später: Wagner sei der einzige Mensch gewesen, vor dem er kniete, und damit habe er das Göttliche ehren wollen, das eben in diesem Menschen Erdengestalt gewonnen.

Hanslick als böser Geist, Wagner als Schutzpatron — zwischen ihnen stand Anton Bruckner in Wien.

LEHRER UND ORGANIST

Sein Unterrichten am Konservatorium war fruchtbarer, als Herbeck vielleicht selbst dachte. Das Urtümliche seiner Erscheinung zog viele Schüler an die Anstalt. Dazu kam des Grundgelehrten schrankenlose Technik und die sonderliche Vortragsart, die sich bald herumsprach. Welches Vergnügen gewährten auch diese Harmonielehre-Stunden, die zur unmöglichsten Zeit, von eins bis drei nachmittags, stattfanden und das Leitwort verdienten: res severa magnum gaudium! Den langen Schultisch umsaßen junge Leute von überall her, sogar Amerikaner fehlten nicht, fast jeder hatte einen Spitznamen von Bruckner, und er selbst thronte am Kopfende, an einen jener gewaltigen bäuerlichen Apostel erinnernd, die den Samen des Worts ausstreuten.

Das Unterrichtenmüssen ist ihm oft Last und Bedrängnis gewesen, und wurde es später immer mehr. Manchmal kam er von Hause, die Ergriffenheit der Schaffensstunden noch im Antlitz.

Bisweilen setzte er sich nach der Stunde zum Klavier, um mit zitternder Hand Gedanken fortzuspinnen, die mit ihm von Hause gekommen waren, es wurden auch Monologe des innerlich mit sich zu Rate gehenden Künstlers laut, woraus dann die Böswilligkeit — was entstellt sie nicht? — mancherlei Legende erfand. Doch darf man sich nicht vorstellen, daß Bruckner, wie es von Schumann erzählt wird, den Unterricht mit innerlicher Abwesenheit erteilt hätte: dazu war er zu sehr „alter Lehrer" und gewissenhafter Pflichtmensch.

Er ließ nicht mit sich spaßen, verlangte von seinen Schülern den Respekt, den er Sechter entgegenbrachte, und konnte, wenn notwendig, recht rauh werden. Er kam pünktlich mit dem akademischen Viertel, verlangte Ordnung bis zur Pedanterie, milderte aber alles durch die Brucknersche Gutmütigkeit, die wie Sonnenschein aus seinem alten Gesicht brach. Belebend wie jener Klavierlehrer, von dem Goethe in Wahrheit und Dichtung erzählt, er habe, um neue Schüler zu gewinnen, Finger, Tasten und Töne mit allerlei komischen Namen versehen, vermenschlichte er die Intervalle auf eine ergötzliche Art und führte sie auf der Tafel wie auf einer kleinen Bühne vor, und die Sept, die ihre Auflösung etwa durch eine andre Stimme besorgen ließ, war „ein großer Herr", der einen Gutsverwalter angestellt und ihm die Arbeiten übertragen hatte.

Dabei kargte er nicht mit Gedächtnissprüchen, wodurch er die trockenen Regeln der Grammatik einprägsam machte. So zitierte er mit Vorliebe: „Mi contra fa — diabolus in musica!", ein Kernsatz, der die Abneigung des strengen Satzes gegen den Tritonus-Schritt verkündete. Dann hatte er sogenannte Hausmittel. Eins hieß: alle Vorhalte möglichst weit oben! Ein anderes betraf die musikalische Rechtschreibung: wie weit man mit Kreuzen und Been in einer Tonart gehen darf und dergleichen mehr.

Unfehlbar wurde der Komponist einer allzu kühnen Modulation mit oberösterreichischen Ehrentiteln belegt, der Unglückliche, dem ein unerlaubtes offenes „Oktaverl" oder „Quinterl" unterlief, mit „Backsimperl" gebrandmarkt, wodurch er aus der Reihe der Gelehrten seit Guido und Zarlino ausschied. Trotzdem kannte Bruckner seine Leute ganz genau, seine Schlußnoten bewiesen sein Gerechtigkeitsgefühl. Von der Methode anderer Theorielehrer hielt er nicht viel — was nicht im Sechter stand, stand nicht in der Welt; und schon gar nichts hielt er von den Verfügungen der Direktion in diesem Gegenstand. Wiederholt sprach er seinen Unmut darüber aus, daß die Unterrichtsdauer für Theorie am Konservatorium viel zu kurz bemessen sei. Schon im April 1869 wünschte er, drei von den systemisierten wöchentlichen Orgelstunden der Theorie zuwenden zu dürfen, und die Direktion willigte ein. Im Jahre 1874 richtete er an den Schulausschuß eine Eingabe, worin er „in Folge mehrjähriger Erfahrungen" ersuchte, es möge, wenn tunlich, die frühere Ordnung wieder eingeführt und dem Jahrgang für Kontrapunkt ein zweiter für Fuge und Kanon angehängt werden. Das Gesuch wurde abgelehnt. Auf die Frage Doktor Marschners, wie er sich den Lehrplan dächte, antwortete Bruckner: für Harmonielehre seien unbedingt drei Jahre erforderlich; für die Kompositionslehre dagegen genügten einige Monate, da die Komposition eigentlich nicht lehrbar sei.

Er unterrichtete sehr langsam, so wie er selbst arbeitete, und doch ging ihm alles zu schnell. Aus alten Schulheften, die der Verfasser aufbewahrte, ist zu ersehen, wie streng er die Vorbereitung des (dissonierend gedachten) Quartsext-Akkordes und das stufenweise Fortschreiten seines Basses verlangte, Dinge, die er als Komponist auf den Kopf stellte, und wie lang bei ihm der Weg von der Diatonik zur Chromatik wurde. Sein Schüler Vockner, der zehn Jahre lang bei ihm lernte, dünkte ihm Anlagen zur Gründlichkeit zu haben . . . Seinem Privatschüler Eckstein riet er nach jahrelangem Studium: „Wenn Sie einmal ordentlich und gründlich Kontrapunkt durcharbeiten wollen, dann schauen Sie, daß Sie das Manuskript von Sechter über den Kontrapunkt zu Gesicht bekommen!" Sechters Abhandlung „Vom einstimmigen Satze" (als Fortsetzung der Abhandlung über die richtige Folge der Grundharmonieen, 1854) schien ihm überhaupt das Heiligste vom Heiligen.

Freiheiten aus Wagners und Liszts Partituren trug er nicht vor. Die Fundamental-Lehre war das alte Testament, die unantastbare Offenbarung selbst. „Wenn die Fundamente in Ordnung sind", pflegte er zu sagen, „dann ist auch der Satz in Ordnung". Oder: „Die richtige Ordnung der Fundamente ist das Geheimnis des klassischen Stils", und nur für die dramatische Musik waren Ausnahmen anerkannt.

Auch spekulative Harmonielehre trug er nicht vor. Er kannte weder Riemann noch Westphal. Die Quint der zweiten Stufe in dur wurde einfach als „unreine Quint" oder mathematisch falsch bezeichnet, weshalb sie im Dreiklang d, f, a fallen und die anderen Stimmen nach sich ziehen müsse:

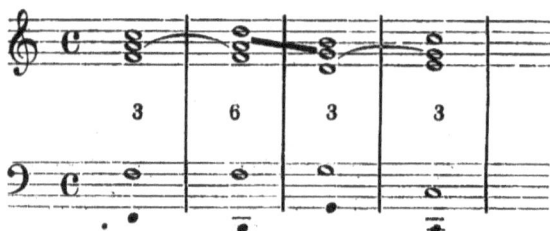

Das gab jedenfalls eine klingende Stimmführung. — Privatschülern verriet er auch wohl, daß jenes a um einen Neuntel-Ganzton zu tief sei — im Kurs des Konservatoriums jedoch erfuhr der Hörer ein Warum nicht: weder daß dieser Akkord auch unterdominantisch sein könne (auf F-Fundament bezogen), noch daß das a als Quintintervall um das syntonische Komma höher ist als das Terzintervall — Bruckner hatte es auf das rein Praktische angelegt. Mit eiserner Strenge hielt er darauf, daß die Sechterschen Akkordketten mit Fundamenten geschrieben wurden, und ließ alle Dreiklänge, Sextakkorde, Nebenseptakkorde vierstimmig über allen Fundamentaltönen in Sequenzform verbinden (obwohl sich schon Fétis gegen die Sequenz ausgesprochen hatte.)

Sein Unterrichten war gründlich, aber auch begrenzt. Doch niemals erweiterte er es durch Beispiele aus eigenen Werken: er lehrte nicht „freie" Komposition, nicht seine Kühnheiten. Man kann mit Dr. Franz Marschner zusammenfassen: „Das ungeheure Material der Sechterschen Theorie vereinfachte und verdichtete er in bewunderungswürdiger Weise und konnte als Muster und Vorbild aufgestellt werden, wie man dem Zögling eine verhältnismäßig beschränkte Anzahl von Maximen und Regeln in folgerichtiger Weise zum Eigengut mache . . . . . ."

Mitunter erzählte er etwas von Hanslick, von den Philharmonikern und schüttete sein Herz aus; aber trotz dem gelegentlichen Abspringen, wobei er seine Angelegenheiten als allbekannt voraussetzte, hat er eine Reihe ausgezeichneter Menschen ins Musikleben entlassen, darunter August Göllerich, den er als seinen Biographen bezeichnete, Camillo Horn, Cyrill Hynais, Gustav Kryzanowski, Ferdinand Löwe, Dr. Franz Marschner, Felix Mottl, Artur Nikisch, Emil Paur und Gustav Mahler, auf den er besondere Stücke hielt, und der auch den ersten Klavierauszug der Dritten Sinfonie machte. Unter ihnen sind tüchtige Kontrapunktiker, namhafte Dirigenten, kurz Männer, die den Ruhm des Konservatoriums bilden. Und fast alle blieben seine Freunde, als sie schon aufgehört hatten, Schüler zu sein, und wurden seine Verkündiger, als sie reif waren. An seinen Früchten...

Unter seinen Lehrkollegen zählte Bruckner nicht zu viel Anhänger. Er konnte sich wenigstens über ein Übermaß von Freundschaft nicht beklagen. Das hing mit dem Liberalismus zusammen, dessen Geist aus dem Konservatorium wörtlich eine Bewahrungsanstalt machte, und man könnte die Stellung Bruckners, der den bäuerlichen Lehrertyp darzustellen schien, der katholisch und ultramodern zugleich war, nach beiden Seiten hin sehr abweichend sich geberdete, kurz als die des Kollegen Crampton bezeichnen. Die Zeit der modern komponierenden Professoren war noch nicht gekommen. Der Direktor Josef Hellmesberger, Herbecks Freund, als Quartettspieler wie als Causeur gleich klassisch, wußte schon, was für ein Musiker in Bruckner stak, war aber vom Lehrer und Organisten weniger begeistert. Bruckner begegnete dem eleganten, witzigen Herrn bei den Jahresprüfungen sehr devot — aber von den Fugenthemen, die Hellmesberger aufgab, Themen, die sich nicht auf

Fundamentalschritte zurückführen ließen!, dachte er wieder wenig glorreich. Alles verschwand unter den Bücklingen, die Bruckner auch dem Generalsekretär des Konservatoriums, L. A. Zellner, machte, der eine Musikzeitung herausgab, als Vorgesetzter aber den subalternen Ordnungsmenschen herauskehrte und gelegentlich einen frechen Feuerwächter gegen den Professor in Schutz nahm. Man konnte nicht wissen, der Mann mochte vielleicht schädlich werden. Man kann diese Devotion, die uns nicht immer sympathisch berührt, als Nachklänge aus der Windhager Zeit der Unterwürfigkeit, als Waffe des sonst Unbewehrten im Lebenskampf betrachten — ausgeglichen wird sie nur durch kernhafte Formen von Selbstgefühl, das Bruckner gelegentlich in Originalpracht äußerte. Als der Vertreter eines großen Verlagshauses in Berlin, der die Siebente Sinfonie geprüft hatte, einige Bemerkungen über die „Verworrenheit" des letzten Satzes wagte, war das Stichwort gegeben: „Verworren?" fuhr es aus Bruckners Bauernkehle, „das haben die V.... damals auch bei der zweiten Sinfonie von Beethoven gesagt!"

Eine Ausnahme unter den Kollegen am Konservatorium bildete der vornehme Wilhelm Schenner, eine Stifter-Natur, Jugend- und Schulfreund Ludwig Speidels, mit dem er die Bruckneschätzung teilte.

*

Aus einer Mitteilung Gräflingers ersieht man, daß Bruckner in seinen Wiener Anfangszeiten auch Theorielehrer an einem Pädagogium gewesen ist. Wenigstens wird dies durch einen Zwischenfall bekannt, der ein schmähliches Licht auf früh erwachte Machenschaften wirft. Er sprach in einem weiblichen Jahrgang eine Kandidatin, eine Schuhmacherstochter, mit „lieber Schatz" an, so arglos wie er einen Schüler gelegentlich „Viechkerl" oder „Hallawachel" ansprach. Die Betroffene tat auch nichts dergleichen, aber eine moralische Kollegin fühlte sich gedrängt, diesen Ausdruck „anzuzeigen". Die Folge war eine Untersuchung. Bruckner ging natürlich gerechtfertigt daraus hervor — aber damit war der Fall, der für ihn eine „schwere Heimsuchung" bedeutete, nicht abgetan. An die Untersuchung knüpfte sich eine unterirdische „Aktion", an denen in Wien nie Mangel ist. Denn in Witts „Fliegenden Blättern für katholische Kirchenmusik" erschien eines schönen Tags (Jahrgang 1872, Nr. 2) eine unschuldig aussehende, aber höchst pharisäische Notiz, die geeignet war, die ganze Rechtfertigung Bruckners zu zerstören: „Jüngst brachte die ‚Tonhalle' die Nachricht, Bruckner sei seiner Stelle als Professor am Conservatorium in Wien wegen Angriffen auf die Sittlichkeit einer Schülerin entsetzt worden, wobei sie ihn aber verteidigt, indem sie meint, dieser Grund der Entsetzung sei nicht genügend erwiesen. Wir halten demnach Hrn. B. für unschuldig." Dieses Dokument von feiner Niedertracht war offenbar aus der Hand eines journalistisch Routinierten hervorgegangen und sollte das aliquid haeret zur Folge haben, denn „Entlassung ... Sittlichkeitsdelikt ... Bruckner ..." das blieb wohl im Gedächtnis des Durchschnittslesers haften.

Recht unbehaglich wurde dem Meister manchmal auch ein Amt, das er 1875 antrat, das Lektorat an der Wiener Universität. Er gehörte als Lektor nicht dem Professoren-Kollegium der Hochschule an, hielt aber seinen Kurs in einem öffentlichen Hörsaal. Bruckner glaubte nun, Hanslick verfolge ihn unter anderem deshalb, weil er gegen dessen Willen — Hanslick war Professor der Musikgeschichte und -Ästhetik — ernannt worden sei: „Das wird er mir nie verzeihen ...!" Der Verfasser hat es aus Bruckners Mund öfter vernommen, auch Karl Hruby bestätigt es; jedoch fehlen dafür andere Belege. Immerhin mag Bruckner die bloße Annahme bedrückt haben. So gemütlich wie in Linz ging es hier nicht her!

Sein Kolleg war immer stark besucht. Er pflegte dort sogar gewisse Lehren (etwa Sext-Akkordverbindungen) ausführlicher vorzutragen als in seinen anderen Kursen. Die Darstellung, als habe man die Sache nicht ganz ernst genommen — Louis läßt dergleichen durchblicken — bestreitet aufs lebhafteste Friedrich Eckstein, der Bruckners Hörsaal zur Ergänzung seiner Privatstunden zwei Jahre lang besuchte. Bruckner habe wohl manchmal, im Vortrag aussetzend, Dinge berührt, die ihn augenblicklich bewegten wie besonders unartige Presse-Angriffe, und ein Original war er immer, aber er war auch hier der gewissenhafte Lehrer. Auf dem alten dünntönigen Klavierchen im Hörsaal pflegte er u. a. Mendelssohns

Herbstlied vorzuspielen, als Beispiel für das Linienschöne der klassischen Komposition, wie er denn überhaupt die löbliche Gewohnheit hatte, Verbesserungen auf dem Klavier zu zeigen und diese Stellen auf der Tafel als Diktat nachschreiben zu lassen.

In diese Zeit fallen auch mehrere Auslandsreisen Bruckners, die man als Orgelreisen bezeichnen könnte. Am 27. April 1869 fand in der Kirche von St. Eprve in Nancy die feierliche Einweihung einer neuen, auf der Pariser Weltausstellung preisgekrönten Orgel statt. Dazu waren mehrere französische und ausländische Organisten erschienen, die an der Prüfung der Orgel und nachfolgendem feierlichen Probespiel teilnahmen, so u. a. Renaud de Vilbac aus Paris, Stern aus Straßburg, Girod aus Namur, Oberhoffer aus Luxemburg und Anton Bruckner. Er scheint seines gleichen überragt zu haben, denn die Zeitungen und Lokalblätter beschäftigen sich mit ihm: so wird im Journal de la Meurthe et des Vosges gesagt, daß Bruckner Professor am Konservatorium und Organist beim Hofe ist, „den wir nur glücklich schätzen können, einen solchen Künstler zu besitzen"; die Espérance schrieb: er habe die Feier in würdiger Weise durch eine künstlerische, prächtige Phantasie beschlossen und am nächsten Tag mit reicher Klangfülle und ausdrucksvollem Spiel, wie es nur wenigen eigen ist, die österreichische Volkshymne zu Gehör gebracht.

Bruckner selbst berichtet darüber in seiner Weise an ein Direktionsmitglied des Wiener Konservatoriums, wobei er zugleich „inständigst" um eine gnädige Verlängerung seines am 3. Mai endenden Urlaubs bittet, denn die Direktion hatte sich seines „pünktlichen Eintreffens" versehen und er war gewissenhaft; aber „die Herren, die für mich zahlen, bathen mich, doch ja nach Paris zu gehen u. dort noch eine neue, fertige Orgel zu spielen". Der „Pariserorganist" Vilbac scheint ihm anfänglich, weil in Nancy schon eingeführt, vorgezogen worden zu sein. Beim ersten Konzert hatte Bruckner „die Musikalischen" auf seiner Seite, beim zweiten (29. April) wetteiferten „der hohe Adel, die Pariser, die Deutschen und Belgier in ihren Anerkennungen", ja was Sachkundige sagten, verbiete ihm die Bescheidenheit mitzuteilen, „liebenswürdige Fräulein aus dem höchsten Adel kamen sogar zur Orgel und bezeigten mir ihre Anerkennung".

Da der Verfasser selbst Zeuge einer ähnlichen Szene im Wagner-Verein war, wo die jungen Damen des Chors bei einer Tedeum-Probe den alten Meister umdrängten — Parsifal unter den Blumenmädchen, — so ist, zumal bei der brucknerschen Wahrheitsliebe, kein Grund, an dem Bericht zu zweifeln. Er hat in Nancy als Organist Eindruck gemacht, man drängte ihn, auch nach Paris zu fahren, er wollte sich diese Gelegenheit nicht entgehen lassen, und so fuhr er hin, spielte dort im Atelier des Orgelbauers Merklin-Schütz und hierauf in der Notre-Dame-Kirche, wo er ein aufgegebenes Thema eine halbe Stunde lang kunstvoll durchführte. Nach seinen Äußerungen dürfte er auch noch den greisen Auber und den jugendlichen Saint-Saëns kennen gelernt haben.

Die Linzer Zeitung begrüßt Bruckners Rückkehr aus dem Ausland (19. Mai 1869) in einem begeisterten Artikel und verzeichnet „diese Erfolge mit großer Befriedigung, denn die Ehre, welche Bruckner persönlich zu Theil wurde, ist auch eine Auszeichnung für das Land und den Ort, wo dieser liebenswürdige und bescheidene Künstler geboren wurde". Auch der Bürgermeister von Sankt Florian ließ sich's nicht nehmen und schickte Bruckner ein Glückwunschschreiben. Die Linzer Zeitung spricht geradezu von einem Orgelwettkampf — da sieht man, was ein Linzer kann! — und wer das Zeitungsleben kennt, wird aus der Überschwenglichkeit des Berichts die Überschwenglichkeit des eben heimgekehrten Erzählers — ja, wenn man eine Reise tut! — als Quelle heraushören. Wahrscheinlich hat Bruckner, sich an Florian und Linz erinnernd, in der Ansammlung so vieler Organisten zu Nancy eine Aufforderung zum Sängerkrieg erblickt. Jedenfalls hat er dort gut abgeschnitten, und seine Erfolge gingen, vielleicht ein bißchen aufgebauscht, dann wieder bestritten in die Fachblätter über.

Zwei Jahre darauf fuhr er nach London, wo eben die Weltausstellung abgehalten wurde. Er war bei der Wiener Handels- und Gewerbekammer um die Entsendung nach London eingeschritten, es wurde ein Probespiel der Bewerber am 18. April 1871 in der Pfarrkirche Maria Treu veranstaltet, und die Wahl fiel einstimmig auf Bruckner. Darin lag schon sein Erfolg. In London hatte er, auf Einladung der Royal Commissioners der Albert Hall, an acht verschiedenen Tagen für ein Honorar von 50 Pfund in der Ausstellung zu spielen. An irgend einen Händelschen oder Haydnischen Eindruck des ganz Unbekannten, der im Ausstellungsrummel kaum auffiel, darf man nicht denken. Das große Publikum, das in der Halle aus- und einging, wird wahrscheinlich höchst ahnungslos die Orgel gehört haben, ohne sich zu kümmern, welche Zelebrität gerade spiele; immerhin hat Bruckner den Berufsgenossen und Kritikern Achtung abgerungen, denn er wurde in den Kristallpalast noch zu einem kurzen Orgel-Recital für den 19. August eingeladen, das er auch abhielt. Die Äußerungen der Presse — wahrscheinlich war in der Sommerhitze die zweite Garnitur tätig — lassen mehr gut britische Gesinnung als musikalische Gegenständlichkeit erkennen. Der Ausstellungs-Kommissär wird nebenbei wegen der Auswahl der Organisten angegriffen und Bruckner zwar hervorgehoben, jedoch mit trockenem Witz abgefertigt: „Das offizielle Programm betonte, daß Herrn Bruckners ‚starke Seite' auf dem Gebiet der klassischen Improvisationen zu suchen sei; demgemäß waren wir darauf vorbereitet, daß die Wiedergabe der Mendelssohnschen Orgelsonate Nro 1 eine ‚schwache Seite' zeigen werde, und das war thatsächlich der Fall." Zu Bruckners Entschuldigung wird angeführt, daß er sich vorher mit dem Mechanismus dieser Orgel nicht vertraut machen konnte und später besser spielte. Ein zweiter Bericht ("The Orchestra") stellt auch fest: „Er hat uns eine unvorbereitete, großartige Fantasie vorgespielt, welche, obzwar nicht sehr originell in Gedanken und Anlage, doch große Gewandtheit verrieth und bemerkenswert war durch den kanonartigen Kontrapunkt und die Überwindung großer technischer Schwierigkeiten in den Pedalpassagen."

Jedenfalls kam Bruckner noch gut davon, denn die Schilderung der Vorfälle bei einem anderen Ausstellungsorganisten, Johann Schneider, grenzt geradezu an Dickenssche Humoresken. Dieser Schneider wollte nicht aufhören, vergeblich flehte das Komité, vergeblich stöhnte das Publikum. Man packte ihn an den Rockschößen, aber als er noch immer nicht wich und weiterdröhnte, faßten ihn die Herren vom Komité an den Beinen und hoben ihn von seinem Sitz . . . Aus dem ganzen geht hervor, daß Bruckner zwar nicht London bei dieser Gelegenheit eroberte, aber immerhin seinen Mann stellte, und die Hauptsache für Wien war —: daß er dort gespielt hatte. In einem kleinen Lebensbericht, den er für Dr. Theodor Helm schrieb, erzählt er denn auch, er habe in London sechsmal in der Alberthalle und fünfmal im Kristallpalast „mit größten Erfolgen" gespielt. Er erhielt nachträglich wie jeder andere eine Anerkennungsmedaille, und damit war dieser Zwischenfall abgetan.

Er verstand kein Wort englisch, fand, in der Riesenstadt umherirrend, nur durch seinen deutschen Friseur nach seinem Quartier, Finsbury Square, zurück und dürfte von den Auslandsreisen überhaupt eine Befruchtung kaum mitgebracht haben. Auch sein großer Zeitgenosse Arnold Böcklin ist in Paris gewesen, und, ohne ihm sonst viel zu geben, hat der Aufenthalt „den Jüngling frei gemacht von allenfalls ererbten Resten kleinstädtischer Engherzigkeit und kleinbürgerlicher Vorurteile, unter welchen er aufgewachsen war." Gleiches könnte man, ganz abgesehen von der Kürze der Ausflüge, von Bruckner nicht sagen. Die schönen Tage von Nancy, wo ihn die jungen Damen beglückwünschten, hoben gewiß sein Selbstgefühl; aber im Herzen ging er wohl lieber nach Stadt Steyr... Und von Paris und London dürfte er kaum viel mehr gesehen haben als die Orgeln. Übers Meer fahrend änderte er nur den Himmel...

In glücklicher Unkenntnis der Verhältnisse hatte jene französische Zeitung den Wiener Hof beneidenswert geschätzt, der einen Organisten wie Bruckner besaß. Aber diese Besitzergefühle entwickelten sich nur allmählich zu Gedeihlichkeiten. 1868 auf Herbecks Vorschlag zum (unbesoldeten) Expektanten bei der Orgel der k. k. Hofkapelle ernannt, rückt Bruckner nur langsam, nicht „außerturlich" vor. 1875 wird er Vizearchivar der Hofmusikkapelle und zweiter Singlehrer der Hofsängerknaben mit einem Gehalt von jährlich 300 Gulden. Im gleichen Jahr aber wird die erbetene Stelle des Hoforganisten nicht Bruckner, sondern Pius Richter verliehen, und erst 1878 steigt er zum „wirklichen" Hofkapellenmitglied auf (mit 600 Gulden Gehalt, kleinen Zulagen und Quartiergeld von 200 Gulden): — fast zehn Jahre hatte er demnach zu warten. Jedoch genoß er die persönliche Auszeichnung, daß er bei allen Trauungen von Mitgliedern des Kaiserhauses die Orgel spielen mußte: hier schätzte der Hof wirklich seinen Namen und bediente sich seiner gern. Gewiß ist auch, daß Bruckner, den seine Linie vom Florianer Sängerknaben bis zum Lehrer der Hofsängerknaben emporgebracht hatte, immer weniger in der Hofkapelle zu tun hatte und zuletzt nur eine Art Ruheamt ausübte, das ihm wenig Beschwerden machte.

Die Dienstverhältnisse scheinen nicht immer die angenehmsten gewesen zu sein, und zwar, wie es zu gehen pflegt, aus persönlichen Unstimmigkeiten. Dem Hofkapellmeister Hellmesberger lag in erster Linie daran, um die liturgischen Vorschriften glatt herumzukommen, weshalb ihm tüchtige Musikhandwerker lieber waren als Künstler. Ein Dutzendorganist vermochte das rein Dienstliche gewiß auch geschickter zu versehen, als Bruckner der Phantasiemensch, und es wird ihm vorgeworfen, daß er zu Gesang und Orchester „nachzuziehen" pflegte. Wie dem immer sei — auch Liszt war bei der Wiener Aufführung seines Weihnachtsoratoriums durch Rubinstein mit Bruckner an der Orgel wenig zufrieden — er fand in der Hofkapelle einen immer stärker eingeengten Wirkungskreis und wurde zuletzt nur bei den nachmittäglichen Segenmessen, nicht bei den großen Ämtern verwendet. Er fühlte Zurücksetzung und hat sich manchmal bitter beklagt. Dazu kam, daß der katholische Gottesdienst seiner Begabung des freien Improvisierens nicht den weiten Spielraum ließ wie der protestantische. Und was der Gottesdienst noch übrig ließ, nahm Hellmesberger weg, denn in Kinderbetrübnis erzählte eines Abends Bruckner seinen Schülern, Hellmesberger habe ihm bei einer Palestrina-Probe vor dem ganzen Chor gesagt, er dürfe nicht im Palestrina-Stil präludieren, sondern nur in Dreiklängen improvisieren ... (August Stradal).

In der Hofkapelle ein Pegasus im Joch, vermochte er bei freiem Phantasieren Menschen mit andauerndem Orgel-Erlebnis zu erfüllen. Allerdings hing seine Orgelkraft wohl stark von Stimmungen ab und war kein immer glatt arbeitender Mechanismus. Dr. Franz Marschner hörte ihn zu Ostern 1884 in Prag auf der neuen Orgel des Rudolfinums, wobei ein zuhörender böhmischer Regens Chori unter enthusiastischen Zwischenrufen den großartigen Fugenaufbau analysierte, der sich da vollzog. War hier der Symphoniker herauszuhören, so spielte Bruckner Tags darauf in der Strahower Kirche ganz anders, etwa in der Art Händels. Bei der Messe in der Domkirche hinwiederum hatte er, erregt und gereizt, mit einer fugierten Improvisation wenig Glück. Dagegen ließ Richard Heuberger, der

sich immer durch besonderes Unverstehen Bruckners auszeichnete, in seinem herostratischen Nachruf (Neue Freie Presse vom 13. Okt. 1896) kein gutes Haar an ihm: „Was wir im Laufe der letzten 20 Jahre von ihm zu hören bekamen — so z. B. bei der Einweihung der neuen Orgel im Stephansdom — war nicht bedeutend. Mehr Farbenprunk als innerer Gehalt. Makarts Abundantia auf der Orgel..."
Ein echtes Stück Leben ist aber die Schilderung, die Dr. Hans Kleser (abgedruckt bei Brunner, S. 21) von Bruckner, dem dämonischen Organisten des Herrgotts, hinterlassen hat. Sie waren zusammen an einem heißen Sommertag (1886) dem giftigen Staube Wiens entflohen, um bei den gastlichen Mönchen des nahen Stifts Klosterneuburg einen labenden Trunk alten Weins zu tun. Dort angekommen, ließ Bruckner die Stiftskirche aufschließen und setzte sich an die große Orgel. „Ein paar Mönche, einige wenige Fremde und ich waren die einzigen Zuhörer. Er phantasierte so herrlich, so überraschend erfindungsreich und spielte technisch so überwältigend, daß wir — die Zuhörer — unter der gewaltigen Wirkung förmlich ermüdeten. Wir hatten insgesamt das Gefühl, als seien wir in der Gewalt eines Zauberers, der uns nicht loslassen wollte, dessen wir uns auch nicht erwehren könnten. Endlich war die Aufnahmefähigkeit meines Nervensystems erschöpft, ich stürzte nach der Emporkirche, um Bruckner zu sagen, er solle sich nicht überanstrengen. Da saß der starke Mann mit dem mächtigen Kopf auf der Orgelbank und arbeitete mit Händen und Füßen wie ein Entrückter, ohne mich auch nur zu hören; das Wasser lief ihm den ganzen Körper hinunter; Rock, Weste und Halstuch hatte er natürlich abgelegt, und was ich auch sprach vom Aufhören — es half nichts; noch eine Viertelstunde spielte er weiter, als ob ich nichts gesagt hätte und nicht da wäre; dann endete er mit ein paar bizarren, abgestoßenen, vollen Akkorden, stieß die Register ein, schlug die Orgel zu, zog sich Weste und Rock an und schritt mir voran in den schattigen Klostergarten, wo wir dann in kleiner Gesellschaft einige Flaschen 35er tranken, mit dem liebenswürdigen Meister aber von seinem Spiel kein Wort sprachen, obschon wir fort und fort unter dem Eindruck davon standen."
Später hat Bruckner nichts mehr für die Orgel geschaffen. Sie liebend, wie von neuen Künstlern außer ihm nur Max Reger, hat er

nicht wie Reger irgend ein Werk der Orgelliebe, sei es Passacaglia oder Toccata, hinterlassen. Marschner überliefert eine ziemlich „aufgebrachte" Äußerung: „Nein, die Welt ist zu schlecht, ich schreibe gar nichts mehr für die Orgel . . ." Vielleicht spürte er den Unglauben einer Gesellschaft, für die Gott hinter sieben Siegeln saß, vielleicht verwirklichte das Instrument nicht mehr sein Selbst und, über sie wegwachsend, griff er in die beweglichen, grenzenlos flutenden Massen des Orchesters.

Vielleicht hängt dies auch mit der Bedeutung zusammen, die sich das Orchester allmählich im modernen Kulturleben zu sichern wußte, „denn wo auch in den spätesten Zeiten die polyphone Musik zu ihren höchsten Möglichkeiten emporstieg wie in der Matthäuspassion, der Eroica und Wagners Tristan und Parsifal, wurde sie mit innerster Notwendigkeit d o m h a f t und kehrte zu ihrer Heimat, zur steinernen Sprache der Kreuzzugszeit, zurück" (Oswald Spengler, Der Untergang des Abendlandes, S. 282). Bruckner, der sein Orchester oft wie eine Orgel registrierte, suchte unbewußt mit einer gottgerichteten Musik nach Wirkungen im Konzertsaal, die bisher nur die Kirche mit ihren in Glaube und Gefühl zusammengeschlossenen Massen kannte, und bereitete so neues Gotteswissen durch die Musik vor.

Die Zeit erfüllte sich. Nun begann der Sinfoniker Anton Bruckner und damit der Kämpfer und Märtyrer: wenn er ruhig geblieben wäre, unschöpferisch, ein bescheidener, nach Wien hereingewehter Lehrer, ein bißchen orgelnd und kirchenmusizierend, wäre ihm auch nichts geschehen: dem Ungefährlichen hätte Gönnertum die Schulter geklopft. So aber — —.

DER KAMPF UM DIE SINFONIE

Wir müssen nun dieses sinfonische Schaffen im Zusammenhang betrachten, diese Haupt-Lebensäußerung des Künstlers. Sie steht unter dem gleichen rhythmischen Gesetz wie sein Leben überhaupt: feierliche Gelassenheit, Vorrücken in Abschnitten, hinter jeder Strecke ein Punkt. Das ganze eine riesenhafte Opferhandlung, ein großes Offertorium, das die besten, reifsten Gedanken in der besten, reifsten Technik entfaltet.

In den Jahren 1871—1872 schuf er in Wien seine zweite Sinfonie in c-moll. Er war 47 Jahre alt, der Lebenshöhe nahe. Das Jahr darauf folgte die d-moll-Sinfonie (Nr. 3), in der Mitte der Siebziger Jahre wird die Sinfonie in Es (später „Romantische" genannt) entworfen und in der Reinschrift Juni 1880 vollendet. Der Bau der Fünften Sinfonie (B-dur) nimmt über vier Jahre in Anspruch (Ende 1875 bis 1880). Die Sechste Sinfonie (A-dur) schreibt Bruckner von 1879 bis 1881, die Siebente (E-dur) 1881—1883, die Achte (c-moll) beendigt er 1890, die Neunte 1894: er war 70 Jahre alt.

Seine Hauptwerke fallen demnach in die letzten zwanzig Jahre seines Lebens, man darf ihn mit Recht einen Spätblüher nennen. Beethoven schrieb seine erste Sinfonie mit 30, Mahler seine erste mit 28 Jahren. Bruckner erinnert hierin an Künstler wie Liliencron oder C. F. Meyer oder den „alten Fontane", der an seine großen Romane erst mit 50 Jahren ging. Auch die Romane der Weltliteratur, Donquixote, Robinson, Gulliver, Gil Blas sind von älteren Männern nach leidvollem Leben geschrieben. Spätfrucht scheint Zeichen guter Rasse zu sein.

Dabei hat Bruckner noch manches seiner Werke umgearbeitet, wie er denn alles langsam und bedächtig hervorbringt, nicht in kurzen hinfiebernden Rauschzuständen, wie etwa Hugo Wolf. Zu den Sinfonien tritt weiter das zu Ende der Siebzigerjahre vollendete Streichquintett in F, dann von größeren Kirchenwerken (außer der f-moll-Messe von 1868, der e-moll-Messe von 1869) das Tedeum (1883/84) und der 150. Psalm, (1892).

Und diese Werke, die sich nicht an die Gesellschaft, sondern an die ideale Gemeinschaft der Gläubigen richteten, wurden aufgeführt zu einer Zeit, wo die Fürstin Metternich Sommernachtsträume im Prater arrangierte, in einer Stadt, die sich an Hans Makarts Festaufzug berauschte, in einer Gesellschaft, deren schönste Frauen sich drängten, um ihre Nacktheit auf einem Akademie-Tableau Hans Makarts verewigen zu lassen.

Welches Verhältnis konnte diese Gesellschaft zu Bruckner finden? Welches eine dekorative Zeit?

Sie aber herrschte und entschied. Wer das Stammpublikum der Philharmoniker damals erlebt hat, hat auch sie erlebt, eine typische Großstadt-Bourgeoisie. Leute, die sich in der Woche an mehr oder minder glorreichen Bank- und Börsengeschäften berauscht hatten, erschienen Sonntag mittag strotzend im Saal mit den goldenen Karyatiden, um knapp vor dem Essen auf Grund eigenen Entschlusses Richter über einen Künstler zu sein. Der Hochmut lag mit Beurteilermiene in den Sitzen und verlieh mit ungehemmter Geberde dem Grundethos einer „freisinnigen" Behaglichkeit Ausdruck, die durch nichts gefährdet werden durfte. Und wenn wir Jugend hinten im Stehsaal auf närrische Art rasten, tobten, klatschten, schrien, selbst wenn wir gar nichts verstanden, so deshalb, weil wir den alten Mann aus Mitleid und Justamentsgefühl gegen jenen aufreizenden Anblick in Schutz nehmen und den voraussichtlich schlechten Kritiken zuvorkommen wollten: „begeisterte Aufnahme von einem Teil des Publikums" sollten sie feststellen müssen. Welche Glückseligkeitsgefühle durchwogten das Stehparterre bei der lachenden Trillerkette im Scherzo der Siebenten Sinfonie! Wie suchte Auge Auge, um sich zu verständigen!

Zwischen Jugend und Stammpublikum gab es noch eine Mittelschicht von Neutralen, die sich gutgläubig nach dem Wetter der Kritik richteten und die man hüben und drüben zu gewinnen suchte. Die führende Presse aber wurde in die Provinzen hinaus wirkend und machte dort die Meinung, die viel zäher wurzelte als in Wien: was Hanslick einmal über Bruckner geäußert, war entschiedene Sache für Jahrzehnte. So kam es etwa zu der absonderlichen Tatsache, daß der Verfasser dem Musikpublikum einer intellektuellen Alpenstadt jahrelang vergeblich die Stimme des ihr blutsverwandten Meisters zu verdeutlichen suchte — ein Ortsfremder den Einheimischen — bis 1906 plötzlich eine Wendung eintrat; zehn Jahre nach dem Tod — mit diesem Kalendertag ward Bruckner „klassisch", oder wenigstens immun.

Die formale Überlieferung lebte in Wien so stark, daß die sonst sehr bewegliche Stadt von der neuen Romantik, und allem, was Flügel spannte, später berührt wurde als andre Zentren, als sei sie wirklich schon halbbalkanisch. Man weiß, wie spät Tannhäuser — in einer Vorstadtbude —, wie spät Lohengrin — 1853 durch Bruchstücke in den Konzerten von Johann Strauß, 1859 erst im Kärntnertor-Theater — bekannt worden ist. Ja, dieser bequeme, selbstgenügsame Geist setzt sich durch die ganze liberale Zeit fort: mit einem einzigen

Orchester „frettete" sich die Millionenstadt, bis 1901 ein zweites (das Wiener Konzert-Orchester mit Ferdinand Löwe) gegründet wird.

Neben Hanslick wirkte noch als Stimme des Publikums, von kleinern Geistern abgesehen, in den Siebziger Jahren der gelehrte Ambros, der seine Einfälle wie eine unendliche Melodie ausspann und den immer gelangweilten Hanslick mit Schrecken erfüllte. Später trat der nachmalige Brahms-Biograph Max Kalbeck dazu, ein Mann von Stil und Lyrik, dessen norddeutscher Protestantismus aber, in Bruckner einen „Jesuiten" witternd, zu keinem Erlebnis kam. Merkwürdig ist, daß der bedeutendste Kritiker Wiens, Ludwig Speidel, derselbe, der das Wort von der musikalisch-dramatischen Affenschande Bayreuths prägte, durch künstlerische Witterung und das Stifterische seiner Natur zu Bruckner geführt wurde und sich freimütig zu ihm bekannte; leider verzehrte ihn sein Hauptamt, das Burgtheater-Referat. Als Dr. Theodor Helm an die Deutsche Zeitung kam, machte er dieses Blatt mutig und überzeugt zum Bruckner-Blatt (1884). Die Deutsche Zeitung war nun allerdings keine Neue freie Presse und Helm kein Hanslick: er fand für seine Begeisterungen meistens das trockenste Wort — aber er kämpfte als Soldat und brav. Seine Erinnerungen („Fünfzig Jahre Wiener Musikleben", im „Merker" veröffentlicht) bilden eine Hauptquelle für die Beurteilung jener Zeit des Stilkampfs und wurden auch hier ausgiebig benützt.

So ungefähr waren die Kräfte verteilt. Von der Stärke der Lungen aber gibt die Erinnerung des Verfassers Zeugnis, die ein kleines Bruckner-Schimpflexikon aus damals geprägten Worten bilden könnte: „impotenter Römling ... ketzerfleischduftendes Tedeum ... traumverwirrter Katzenjammerstil ... ein Betrunkener". Einmal erschien ein sehr geschickt gemachtes Gedicht — jede Verszeile aus einem andern Dichter — um Bruckners Verworrenheit zu verulken. Ja, lange nach Bruckners Tod „prägte" noch ein bekannter kritischer Spaßmacher ein geflügeltes Wort über die Romantische Sinfonie: „Oberösterreichische Suite von Richard Wagner ...."

Mit demonstrativem Entzücken nahmen dagegen die Stammsitze, vor Bruckners Sinfonie die Flucht ergreifend, die Suiten und Serenaden entgegen, die die Kunst jener dekorativ gestimmten Jahre darstellten und die heute samt den Jahren und den Menschen verschwunden sind, vergessen wie jenes Makartsche Akademie-Tableau „Einzug Karls des Fünften in Antwerpen", das mit seinen schönen Frauenleibern entstellt und verdunkelt später nach Wien zurückkam, unkenntlich, kein Bild mehr, — das Sinnbild eines Verfalls . . .

Im Jahre 1873 entschloß sich Anton Bruckner, mit einer neuen Sinfonie vor die Öffentlichkeit zu treten. Er war als Sinfoniker in Wien noch ganz unbekannt, die in Linz fünf Jahre vorher halb verunglückte Erste Sinfonie wagte er nicht zu wiederholen — ihr aufständischer Geist konnte gefährlich werden —, die Zweite Sinfonie schien nun viel zahmer und voraussichtlich erfolgreicher. Es war die Zeit der Weltausstellungen, auch in Wien ging gerade eine zu Ende, das Opertheater feierte sie durch ein internationales Ballett, Rubinstein durch Variationen über den Yankee doodle, und Bruckner benützte den Anlaß, um im großen Musikvereinssaal „zur Feier des Schlusses der Wiener Weltausstellung" eine Musikaufführung zu veranstalten (23. Oktober 1873). Eine Pressestimme fragte zwar, in welchem Zusammenhang sie mit diesem Ereignis stehe — aber hatte es mit einem effektvollen Börsenkrach unerwartet begonnen, warum sollte es nicht mit Musik aufhören?

Als Bruckner bei der Probe an das Pult trat, sagte er, nach der Erinnerung Artur Nikischs, zu den Musikern: „Alsdann, meine Herren, wir können probieren, so lang' wir wollen; ich hab' Ein', der's zahlt . . ." Gemeint war der Fürst Liechtenstein, ein Verehrer Bruckners, der die Mittel zu diesem Sonderkonzert zur Verfügung gestellt hatte, da die Philharmoniker „in keiner Weise für Bruckner zu haben" gewesen waren.

Den ersten Teil des Abends bildete ein Orgelkonzert, wobei Bruckner eine C-dur-Toccata von Bach und hierauf eine freie Phantasie spielte, von der Theodor Helm bedauert, daß sie nicht von einem musikalischen Geschwindschreiber festgehalten wurde: die Welt wäre um eins der herrlichsten Orgelstücke reicher. Dann folgte die Sinfonie. „Sie wurde", berichtet Helm, „unter des Komponisten eigener Leitung sehr schön gespielt und Satz für Satz mit stürmischem Beifall aufgenommen; allgemein verstanden wurde das in seinen Ecksätzen noch immer die herkömmlichen Maße stark überschreitende Werk nur von wenigen, zu denen leider — ganz offen will ich's heraussagen — der Schreiber dieser Erinnerungen damals noch nicht gehörte". Helm führte zu seiner Entlastung an, daß von Bruckner nichts gedruckt vorlag und er keinen Ton davon kannte. So nannte er das voranklingende Werk in seinem abfälligen Bericht, der häufigen Unterbrechungen wegen, die Pausen-Sinfonie. Auffallend freundlich urteilte Hanslick in seiner Besprechung: „Obwohl der Total-Eindruck durch eine unersättliche Rhetorik und allzu breite, mitunter haltlos zerfallende musivische Form beeinträchtigt wird, war doch die Wirkung auf das Publikum eine günstige und die Aufnahme der Sinfonie eine geradezu enthusiastische. Wir begnügen uns für heute mit der Meldung dieses glänzenden Erfolges, welcher dem bescheidenen, energisch strebenden Komponisten von Herzen zu gönnen ist...." (Neue Freie Presse vom 28. Oktober 1873.)

Den größten Bewunderer aber fand Bruckner an Herbeck. Nach einer Probe der Sinfonie soll er dem Komponisten gesagt haben: „Noch habe ich Ihnen keine Komplimente gemacht; aber ich sage Ihnen, wenn Brahms imstande wäre, eine solche Sinfonie zu schreiben, dann würde der Saal demoliert vor Applaus...!" Dabei stand Herbeck als praktischer Musiker keineswegs blind vor der Brucknerwelt. Er glaubte in dieser grandiosen, alpenhaft aufsteigenden Musik auch Wildnisse und Katastrophen zu erkennen, in dem abschnittweisen, dem persönlichen Rhythmus des Künstlers folgenden Vorrücken — Provinz: Mängel, die allerdings zu ehrlich waren, um sich durch Passagen- und Verbindungswerk zu verhüllen. Vielleicht hat er manche Partitur in der ungebändigten Urgestalt gesehen, kurz er bemängelte „die oft en Wiederholungen der Themata, die eigentümliche Sucht, Generalpausen dort anzubringen, wo eine erklärbare Notwendigkeit dazu nicht vorlag, endlich die stellenweise zu dicke Instrumentation, und verschwieg es Bruckner auch nicht. Die von Herbeck gehörig gekürzten und von den übrigen Fehlern möglichst befreiten Messen Bruckners machten denn auch in der Hofkapelle stets den besten Eindruck." (Ludwig Herbeck in der Biographie seines Vaters, S. 233).

Wir können Herbecks zeitlich und persönlich bedingte Urteile heute nach keiner Richtung hin ganz unterschreiben. Er hielt Brahms für verworren, fand zur c-moll-Sinfonie, die er 1876 unter Brahms eigner Leitung hörte, gar kein Verhältnis, in den Nibelungen vermißte er das „Haupterfordernis" jeder Oper — die Chöre; jedenfalls aber hatte er, was damals nur ganz Seltene hatten: das Bruckner-Erlebnis. Tief ergriffen von den Schönheiten der Vierten Sinfonie, die er kurz vor seinem Tod mit Bruckner spielte, äußerte er: „das könnte Schubert geschrieben haben; wer so etwas schaffen kann, vor dem muß man Respekt haben . . ."

Herbeck nahm die c-moll-Sinfonie auch in das Programm der Gesellschafts-Konzerte auf. Sie wurde dort am 20. Februar 1876 wiederholt, hatte aber bei weitem nicht mehr den Erfolg wie früher. Herbecks Stern war überdies nach seinem Sturz sichtlich im Sinken: Liszts „Heilige Elisabeth", die er 1869 aufführte und jetzt wiederholte, fand eine klägliche Aufnahme — die Kritik nannte sie völlig verfehlt und unmöglich — und nicht viel besser erging es jetzt Bruckner. Dazu kam, daß dem Weltausstellungs-Konzert ein von Haus aus gut gestimmtes Publikum beiwohnte, während den ständigen Hörern der Gesellschaftskonzerte der komponierende Professor vom Konservatorium mindestens gleichgültig erschien, mochten sie auch um einen Zentimeter weniger verbohrt sein als die Stammabonnenten der Philharmoniker. Außerdem war es wohl ein Fehlgriff, daß Bruckner selbst dirigierte — Herbeck hatte ihm den Taktstock überlassen, um seine Freunde und Schüler recht zahlreich ins Konzert zu ziehen — endlich spielte nur das zusammengestellte Orchester der Gesellschaft nicht das ständige, vorzügliche Philharmonische — und so kämpften Werk und Künstler vergeblich gegen die Eiswand feindseligen Schweigens, ja selbst Theodor Helm begann bei dieser Wiedergabe an Bruckners schöpferischer Berufung ernstlich zu zweifeln und hielt mit seiner Meinung nicht zurück. Es war eine Niederlage.

Wer sich aber dadurch nicht im geringsten einschüchtern ließ, war Herbeck: sofort setzte er Bruckners — Dritte Sinfonie auf das Gesamtprogramm der Gesellschaftskonzerte des nächsten Jahres. Leider sollte er die Aufführung nicht mehr erleben — der schwerste Schlag, der Bruckner treffen konnte. So kam es, daß Bruckner auch seine „Dritte" (am 16. Dezember 1877) im Gesellschaftskonzert dirigieren mußte, und zwar unter dem verstörenden Eindruck von Herbecks Tod. Der einzige Freund, der gläubige Helfer war dahin, und zu dem Gefühl des Verlassenseins gesellte sich vielleicht ein durch körperliche Gewandtheit nicht gerade belebtes Dirigentengeschick. Die Hörer sahen der Aufführung gespannt entgegen — es handelte sich doch um die Wagner-Sinfonie — aber gerade sie bereitete eine Enttäuschung schwerster Art. Das Orchester, flüchtig studiert, spielte matt dahin, und das Publikum ergriff nach jedem Satz in Scharen die Flucht; während des Finales waren nicht mehr zehn Personen im Saal, ja sogar auf den Stehplätzen hielten nur einige wenige aus. Ein von den Schülern Bruckners bereitgehaltener Lorbeerkranz mußte auf Geheiß des Generalsekretärs Zellner sofort hinausgeschafft werden . . .

Es war ein unvergeßlich ergreifender Augenblick, als Bruckner am Schluß des Konzerts, ganz allein inmitten des Podiums stehend — denn auch die Orchestermusiker hatten so schnell wie möglich das Weite gesucht — seine Noten zusammenpackte, unter den Arm nahm und, den großen Schlapphut auf dem Kopf, einen schmerzerfüllten Blick in den völlig leeren Saal warf. Welche Kraft der Hilflose aufbieten mußte, um angesichts dieses Gottesgerichts nicht zu verzweifeln, nicht irre zu werden am Herrgott, sich zusammenzuhalten nach dieser niederschmetternden Stunde, wo die eignen Skrupel auf grauenhafte Art bestätigt schienen, kann man nicht ermessen... Josef Schalk, dem wir hier folgen, war Augenzeuge; August Göllerich erzählt darüber weiter: „Im Seitengang des Musikvereins-Saales traten einige Schüler auf den Meister zu und wollten, ihn tröstend, mit einigen Worten die Aufnahme des Werks erklären. Aber Bruckner kostete alle Bitterkeit aus und rief ein um das andere Mal: ‚Laßt's mi' aus, die Leut' wollen nix von mir wissen . . .!' — Da mischte sich ein Mann in die dramatische Szene und begann auf Bruckner einzureden. Die aufgeführte Sinfonie habe schon bei den Proben den bedeutendsten Eindruck auf ihn gemacht, er sei bereit sie — zu verlegen . . . Es war der Wiener Musikverleger Theodor Rättig. Bruckner starrte ihn wie ein Gespenst an. Verlegen? Er konnte an den ernstlichen Willen des seltsamen Verehrers gar nicht glauben. Verlegen? ‚Ich muß aber d' Partitur haben!' rief er endlich, und der Mann, der den ewigen Ruhm erworben, Bruckners erster Verleger zu sein, sagte zu."

So trat die Dritte Sinfonie in die Welt. Die Vierte, erst später die „Romantische Sinfonie" genannt, kam nur noch bei einer „Gelegenheit" zu Gehör: am 20. März 1881 in einem von Hans Richter zum besten des Deutschen Schulvereins geleiteten Orchester-Konzert, also nicht bei den Philharmonikern, nicht im Gesellschaftskonzert. Bruckner stand dabei auch nicht im Vordergrund. Held jener Wiener Tage war Hans von Bülow, der zu gleicher Zeit wie Liszt anwesend, mit seinen großen Klavier-Abenden Wien und die Wiener eroberte. An jener Aufführung beteiligte er sich in dreifacher Eigenschaft: als Pianist — er spielte Beethovens G-dur-Konzert —, als Komponist und als Dirigent, indem er seine sinfonische Dichtung „Des Sängers Fluch" leitete. Dann kam die Brucknersche Sinfonie. „Doch war der Eindruck dieser beiden, der Liszt-Wagnerschen Richtung angehörigen Kompositionen keineswegs so rein und unbedingt wie der von Bülows Klavierspiel", meint Hanslick (Neue Freie Presse, 27. Februar 1881). Immerhin stellt er den „ungewöhnlichen Erfolg" der Brucknerschen Sinfonie fest, und schließt, allerdings ohne ein sachliches Wort zu wagen: „Wir können heute nur beifügen, daß dieser Erfolg eines uns nicht ganz verständlichen Werks uns um der achtungswerten und sympathischen Persönlichkeit des Komponisten willen aufrichtig gefreut hat ..." Es scheint, daß also noch persönliche Neigung vorhanden war und den Ausschlag gab.

Nach Helm erregte die Es-dur-Sinfonie einen wahren Jubel, während Bülow mit seinem „innerlich kühlen" Werk abfiel. Daß dieser Mißerfolg seine menschlichen Seiten getroffen und den Verletzten zum unversöhnlichen Gegner Bruckners gemacht habe, möchten wir nicht gerade annehmen: der Gegensatz lag wohl im künstlerischen Weltbild und erhielt frische Nahrung durch Bülows Kampf um Brahms. Bruckner, der Bülow schon kannte und sich von ihm immer „geheanzt" fühlte — man braucht sich bloß den kleinen sarkastischen Spitzbart und den schwerbäuerlichen Menschenblock nebeneinander vorzustellen — schätzte Bülow trotzdem ganz außerordentlich als Dirigenten. Er besuchte regelmäßig dessen Konzerte mit der Kapelle der Meininger, schon um sich ein gründliches Urteil über Brahms zu bilden. Bülow aber, der diabolus rotae im Brucknerschen Seligsprechungsprozeß, ließ seine Galligkeiten mit Behagen springen. Als Helm ihm sein Buch über Beethovens Streichquartette sandte, antwortete Bülow: „Werden Sie es meiner berüchtigten Freimütigkeit vergeben, daß ich Ihnen bekenne, meinem Buchbinder den Auftrag gegeben zu haben, den Einband mit Seite 307 zu schließen?" (28. November 1885) Auf Seite 308 begann nämlich das Streichquartett n a c h Beethoven, und darunter befand sich auch das neue Quintett von Anton Bruckner . . . Außerdem ist die letzte Seite dieses Briefs mit folgendem Text bedruckt: „Es empfiehlt sich bestens den P. T. Herrn Musikverlegern, Kritikern, Publikümmern

Caligula Seidenschwanz,

entdeckungsreifer neuer Symphoniker auf besondern Wunsch auch Kakophoniker", wozu Bülow die eigenhändige Anmerkung macht: „Schüler und präsumptiver Nachfolger von Anton Bruckner."

Als er später in Pest Beethovenkonzerte gab, kam plötzlich, mitten in der Nacht, an Albert Gutmann, den Verleger Bruckners, ein Telegramm: „Auf allgemeinen Wunsch wurde Anton Bruckner auf den erledigten Thron Bulgariens berufen!" Der Empfänger hatte den Kopf noch nicht zu Ende geschüttelt, als eine zweite Drahtnachricht einfuhr: „Bruckner, der Einzige,. hat soeben seinen Einzug in Sofia gehalten und auch bereits sein Ministerium ernannt." Bülow kannte bereits die Minister und bezeichnete als solche den Kritiker Schönaich, Schalk und Hugo Wolf, und als Kriegsminister — vermutlich seines kriegerischen Namens wegen — Theodor Helm. Bruckner, der das krallige Witzteufelchen wohl allzu tragisch genommen hat, klagte gelegentlich (an Helm, 2. Juni 1887), Bülow arbeite an seinem Ruin.

Die Fünfte Sinfonie in B-dur, die Bruckner um ihrer kontrapunktischen Mächte besonders hoch schätzte, hat er niemals gehört. Zu seinen Lebzeiten wurde sie in Wien nicht aufgeführt, und das Konzert, das Franz Schalk am 9. April 1894 in Graz gab — er war dort Kapellmeister am Stadttheater — konnte Bruckner seiner Kränklichkeit halber nicht mehr besuchen. Das nächste Werk, das Wien für würdig hielt, gehört zu werden, war die Sechste Sinfonie in A-dur — nicht die ganze, sondern ein Teil davon: die beiden Mittelsätze, Adagio und Scherzo. Hiermit kam Bruckner zum erstenmal auf ein philharmonisches Programm und zwar am 11. Februar 1883. Aber neben der Ehre stand das Verhängnis.

Dirigent der Philharmoniker war seit 1875 der junge, von Wagner empfohlene Hofopern-Kapellmeister Hans Richter gewesen, der allerdings mit der Faust-Ouvertüre vergeblich auf die Stammsitz-Beharrlichkeit zu wirken suchte. Nun begann gegen ihn, der sich acht Jahre bewährt hatte, eine der liebevollen Wiener Preßhetzen —, das Pult der Philharmoniker wurde ihm verleidet, er legte seine Stelle nieder und sie übernahm — vorübergehend — Wilhelm Jahn. Nun, Wilhelm Jahn, in dessen behaglicher Oberlehrer-Erscheinung ein außerordentlicher Plastiker des Theaters steckte — seine Hauptstärke war feiner Massenet —, wußte als Konzertdirigent höheren Ansprüchen nicht zu dienen: er hatte die Augen ängstlich in der Partitur — immerhin ließ er sich herbei und führte die Brucknerschen Bruchstücke auf — w i e, darüber meldet kein Heldenbuch; doch heißt es, daß sie „von einer starken Mehrheit geradezu bejubelt wurden". So kam Bruckner unter die Philharmoniker.

Aber welches Sündenregister hielten ihm die Wissenden vor! „Die Rätsel, die uns Bruckner aufgibt, sind dunkel wie ein Abschnitt aus Jakob Böhmes Mysterium magnum!", rief eine Stimme. Das war Max Kalbeck in der Wiener Allgemeinen Zeitung vom 13. Februar 1883. Er vergleicht Bruckners Schaffen mit den Dämmerzuständen beim Einschlafen und Aufwachen und mit den seltsamen Vorgängen während eines leiblichen und geistigen Rausches ... „Wie Jakob Böhme beliebige Mineralien mit menschlichen Empfindungen und göttlichen Persönlichkeiten identifiziert, so erhalten bei Bruckner beliebige Akkordfolgen und Tonreihen eine Bedeutung, die ihnen von Natur nicht innewohnt ... Seiner Phantasie fehlt Logik ... Sein Adagio klingt wie ein Traum, den irgendein Meister, meinetwegen der Meister selbst, von dem Schlußduett im Siegfried und den Meistersingern gehabt hat ... Zu dem Scherzo in a-moll ein näheres Verhältnis zu gewinnen, ist uns nicht gelungen: die Tongespenster, welche darin umherstreichen, machen es gar zu toll: als hätten Wolfsschlucht und Walpurgisnacht sich ein Rendezvous gegeben, so stampft und tobt, brüllt und wiehert alles wild durcheinander. Die Zukunft, welche ein solches zerrissenes, aus 100 Klüften widerhallendes Tonstück zu genießen vermag, wünschen wir uns fern ..."

Diese immerhin noch sachliche, von einem Mann mit lyrischen Seiten herrührende Kritik ist wichtig, weil sie Schule gemacht hat. Ihre Gedanken werden später von anderen, auch von Hanslick, bald stärker, bald schwächer, bald roher, bald feiner instrumentiert, nachgesprochen, ja ihre einzelnen Ausdrücke kehren wieder: Traum,

Rausch, Mystik, Mangel an Logik, sogar das, was Kalbeck als Werte zugibt: „einzelne Lichtblitze, aus dem Chaos emporflammend, die Kunde geben vom geheimnisvollen Walten eines ursprünglichen Geistes."

Endlich hat sie Kalbeck selbst wiederholt, damals als (am 5. Januar 1896) einige Monate vor Bruckners Tod die Romantische Sinfonie zum erstenmal im Philharmonischen Konzert erschien: „. . . sie heißt jetzt die ‚romantische'. Was damit besonders gesagt sein soll, wird uns immer ein Rätsel bleiben . . . romantisch wären diese ewigen Verlegenheitstremolos, Rettungstonleitern, Angstpausen, Notsequenzen, Verzweiflungsfanfaren, das ganze Tschingdarassa, Schnedderendeng und Bumbum?"

Selbst Theodor Helm konnte im Musikalischen Wochenblatt (19. April 1883) schwere Bedenken nicht unterdrücken. Er hörte unerklärliche Stockungen, Verlegenheitspausen und im Ganzen mehr Rheingold und Walkürenritt als Bruckner, wobei er jedoch den unkünstlerischen Einfall rügte, von einem neuen Komponisten in irreführender Weise nur zwei Sätze aus einem sinfonischen Ganzen zu geben.

Einen dauernden Eindruck vermochten die Bruchstücke der Sechsten in Wien nicht zu machen — zwei Tage darauf traf die Kunde vom Tod Richard Wagners ein . . . ein Ereignis, das, Freund und Feind erschütternd, alle Teilnahme verschlang. Die nächste Aufführung des (vollständigen) Werks fand erst 18 Jahre später, am 13. Dezember 1901 statt, wo es August Goellerich mit dem Wiener Konzertvereins-Orchester zum besten der Deutsch-Österreichischen Schriftstellergenossenschaft leitete. Die beiden Ecksätze hat Bruckner vom Orchester niemals vernommen.

Am 8. Januar 1885 führte Josef Hellmesberger mit seinen Genossen zum erstenmal Bruckners Streichquintett in F-dur auf, das 1879 entstanden war. Hellmesberger besaß zu viel Musiksinn, um den Komponisten Bruckner zu verkennen, ja die d-moll-Messe nannte er „ein wahres Meisterstück". Dennoch wollte er beim Quintett nicht recht „anbeißen" und schob die Aufführung immer wieder hinaus, weil er das Scherzo für unausführbar hielt. In der Tat überwiegt in diesem Stück der Sinfoniker den Kammermusiker, der die fünf Instrumente wie ein Orchester behandelt. So schrieb Bruckner anstatt des Scherzo ein Intermezzo, das aber dann liegen blieb und erst spät (im Februar 1904 durch die Quartette Fitzner und Rosé) aufgeführt wurde. Inzwischen kam es zur ersten Vorführung des Quintetts im Bösendorfersaal.

Hanslick hörte aus dem Quintett nur den Wagnerschen Schrecken heraus. Und das genügte ihm zu einer Verurteilung, die, frei über den Tatsachen schwebend, den bösen Willen des Komponisten als solchen verwarf: „Fast gleichzeitig mit dem bei Hellmesberger enthusiastisch applaudierten, bei Gutmann verlegten F-Dur-Quintett von Bruckner ist ein neues Buch von Ludwig Nohl: ‚Die geschichtliche Entwickelung der Kammermusik' erschienen, das sehr merkwürdig ist. Wir können Herrn Nohl helfen: er sehe sich Bruckners Quintett an. Da findet er den reinen Wagnerstil auf fünf Streichinstrumente abgezogen, die unendliche Melodie, die Emanzipation von allen natürlichen Modulationsgesetzen, das Pathos Wotans, den irrlichterlierenden Humor Mimes und die in unersättlichen Steigerungen sich verzehrende Ekstase Isoldens. Was Herrn Nohl so schmerzlich gefehlt, es ist gefunden, und eine zweite Auflage seiner ‚Entwickelung der Kammermusik' kann das Schlußkapitel in jener Verklärung erglänzen lassen, ohne welche ja doch Entwickelung und Kammermusik ‚Wahn' bleiben würden . . ." (26. Februar 1885).

Aber nicht einmal der Mann, dem Hanslick sein Buch vom Musikalisch-Schönen gewidmet hatte, Gustav Dömpke, vermochte ihm auf diesem Weg zu folgen. Wir werden von Dömpke noch hören, der in das Quintett wenigstens als Musiker hineinhorchte, den ersten Satz ablehnte, aber dann fortfuhr: „Hellmesberger tat wohl, auf diesen krankhaften Eröffnungssatz schon hier das Adagio, nicht wie im Original, erst das Scherzo folgen zu lassen. Eine Erholung tat jedenfalls not. Allein dieses Adagio, Ges-dur, ist weit mehr als eine kleine Arznei, ein vorübergehendes Linderungsmittel für Fieberkranke, es ist die Genesung selbst; ja es scheint uns eine Arbeit, welche über alle ähnlichen Instrumentalkompositionen der Gegenwart an Erfindung und tiefsinniger Kombination hinausreicht (abgesehen, wie billig, von dem einen größten Meister, der ganz außer Vergleich steht). Nur eine kurze übelklingende Stelle gibt es darin (Tact 91 bis 95, S. 39 d. P.), welche den harmonischen Härten der übrigen Sätze nichts nachgibt. Die paar Tacte klingen, als ob der Autor des Adagios sie im Traume oder als ob er sie gar nicht geschrieben hätte. Freilich klingt andererseits dieses ganze Adagio, als hätte es ein anderer als der Autor der Allegri geschrieben. Eine solche Reife und Gewähltheit, ein solches Maaß herrscht hier in den kühnsten und seltsamsten Verschlingungen. Wenn man erst das erste langatmige, herrlich gegliederte Thema hört, wie es sich 12 Tacte lang in ruhiger Majestät ausbreitet, wie es sich großartig steigert und wieder in die Tiefe zurücksinkt, da traut man kaum seinen Ohren mehr — Wahrlich in diesem Adagio steckt etwas von dem göttlichen Funken..." (Wiener Allgemeine Zeitung, 17. Januar 1885).

Die übrigen Sätze kommen dem Beurteiler „widerwärtig im Ganzen" vor: „wo sie am unerträglichsten sind, verraten sie, wie der erste Satz, fast überall den Einfluß der schlimmsten Seite Wagners. Das erste Thema des Finales erinnert übrigens ganz direct an die Prügelszene in den Meistersingern..."

Den ersten wirklichen Bruckner-Erfolg in Wien brachte nicht eine Sinfonie, sondern im Jahr darauf das große Te Deum (Gesellschaftskonzert vom 10. Januar 1886) — namentlich war es Speidel, der erlebnisfähige Speidel, der ihm Gerechtigkeit widerfahren ließ, das Wesentliche heraushörend, und, mutig genug, es auch auszusprechen. Niemand hatte damals das innere Schicksal Bruckners so aus den Zeichen der Musik zu lesen verstanden wie der, der folgende Sätze schrieb: „Es ist ein enthusiastisches Werk und sollte eigentlich in einem Moment, wo die öffentliche Meinung freudig erregt ist, etwa nach einem großen Staatsakte oder einem siegreich beendigtem Feldzug, zu Gehör gebracht werden. Von Beethoven, dieser tiefsten und sprudelndsten Quelle des modernen Enthusiasmus geht Bruckner offen aus, und unterwegs gesellen sich zu ihm Franz Liszt, Richard Wagner, Hektor Berlioz; aber sie gesellen sich zu ihm als zu einem Manne, der selbst etwas Ordentliches ist. Von der katholischen Kirche, deren demütiger Diener der begabte alte Knabe durch lange Jahre gewesen, hat er den Mut gehabt, mit seiner Begeisterung herzhaft herauszugehen. Mit Stimmen und Geigen, mit Pauken und Trompeten lobt er seinen Gott, ganz unbesorgt um die Möglichkeit, daß er dem großen Gegenstande gegenüber der Sache etwa zu viel tun könnte. Wie im Sturm, wie in einem Wirbelwind trägt er seinen Herrn empor. Dann aber, nach solchem Sturm und Drang, dem kein Mittel zu stark ist, öffnen sich die Tiefen des Himmels, die Tiefe des Gemüts. Es ist ein entzückendes Schauen und Hören der Geheimnisse des Glaubens, ihrer Höhen und Abgründe. Da rückt die menschliche Stimme in den Vordergrund als das beseelte Organ, das allein solche Mysterien zu tragen imstande ist, während es scheinen will, als höre man im Orchester die Kreatur, die sich nach Erlösung sehnt. Die Stelle des kirchlichen Textes: Non horruisti virginis uterum ist nie so inbrünstig und schwärmerisch in Musik gesetzt worden und aus der folgenden Stelle von dem Sieg über den Tod und von der Eröffnung des Himmelreiches sprechen uns tröstende und beseligende Stimmen an. Das Publikum konnte sich der Wirkung dieser Komposition nicht entziehen und rief den Komponisten unermüdlich." (Wiener Fremdenblatt, 19. Januar 1886).

So Speidel. Es war doch ein Mensch, der da empfing, eine Stimme, die grüßte, während Kalbeck sich nicht vorzustellen vermochte, daß jemand überzeugt gottgläubig sei, als gehöre es zur Lebensart, „liberal" zu sein: „Bruckner gemahnt uns an die schlaue Demut und augenverdrehende Frömmigkeit Overbecks und seiner Nazarener. Wir wissen bei letzteren nicht, wo der fromme Mißbrauch aufhört und der auf Effect ausgehende Spekulant anfängt . . ." Auch er hört wie Speidel Beethoven und Wagner, unterscheidet sich aber in den Vorzeichen lebhaft: „In dem der Fuge vorausgehenden Chorsatze ist eine vielleicht ebenfalls beabsichtigte starke Reminiszenz an das Schlußduett aus Siegfried. Möglicherweise bittet der Komponist mit seinem Non confundar in aeternum den lieben Gott, er möge die Trilogie nicht zu Schanden werden lassen, sondern die Bayreuther Festspiele und ihr Haus erhalten in Ewigkeit." Immerhin verhinderten Kalbeck diese heiteren Nebengedanken nicht, den Wert des die Durchschnittsmusiken überragenden, erfolgreichen neuen Werkes festzustellen. (Alte Presse, 17. Januar 1886).

Die Siebente Sinfonie erlebte ihre Uraufführung nicht in Wien. Es ist ein ergreifendes Schriftstück von Anton Bruckners Hand vorhanden, der Entwurf eines Gesuchs an das Komitee der Philharmoniker, worin er um Absetzung des Werkes bittet: „Es wolle meine ergebene Bitte gestattet sein, das hochlöbl. Comité wolle für dieses Jahr von dem mich sehr ehrenden und erfreuenden Projekte der Aufführung meiner E-dur-Sinfonie Umgang nehmen (wegen Feindseligkeit maßgebender Wienerkritik, die meinen Erfolgen in Deutschland gewiß nicht förderlich sein kann)." Der Verfasser hat dies Gesuch im 3. Band seiner Biographie Hugo Wolfs 1904 zum erstenmal im Faksimile veröffentlicht, und es ist eine der seltsamsten musikgeschichtlichen Urkunden, bezeugt sie doch, daß ein wenig aufgeführter Künstler lieber gar nicht aufgeführt werden und seinen Ruf in der Fremde vor heimischer Verunglimpfung bewahrt wissen will. Bruckner war Kämpfer, aber kein Kampfhahn. Nicht ausgerüstet mit Wagners Stahl oder Storms goldnen Rücksichtslosigkeiten, halb schlagkräftiger deutscher Michel, halb Selbstbezweifler, Erderschütterer und Demutsnatur, kam er bisweilen zu der Frage: ob seine Gegner in ihrer hartnäckigen Übereinstimmung nicht am Ende Recht hätten. Er glaubte sich zu schützen, indem er sich gleichsam tot stellte, als nicht vorhanden ausgab.

So ging er mit der Siebenten Sinfonie ins Ausland: sein Schüler Artur Nikisch führte sie am 30. Dezember 1884 im Stadttheater zu Leipzig auf. Josef Schalk hatte Nikisch den Klavierauszug des Werks gegeben, und da sich das Gewandhaus ablehnend gegen Bruckner verhielt, gewährte Direktor Staegemann das Theater zu einem Sonderkonzert. Bruckner kam zu der Aufführung, aber trotz des Eindrucks, den die Sinfonie machte, gelang es ihm nicht, in Leipzig für sie einen Verleger zu finden. Kurz darauf aber folgte — am 10. März 1885 — die zweite, berühmt gewordene Aufführung durch Hermann Levi in München, die das Geschick des Werkes wie seines Schöpfers entscheidend bestimmte. Levi, der Parsifal-Dirigent, hatte Bruckner brieflich seine fast uneingeschränkte Bewunderung ausgedrückt — nur der letzte Satz versagte sich ihm. Einen Ton von so aufrichtiger Herzlichkeit hatte Bruckner noch nicht vernommen; er reiste, entzückt von diesem Mann, nach München, nahm sein Werk mit ihm am Klavier durch, und nun bekannte der Dirigent, der mit der Partitur gerungen hatte, das Ganze sei großartiger, als er geahnt ... „Jetzt sehe ich erst, wie wenig ich verstand — das Finale ist der weitaus großartigste Satz!" Levi, außer Schalk und Nikisch, der erste Dirigent, der Bruckners Welt im Innern empfangen konnte, zeigte bei der Aufführung auch Hingabe aus dem Innersten, und das riß zündend durch die Reihen der Hörer. Es gab einen Riesenerfolg, und bei der folgenden Vereinigung im Künstlerlokal der Allotria erhob Levi sein

Glas „auf den größten Sinfoniker nach dem Tode Beethovens" — ein Wort, das Bruckner später mit Genugtuung in Wien wiederholte. Dort größter Sinfoniker — hier bestenfalls ein Jakob Böhme der Musik. Er fühlte sich vom Ausland bestätigt. Die Sinfonie machte die Runde durch deutsche Konzertsäle, ja der Wiener Aufführung ging sogar eine in Graz unter Karl Mucks Leitung voran, nach der Bruckner, an die Orgel tretend, eine seiner herrlichsten Improvisationen aus bewegter Seele spielte.

Wie richtig er vorausgesehen hatte, zeigte das Wiener Schicksal der Siebenten Sinfonie: es kam, am 22. März 1886, doch zu der Aufführung, und das Werk wurde schrecklich zugerichtet. Mit Stecken und Heugabeln fielen sie darüber her.

Hanslick schlug (am 30. März 1886 in der Neuen Freien Presse) offen den Ton musikalischen Hassens an: „Als Piece de resistance figurierte Bruckners neue Sinfonie in E-dur. Das Publikum zeigte freilich nicht viel resistance; es flüchtete zum Teil schon nach dem zweiten Satz dieser sinfonischen Riesenschlange, flüchtete in hellen Haufen nach dem dritten, so daß nur ein kleiner Teil der Hörerschaft im Genusse des Finales verblieb. Diese mutige Bruckner-Legion applaudierte und jubelte aber mit der Wucht von Tausenden. Gewiß ist es noch niemals vorgekommen, daß ein Komponist nach jedem einzelnen Satze vier- bis fünfmal stürmisch herausgerufen wurde. Bruckner ist der neueste Abgott der Wagnerianer. Man kann gerade nicht sagen, daß er Mode geworden ist, denn das Publikum will diese Mode nirgends mitmachen; aber Bruckner ist Armeebefehl geworden und „der zweite Beethoven" ein Glaubensartikel der Richard-Wagner-Gemeinde. Ich bekenne unumwunden, daß ich über Bruckners Sinfonie kaum ganz gerecht urteilen könnte, so unnatürlich, aufgeblasen, krankhaft und verderblich erscheint sie mir. Wie jedes größere Werk Bruckners enthält die E-dur-Sinfonie geniale Einfälle, interessante, ja schöne Stellen — hier sechs, dort acht Takte — zwischen diesen Blitzen dehnt sich aber unabsehbares Dunkel, bleierne Langeweile und fieberhafte Überreizung. Einer der geachtetsten Musiker Deutschlands bezeichnet (in einem Brief an mich) Bruckners Sinfonie als den wüsten Traum eines durch zwanzig Tristan-Proben überreizten Orchester-Musikers. Das scheint mir bündig und treffend. Soviel nach dem ersten aufregenden Eindrucke und um Farbe zu bekennen..."

Darauf beeilt sich Hanslicks Vaterlandsgefühl noch festzustellen, daß die Erfolge Bruckners in Deutschland Fabel seien — alles übertrieben, durchaus kein Jubel, kühle Resignation, keinerlei „Triumph". Was kann denn Gutes aus Bethlehem kommen!

Das ist aber noch gar nichts. In dieser Welt der Mühsal und der Unzulänglichkeit mußte obbesagter Gustav Dömpke aus Königsberg nach Wien kommen, um dem Hiob aus Ansfelden das Leben schwer zu machen. Dömpke trieb eine Zeitlang in der Wiener Allgemeinen Zeitung, die gegen die Neue Freie Presse gegründet war, sein Wesen, wiederholte dort aber im allgemeinen nur Hanslicks geschniegelten Haß in ziemlich unfrisierter Form: „Wirklich schaudern wir vor dem Modergeruch, der aus den Mißklängen dieses verwesungssüchtigen Kontrapunkts in unsere Nasen dringt ... Seine Phantasie ist — man weiß durch welche Erzieher und Heilkünstler — so unheilbar erkrankt und zerrüttet, daß etwas wie die Forderung einer Gesetzmäßigkeit in Akkordfolge und Periodenbau überhaupt für sie nicht existiert. Wenn hie und da dennoch eine Seite seiner Partitur mit unsern Begriffen von musikalischer Logik übereinstimmt, dürfen wir ihm schwerlich die Verantwortung dafür zuschreiben ... In der Tat muß, was uns vorübergehend groß und rein an Bruckner erscheint, auf Zufall oder Täuschung beruhen, wenn es nicht ein für allemal aufgegeben werden soll, nach einer Erklärung für die Abnormitäten eines Sechzigers zu suchen, deren sich ein Zwanziger nicht schnell und ernsthaft genug entledigen könnte. Bruckner komponiert wie ein Betrunkener!"

Hiermit hatte Dömpke, der seine vorschnelle Begeisterung für das Adagio des Quintetts zu bereuen schien, seinen Gipfel erreicht. Die Blindheit sah kein Strahlen, Parteisucht stellte fest, daß Unsinn glänzend instrumentiert worden sei, die Gichtbrüchler der Ästhetik versicherten krückenschwingend, daß Wagner die Sinfonie auf dem Gewissen habe. Aber Albert Gutmann, der Verleger dieser Sinfonie, hatte Humor. Er sammelte die Kritiken aus deutschen Musikstädten, die — vor dem Wiener Gemetzel — die Qualitäten und Erfolge des Werks feststellten und ließ daraus neun Kernsprüche in der Neuen freien Presse als Inserat abdrucken. Da standen nun tabellarisch die Urteile: sieben günstig, ja enthusiastisch, zwei vernichtend. Und der verdutzte Wiener las dicht nebeneinander aus Bernhard Vogels Feder die Stelle: „Das Werk fordert die größte Bewunderung heraus" und Dömpkes Prachtprägung: „Bruckner komponiert wie ein Betrunkener...!" Es wirkte wie ein Beckenschlag. Ungeheures Aufsehen war die Folge, und die Philharmoniker klebten den Zeitungsausschnitt mit Gutmanns Inserat in ihre Partitur der E-dur-Sinfonie, worin der Scherz zum dauernden zeitgeschichtlichen Zeugnis wurde...

Auch das Anstandsgefühl hatte seine Vertreter. Zu diesen Dünngesäten gehörte Wilhelm Frey, Musikkritiker des Neuen Wiener Tagblatts, der die Angelegenheit mehr von der menschlichen als von der musikalischen Seite betrachtete: „Unser Komponist ist draußen sozusagen über Nacht zu einer Berühmtheit gelangt, die er in Wien nicht zu erreichen vermochte. Der Fall soll schon öfter vorgekommen sein und wird sich wieder ereignen: bitter bleibt er nur für den, der ihn an sich erfahren muß... Gutmann rechnet es sich zur Ehre an, das Werk, das nach dem ersten Hören nicht erfaßt werden kann, zu verlegen, und es heißt mit sehr ungleichen Maßen messen, wenn von gewisser Seite des philharmonischen Auditoriums gerade für ein solches Werk nicht jene Geduld mitgebracht wird, die verwandten Novitäten so opferwillig dargeboten wird... Die Reminiszenzenjäger ergriffen vor zwanzig Jahren vor Wagners Fragmenten genau so die Flucht wie heute vor der Sinfonie, die sie damit vergleichen..." (Neues Wiener Tagblatt, 30. März 1886.)

Die ungleichen Maße aber, von denen Frey spricht, spielen auf die e-moll-Sinfonie von Johannes Brahms an, die kurz vorher, Januar 1886, im philharmonischen Konzert ihre Uraufführung erlebte, und, in Tiefen und Höhen ebensowenig erfühlt wie die Brucknersche, dennoch mit ganz anderen Tönen einbegleitet wurde. Diesmal beeilt sich Hanslick nicht, die Legende von deutschen Triumphen zu zerstören. Im Gegenteil: „Mit größter Spannung harrte man der neuen Sinfonie von Brahms. Sie hat seit ihrer ersten Aufführung in Meiningen (25. Oktober 1885) bereits eine kleine Triumphreise hinter sich, und wer die entzückten Berichte aus Frankfurt, Köln, Elberfeld gelesen (oder wer sie auch nicht gelesen hat), mußte von Brahms neuestem Werke Großes und Eigenartiges erwarten. Welche Sinfonie aus den letzten dreißig bis vierzig Jahren vermöchte sich den Brahmsschen auch nur annäherungsweise zu vergleichen...?"

Ja, Bauer, das ist etwas anderes. Hätte man sich nicht „zweier solcher Kerle" freuen können? Und damit zu diesem Cantus firmus die anmutige Figuration nicht fehle, ließ sich Dömpke, der Mann aus der Kantstadt, vernehmen: „Das Motiv, mit welchem die neue Sinfonie von Brahms anhebt, ist gar noch kürzer (als das der Beethovenschen c-moll-Sinfonie). Es besteht nur aus zwei Noten. Man sollte sie heimlich, allenfalls mit dem auftaktigen Rhythmus Franz Liszt, Anton Bruckner oder ähnlichen Original-Genies in die Hände spielen, um zu erleben, was sie daraus machen würden . . ."

Es ist schwer zu ermessen, wie die betonte Bevorzugung des großen Zeitgenossen und Mitsinfonikers auf Bruckner wirkte. Er pflegte zu Dr. Helm zu sagen: „E r ist der Brahms — allen Respekt! I c h bin der Bruckner — aber meine Sachen sind mir lieber!" Jedenfalls wurde er in bitterem Weltwissen bereichert, da er die Ungerechtigkeit der Pharisäer im Licht eines künstlerischen Argwohns sah: daß sie vielleicht auch Brahms im Grunde nicht mochten, wohl aber gegen ihn krönten. Und wenn er vor der Lehrstunde einsam am Schultisch saß, den schweren Kopf in die Hand gestützt und im lautwerdenden Selbstgespräch aufseufzend: „Ich hab' keine Form...!" — mochte er seinem „Freund" Hanslick für schöne Augenblicke des Seelentrosts besonders dankbar sein . . .

Wie es im Gemüt des Mannes aussah, der wie der Riese Christophor in prachtvoller Ungelenkigkeit, das blaue Sacktuch schwingend, auf dem Podium seine florianischen Verbeugungen vor den Enthusiasten und Hans Richter ausführte, das klingt ebenso ungelenk und echt aus dem Brief, den er damals an Theodor Helm richtete. Helm, einer von denen, die sich für verpflichtet hielten, eine Partitur vor der Aufführung in die Hand zu nehmen, hatte sich längst aus einem Saulus zu einem Paulus entwickelt, und war Bruckners Schutz: „Hochwolgeborner Herr Doctor! Groß in Ihrem Berufe war stets Ihr Edelmuth! Staunenswert, ja bewunderungswürdig ist aber der Heldenmuth, verbunden mit Genialität, die glänzendste Gerechtigkeit und Uneigennützigkeit, womit Hochderselbe in so traurigen Zeiten für meine Sache eintreten! Für die mir so liebreich gespendeten Diamanten sei Ihnen ewiger Dank! Diese kostbaren Edelsteine! — nie sollen sie von mir weichen und mir Zeit meines Lebens süßen Trost gewähren! Wann kann ich dem größten Gönner meiner Kunst visa-vis meinen Dankesgefühlen Ausdruck geben? Stets ungestümer in meinem Innern wird dieses Verlangen, je mehr der Auszeichnungen Ihrerseits mir zu Theile geworden sind . . ."

Jedenfalls bedeutete die Wiener Aufführung der Siebenten Sinfonie einen Wendepunkt. Bruckner hört auf, der komponierende Organist zu sein, er beginnt zu bedeuten, und ist er in Wien auch keine „Macht", so sind ihm doch Mächte zugewachsen. Am 21. Dezember 1890 erschien die Dritte Sinfonie in einer Umarbeitung bei den Philharmonikern. Diesmal liefen die Hörer nicht insgesamt davon wie siebzehn Jahre früher. Es machte sogar den Eindruck eines Erfolgs. „Es wurde gestampft, getobt, geschrien: nach jedem Satz mußte der Komponist wiederholt dankend hervortreten" — bekennt ungern genug Eduard Hanslick. Doch steht er vor dieser Welt ohne jedes, geschweige ein religiöses Erlebnis: „brutale Stellen, oft ohne erkennbaren Zusammenhang, verwirrendes Dunkel, müde Abspannung, fieberhafte Überreizung, Länge, welche dem geduldigsten Gemüt zur Qual wird. Mangel an logischem Denken . . . wie helle Blitze leuchten hier vier, dort acht Takte . . . das Parkett lichtete sich schon nach dem ersten Satze sehr bedenklich . . . Bruckner ist Armeebefehl geworden für eine gewisse Partei . . ." Also lauter Wiederholungen, Rosalien aus früheren Kritiken, ein Ärger, dem nichts mehr einfällt, und dessen Trost in der Zustimmung des flüchtenden Parketts lag.

Das Jahr darauf gab es im Philharmonischen Konzert wieder eine Neuheit von Bruckner, allerdings eine, die über zwanzig Jahre alt war, die Erste Sinfonie in c-moll, die Linzer Sinfonie, instrumental etwas umgearbeitet, am 13. Dezember 1891. Er widmete das Werk der Wiener Universität zum Dank dafür, daß sie ihn kurz vorher zum Ehrendoktor ernannte. Die Brucknerapostel Löwe und Schalk hatten viel Arbeit, saßen unermüdlich „zwei- und vierhändig" am Klavier, bereiteten das Verständnis vor, das schwer zugängliche Werk wurde in dem wachsenden Kreis der Brucknerfreunde zuletzt volkstümlich und fand im Konzert nach jedem Satz einen Beifall, der die Neutralen mitriß. Die Tonart c-moll gab zu grotesken Verwechslungen Anlaß: man hielt die Erste für die Zweite und wies nach, daß Bruckner seinerzeit ganz andere Tempi genommen habe als jetzt Hans Richter . . . .

Zwei Jahre später gab es eine Aufführung, die beinahe wie eine Bruckner-Feierlichkeit aussah und schon durch die Ausnahmestellung, die man ihr einräumte — eine Sinfonie allein stand auf der philharmonischen Vortragsordnung — das Konzert zu einem Ereignis machte. Es war die Achte, dem Kaiser Franz Josef gewidmete Sinfonie (18. Dezember 1892). Nun wird Bruckner schon bedrohlich, fast schon eine Macht? Wie hilft sich Hanslicksche Geschmeidigkeit heraus?

Jeder der vier Sätze, am häufigsten der erste und dritte, reizt durch irgendeinen interessanten Zug, ein geniales Aufleuchten..." Doch das ist Selbstwiederholung, geniales Aufleuchten war schon da. „Es ist nicht unmöglich, daß diesem traumverwirrten Katzenjammerstil die Zukunft gehört — eine Zukunft, die wir darum nicht beneiden..." Doch das hatte, fast wörtlich, schon Max Kalbeck vor zehn Jahren gesagt. Überhaupt — man hatte Bruckner zu verhindern gesucht — und ihn vielleicht befördert! „Tobender Jubel, Wehen mit den Sacktüchern, unzählige Hervorrufe, Lorbeerkränze! —" Dieser Hans Richter hat uns übrigens den schönen Sonntag verdorben: „ob er seinen Abonnenten einen Gefallen erwiesen habe, ein ganzes Philharmonisches Konzert ausschließlich der Brucknerschen Symphonie zu widmen, ist zu bezweifeln —" und wir haben den Mann zwei Jahre vorher noch gegen den Vorwurf, brucknerlau zu sein, verteidigt! „Neben den hinauflamentirenden Rosalien oder Schusterflecken (wie in Tristan) sind es die hinablamentirenden (nach dem Rezept der Tannhäuser-Ouvertüre)..." Doch das ist selbst sozusagen Rosalie.

Aber das Programmbuch! Hier ist der Angriffspunkt, — die Achillesferse. „Der Verfasser des Programms ist nicht genannt, doch erraten wir leicht den Schalk, der seinem Herrn am wenigsten verhaßt ist. Durch ihn erfahren wir denn, daß das verdrießlich aufbrummende Hauptthema des ersten Satzes die Gestalt des aisschyläischen Prometheus sei! Unmittelbar neben dem aisschyläischen Prometheus steht der ‚Deutsche Michel'. Im Adagio bekommen wir nichts Geringeres zu schauen als den alliebenden Vater der Menschheit in seiner ganzen unermeßlichen Gnadenfülle! Da das Adagio genau 28 Minuten dauert, also ungefähr so lange wie eine ganze Beethoven-Sinfonie, so wird uns für diesen seltenen Anblick gehörig Zeit gelassen. Das Finale endlich, das uns mit

seinen barocken Themen, seinem konfusen Aufbau und unmenschlichen Getöse nur als ein Muster von Geschmacklosigkeit erschien, ist laut Programm: ‚der Heroismus im Dienst des Göttlichen'!"
Ein Glück für Hanslick, daß dieses unglückliche Programm von Josef Schalk vorlag, womit hätte er sonst die Achte Sinfonie angreifen können? Jeder seiner gar nicht üblen Späße fand genußreichen Widerhall auf den Parkettsitzen. So war der Zweck auf einem mühelosen Umweg erreicht. Und Josef Schalk, der seinem Meister einen Herzensdienst zu leisten vermeinte, war ihm zum Verhängnis geworden. In der wohlmeinenden Absicht, dem Parkett nicht mit rein musikalischen Erläuterungen zu kommen, sondern ihm einen unterlegten Ideengehalt durch mythologische Bilder näherzubringen, lieferte Schalk einer lauernden Gegnerschaft das, was man in der Wiener Mundart „ein gefundenes Fressen" nennt.

Dies ungefähr in Umrissen der Kampf der Brucknerschen Sinfonie zu Lebzeiten des Meisters. Es ist ein Kampf der Provinz mit der Weltstadt, eines aus ehrwürdigen, verloren gegangenen Kulturen hervorgewachsenen, eines mit festem katholischen Ethos in der Welt stehenden Künstlers gegen die bekenntnislose Seele des Liberalismus. Was Bruckner als Erziehungsfehler vorgeworfen, als Grund seiner „unheilbaren geistigen Zerrüttung" empfunden wurde (Dömpke), bildet seine Pracht und Stärke: seine Eigenart ist Blüte Sankt Florians. Die herrschende Stammsitzgesellschaft ahnte nicht Himmel und Gottesherrlichkeit: im Kavaliershimmel und der Praterherrlichkeit lebend, wohin sie ihr Nichtstun spazieren führte, hielt sie eine Welt ohne Opernredoute, Nachtmahl im Sachergarten, Gschnasfest im Künstlerhaus für keine Welt . . .
Nie fiel es der zu Gericht sitzenden Logik ein, daß sie die Unlogik sein könne und ihre Überlegenheit die Unfähigkeit, ein neues Ethos der Musik zu erleben. Was weiß man von Künstlern? Jeder kommt aus dem Anderswo,
> denn Künstlergrößen lösen sich nicht ab
> wie Schildwach Schildwach auf des Kaisers Grab."

Und nie fiel es ihnen ein, daß s i e vielleicht die heimlich Kritisierten waren, denn ein neues Kunstwerk übt Kritik an der Zeit, weil es unter deren Ideenvorrat, wie Paul Bekker ausführte, die Auswahl trifft. Bruckner gab dem religiösen Problem Stimme, das Publikum hoffte angenehmen Rhythmen entgegen, die seinen Aufenthalt im Diesseits erfreuten wie eine Artischoke oder eine Spazierfahrt. So mochte er sich unter ihnen fühlen wie jener Märtyrer Sankt Florian unter den Heiden.

Als Hermann Levi im Dezember 1890 die Romantische Sinfonie in München aufführte, schrieb der den Wiener Dingen entrückte Paul Heyse einen Dankbrief mit allem Überschwang eines Dichterherzens ... aus Wien tönte keines Poeten Stimme Bruckner zu. Jemand nannte ihn dort einmal nicht e i n e n — sondern anderthalb Narren. Aber schließlich triumphierte der Narr über die Klugen, der Selig-Einfältige über die großen Kanzel-Trompeter, Blitzeschmiede, Papierverschreiber und Ohrensäusler. Der Musiker ward „Prophet" im Sinn des Jesus Sirach und führte in seiner barocken, neuen Gläubigkeits-Sinfonie nächste Geschlechter auf die Wege zu Gott.

*

Unsere Darstellung wäre einseitig, wenn wir nicht auch die hilfreichen Kräfte Wiens betrachteten. Von Anfang an warf man Bruckner Parteibildung vor. „Er ist Armeebefehl einer gewissen Partei." Nun ist Partei immer das, was man dem andern übelnimmt, und die „gewissen" Brucknerleute waren ganz anständige, unbescholtene, auch nicht unmusikalische Leute, nur jung und empört. Von jenem ersten Weltausstellungskonzert an tauchen neben Bruckner die „Enthusiasten" auf, Schüler, Nichtschüler, Mitläufer, Gerechte und Ungerechte: die reine Persönlichkeit des Greises zieht die Jugend an.

Naturgemäß, daß er, der durch den Wagnerklang zum Neu-Erleben der Welt gekommen war, sich bald in den Wiener Wagnerkreis schloß. Der Akademische Wagnerverein war jung und tatenheiß. Im November 1872 gingen die Aufrufe zur Gründung hinaus, unterzeichnet von Herbeck, Dessoff, Hellmesberger, Goldmark, Schönaich, Standhartner, Lewinsky, allem, was gut und teuer ist; zehn Jahre nach den drei Eröffnungsschlachten, die Wagner selbst in Wien geschlagen, bildete sich die „Partei", die die Bergpartei überhaupt und Bruckners Streitgenossin gegen die alten Formalen ward.

Auch sie stand verehrend vor der Mozart- und Beethovenwelt, deren Formsprache sogar in Strauß und Lanner fortlebte, aber verehrte sie anders: als Grundkultur der neuen Ausdruckswelt. Die Partei tut für Bruckner oft mehr, als er verhindern kann. zerrt ihn, stellt ihn aus, beweihräuchert ihn, begeht seinetwegen hunderterlei Unsinn; aber sie begeht, sie tut etwas.

Überdies wurden dort zwei junge Künstler wirkend, von denen der eine sein Schüler Ferdinand Löwe war, der andere dessen Freund Josef Schalk. 1865 in Wien geboren, trat Löwe zuerst als neunjähriger pianistischer Wunderknabe auf. Zehn Jahre später, 1884, konnte man in seinem ersten selbständigen Konzert schon aus der Klaue den Löwen erkennen: er spielt u. a. eine eigene Klavierbearbeitung des Adagios aus Bruckners Linzer Sinfonie und erregte damit Aufsehen. „Die genau an die Partitur anschließende und doch eminent klaviermäßige Übertragung wie deren Wiedergabe am Flügel selbst verrieten einen für diese Art von Interpretation vor allem Berufenen" (Helm, Erinnerungen). Auf dieser Linie schritt Löwe fort. Er wurde Klavierprofessor am Konservatorium, dann Orchesterdirigent: Pest, München, Wien sind die Orte seines Wirkens, bis er im 1901 gegründeten Konzertverein eine dauernde Stätte fand. Wohin er kam, trug er ein Stück Bruckner mit. Sein wohlausgewogenes Wesen, sein außerordentlicher musikalischer Hausverstand, das Parteilose seiner Teilnahme machten ihn zum musikalischen Vertrauensmann Wiens — er ist heute Direktor der Musikakademie — seine breite Geste, seine ruhevolle Kraft zum Dirigenten Bruckners, dem er zugeboren war.

Josef Schalk, geb. 1857, der ältere von beiden, gehörte zu den Stillen im Lande. Immer etwas kränkelnd — er ist vorzeitig 1900 zu Gossensaß verstorben — hütete er Neigung und Überzeugung wie heilige Opferflammen. 1887 wird er als Nachfolger Schütts (der 1885 eine Klavieraufführung des Tedeums herausbrachte) an die Spitze des Wagnervereins berufen und widmete sich hier der Pflege des „Nachwuchses": Anton Bruckner, dann Hugo Wolf. Dieses Sich-widmen ging oft bis zur Erschöpfung. Er trat als Klavierauszügler Bruckners auf, allein oder mit Löwe zusammen, und mit dem Kosenamen „Generalissimus" bezeichnete Bruckner, was er von Schalk hielt. Mit seinem Bruder Franz verfaßte er u. a. den ersten

Klavierauszug der Siebenten Sinfonie, damals noch ein Wagnis, sowohl für den Verleger wie für die jungen Künstler, die aus dem Kreis der Wohlgesinnten rückten. Im Oktober 1884 erschien Schalks erster Bruckner-Artikel in den Bayreuther Blättern, die Liebe hatte ihn zum Schriftsteller gemacht. Es scheint, daß jene Aufgangszeiten Männer von Treue und Selbstverleugnung hervorbrachten, als wolle die Natur dem Großen, wo er hilflos ist, Kräfte gesellen. Zu ihnen gehören die drei um Bruckner: Löwe, Josef und Franz Schalk.

Neben den verhältnismäßig geringen offiziellen Bruckner-Aufführungen im Philharmonischen Konzert laufen fortwährend Klavier- und Orchesterabende der „Partei", die eben dadurch an Boden gewann. Überall schlug sie sich, überall gab es Scharmützel, kleine Überfälle, große Schlachten, bald bei Bösendorfer, bald im Musikvereinssaal oder im Prater. Einmal gewinnt der Wagnerverein Hans Richter und läßt durch ihn die Romantische Sinfonie aufführen (29. Jan. 1888), dann überwindet Schalk seine Öffentlichkeitsscheu und macht die gleiche Sinfonie in der Theater- und Musik-Ausstellung (15. Juni 1892), und zuletzt gibt es noch Gastausflüge nach München, Graz, Prag und Pest. „Wagnerverein" wird ziemlich gleichbedeutend mit „Brucknerverein". Der Umschwung bereitet sich vor.

Vielfach wurde behauptet, daß Bruckner unter die Botmäßigkeit seiner Apostel geraten und sozusagen Schüler seiner Schüler geworden sei. Namentlich wäre es Josef Schalk gewesen, der, seinen Willen dem oft Zweifelnden aufdrängend, den pp-Abschluß des ersten Satzes der Achten Sinfonie durchgesetzt habe und dgl. m. Es wurde geglaubt, weil es absurd war. Von dieser Legende bleibt nur Folgendes: die Schreibarbeit überwuchs Bruckner, der, bei seiner bedächtig schweren Art, nicht „flott" komponierend, mit Mühe die Umständlichkeiten einer modernen Orchester-Partitur ins reine brachte. Er brauchte Helfer für das Mechanische, ähnlich den mittelalterlichen Meistern, in deren Werkstätte Gesellen und Lehrlinge die niederen „Montierungsarbeiten" vollführten. Und da seine „Gesellen" nicht Automaten, sondern jüngere Intellektuelle waren, so äußerten sie Meinungen, fühlten sich zu praktischen Vorschlägen veranlaßt, und der Meister, in ihnen vielleicht seine persongewordenen Skrupel erblickend, gab in Nebendingen nach, wenn man ihn überzeugen konnte.

Jedenfalls handelten Schalk und Löwe als lautere, selbstlose Menschen, aus einer gewissen Apostelverantwortung heraus. Daß in solchem Verhältnis Mißverständnisse, ärgerliche oder gespannte Augenblicke vorkamen, ist selbstverständlich, gibt aber Karl Hruby kein Recht zu derbem Angriff auf die „beiden Oberbonzen".

Gerade Josef Schalks unglückliche dichterische Auslegung der Achten Sinfonie, die Bruckner wohl mit erstaunter Überlegenheit und geheimem Seufzer gelesen haben mag, beweist, wie fern bei aller Nähe der Verkünder dem Verkündeten war. Und mit ihm die Brucknerjugend jener Zeit. Sie begeisterte sich für das Groß-Dimensionierte, die Ausdrucks-Pracht, für das Absolut-Österreichische des Werks und setzte hiermit, den Mißhandelten einschließend, die Herbeck'sche Linie fort: von der tönenden Gebärde, dem musikalischen Ethos dürfte die „Partei" kaum mehr gewußt haben als die Gegenpartei.

Jeder Glaubenskampf für einen Künstler ist aber einer für die Glaubenskämpfer selbst. Auch im Fall Bruckner waren, ohne es zu wollen, die Förderer zugleich die Geförderten. Die neue Welt trieb aus sich neue Verbreiter, der Brucknerstil schuf neue Dirigenten mit sehr dankbaren Aufgaben: ohne das Erlebnis Bruckners wäre das Leben Schalks und Löwes nicht zu der gleichen Kulturbedeutung gekommen; und hierin liegt die Begnadung derer um Bruckner: das Kind bereicherte die Wissenden.

Zur „Partei" gehörte auch Hugo Wolf. Mit der Feder, am Klavier, sagen wir ruhig: mit seinem ganzen Menschen wurde er brucknerisch tätig. Außer Wagner hat er keinen so geliebt. Mit Bruckner 1884 in Klosterneuburg bekannt geworden, greift er, als Kritiker des Salonblattes, dessen Sache sogleich mit Wolfschem Brio auf: „Bruckner, dieser Titane im Kampf mit den Göttern, ist angewiesen, vom Klaviere aus dem Publikum sich verständlich zu machen . . ." Das wirkt sehr aufreizend, zumal da so mancher Untitane sich der philharmonischen Gunst erfreut. Wolf kann zwar selbst als Parteihörer nicht überall mit: „Von der Ersten Sinfonie verstand ich gar nichts bis auf das Scherzo und Einiges aus dem ersten Satz, es soll aber kolossal sein . . ." Bruckner war zu neu, auch für die Brucknerianer. Erst 1886 bei der Siebenten Sinfonie wird Wolf sehend. Und der kleine „Besessene" prägt auch ein dauerndes Wort über den großen Freund: „Wie bei Grabbe das Schwelgerische in der Phantasie, der geniale Gedankenflug an Shakespeare erinnert, so meinen wir oft in den grandiosen Themen und deren tiefsinniger Verarbeitung, wie wir sie in allen Brucknerschen Symphonieen finden, die Sprache Beethovens zu vernehmen..."

Wolf, der einen Neujahrstag in seinem Heim nicht weihevoller einweihen kann, als durch die Klänge des Adagio aus der Siebenten Sinfonie, wird von Bruckner bis zur Bewunderung geschätzt. Die Deklamation in Wolfs Lied findet Bruckner geradezu genial. Er beneidet ihn, daß er „den ganzen Tag nix als wie komponiren" kann, während er selbst noch als Greis darauf angewiesen ist, Privatstunden um drei Gulden zu geben. Mitunter ist Bruckner in seinem Kindergemüt ordentlich eifersüchtig: „Ja, wie der Schalk den Wolf entdeckt hat, da war ich gar nix mehr..." äußerte er zu Prof. Schmid aus Tübingen. In diesem Zusammenhang ist auch noch Wolfs Freund Friedrich Eckstein zu nennen, der, ein eigenes Bruckner-Komité gründend, Aufführung und Verlag mehrerer Werke (Tedeum, Romantische Sinfonie) durchsetzte.

Der Wagnervereinskreis betrachtete Hans Richter innerlich als den seinen: der Famulus des Meisters leitete auch seine bedeutenden Orchester-Aufführungen. Jedenfalls hatte Bruckner Ursache, dem Statthalter Bayreuths dankbar zu sein, der von Natur aus durch seinen majestätischen Rhythmus für ihn geschaffen schien. Und doch kämpfte die Dankbarkeit mit dem Selbstbewußtsein, der Respekt mit einer nicht laut geäußerten Unbefriedigung des Künstlers, als sei er doch vernachlässigt und gerade in den Durchführungen von Richter nicht geschätzt. Er gab nur zu, durch Richters Tadel aufmerksam geworden, gewisse Instrumental-Verdoppelungen von ihm gelernt zu haben. In dem breiträumigen, barbarossahaften Richter lebten zwei Seelen: die unbedingte, die wagnerische, und die andere, die sich mit den Relativitäten des Lebens doch abfand. Der Gewaltige, der gelegentlich mit dem kleinen Hanslick Arm in Arm über die Ringstraße spazierte, setzte nicht sein ganzes Gewicht für Bruckner ein. Er hat ihn oft aufgeführt, auch in England, wohin er dann in Verbitterung ging. Aber er hat nicht für ihn gelitten und gestritten. In späterem Rechtfertigungsversuch erklärte er, daß „keine Konzertgesellschaft der Welt so oft und so viele Werke Bruckners zur Aufführung brachte, als die Philharmoniker während der Zeit meiner Wirksamkeit in Wien, 1875—1899". (Die Musik, Jahrg. 1906.) Aber dies hatte schon als sein Anwalt Hanslick zu Unrecht behauptet (Neue Freie Presse, 24. 12. 1890). Richter, dem in der Erinnerung „viel Bruckner" vorschwebte, verwechselte Musikaufführungen des Wagnervereins und andere Gelegenheiten mit dem Philharmonischen Konzert. Wie immer. Auch die eingeschränkte Brucknertätigkeit Richters soll nicht mißkannt und die von ihm selbst erzählte Episode nicht verschwiegen werden, daß die Brucknersche Dankbarkeit nach einem Konzert mit — 48 dampfenden Krapfen auf Richter wartete, um sie nachher gemeinsam mit ihm zu verspeisen . . . .

Man kann sagen: die Wende in Bruckners Heldenkampf trat durch seine ersten Erfolge in Deutschland und dann durch den Wagnerverein ein. Sein Tod öffnete dem Nachruhm alle Möglichkeiten, erst die Zukunft wird ihn besitzen.

LETZTE JAHRE. ENDE

Vielleicht war es so, daß Gott seinem Musikanten Antonius die hiobschen Prüfungen auferlegen, viel Weltleid auf sein einfältiges Haupt häufen mußte, damit er, zwischen den Mächten der Verzagtheit und des Mutes, zwischen Martyrium und Glauben die Formen des gottverkündenden Kunstwerkes weiter baute.

Aber das Senfkorn seines Ruhms ging allmählich auf, und wie es zu geschehen pflegt, bereitete die Welt dem Künstler manche Ehrung, die vielleicht mehr seinem Alter und seiner Würde, vor allem der reinen Persönlichkeit galt, als dem — kaum ganz erkannten — Kunstwerk.

Noch im Januar 1874 hatte der oberösterreichische Landtag Bruckners Bitte um eine lebenslängliche Dotation aus Landesmitteln abgelehnt — sechzehn Jahre später (31. Oktober 1890) bewilligte die Vertretung Oberösterreichs auf Antrag des Bischofs Doppelbauer „dem vaterländischen Tonkünstler zum Zeichen seines dem Lande zur hohen Ehre gereichenden Wirkens" diese Ehrengabe im Betrage von 400 Gulden auf Lebenszeit. Dazwischen liegt der Umschwung im äußeren Leben. Noch 1877 bemüht sich Bruckner, die Kapellmeisterstelle in der Pfarrkirche „Am Hof" (Zu den neun Chören der Engel) zu erlangen, 1878 wird er wirkliches k. k. Hofkapellenmitglied und bleibt es bis 1892, wo er, auf sein Ansuchen enthoben, zwar das Grundgehalt fortbezieht, aber der Dienstlast ledig wird. Hatte er früher nach Stellen gefahndet, so ist es seinem letzten Alter vorbehalten, freier Künstler zu werden: 1892 scheidet er auch aus dem Dienst des Konservatoriums.

Seit der Wiener Aufführung der Siebenten Sinfonie nahen sich ihm die Mächtigen der Erde. Auf Antrag des Hofkapellmeisters Hellmesberger und des Fürsten Hohenlohe-Schillingsfürst verleiht der Kaiser von Österreich ihm den Franz Josefs-Orden (8. Juli 1886), und der gute Altösterreicher geht freudigbewegt zur Dank-Audienz, an welche die Legende noch Bruckners vertrauensselige Gelegenheitsbitte um Schutz vor dem — Hofrat Hanslick knüpft. Der Kaiser hatte einen Orden zu verleihen, der Künstler als Gegendank eine Sinfonie, die den Namen Franz Josef ehrenvoll in die Kunstgeschichte einträgt. Bruckner war überhaupt ein Komponist, der gern widmete. So trägt die Dritte Sinfonie, wie erwähnt, den Namen Richard Wagners, die Vierte den des Fürsten Hohenlohe-Schillingsfürst, die Siebente den des Königs Ludwig von Bayern, die Neunte aber — ungeschrieben — den des lieben Gotts, den innerlich alle Sinfonien tragen. Und da es dazwischen noch einige Mächtige gab, denen man irgendwie dankverschuldet war, so hatte er die Sechste Sinfonie seinem — Hausherrn, dem Herrn von Oetzelt, zugedacht...

Um jene Zeit kam Bruckner auch einmal nach Linz zurück. Dort führte am 15. April 1886 Kapellmeister Floderer mit dem Frohsinn das große Te Deum auf. Zwanzig Jahre war es her, daß Bruckner, dem Ungewissen einer Zukunft entgegen, zögernd die Heimat verließ. Nicht als Untergegangener, als verlorener Sohn, sondern nach vielem Ungemach und starkem Erleben ein Aufrechter, kam er wieder. Die schöne Aufführung machte Eindruck, danach gab es im Kreis des Frohsinn einen Festkommers, und, auf eine Ansprache erwidernd, sprach auch Bruckner. Er schilderte die schweren Jahre der Mißgunst in Wien „wo selbst Einheimische gewöhnlich zurückstehen müssen", erwähnte „unsres hochseligen, unvergeßlichen Meisters", der seine Werke aufführen wollte und nun, durch den Tod abberufen, ihm gleichsam Vormünder bestellt habe, die Kapellmeister Nikisch, Levi und Richter. Und schließlich sei es auch die Heimat, die sich seiner angenommen. — Vielleicht war ihm das das wichtigste.

Wenn er zurücksah, wie er es begonnen hatte, in jenem oberösterreichischen Abseits, als Schulgehülf' hinter Welt und Zeit, und dann in Linz, zwar Organist, aber immer ein Stück Lehrer in sich, als könne ein rechter Mensch nichts anderes sein als Lehrer und Musikant, so mußte er sich sagen, daß er's weit gebracht: Lektor auf der ersten Hochschule des Reichs. Er war immer ein Lernender gewesen, immer zeugnis-süchtig, verlangend nach Bestätigung, Siegel und Urkunde. Aber es war doch, als ob noch etwas fehle, wenn er, der in jeder Hinsicht „Vielgeprüfte", der Kontrapunkt-Gelehrte, nicht auch den Doktor erhielt. Johannes Brahms erhielt den Doktorhut von Breslau schon 1881 — ja die Deutschen, da war Zusammenhalten! — Nicht daß Bruckners Seelenreinheit Neid und Hoffart kannte; aber er hätte nicht Künstler sein müssen, nicht Künstler in der gleichen Stadt und mit der gleichen Kunstart vor demselben Publikum wirkend, um nicht für seine Sache gleiches zu hoffen.

Und nun kam das auch. Am 7. November 1891 verlieh der Akademische Senat in Wien auf Antrag der philosophischen Fakultät dem Candidatus philosophiae Anton Bruckner, der eben 67 Jahre alt geworden, den Doctor honoris causa unter Ansprachen des Rektors Adolf Exner und des Promotors Prof. Stefan. Am 12. Dezember darauf wurde das Ereignis vom Akademischen Gesangverein im Sofiensaal gefeiert, und es nahm daran eine stattliche Versammlung von Studenten und Nichtstudenten, die ganze Brucknersche Gemeinde teil.

Der Gekrönte sprach damals zu seinen lieben „Gaudeamusern" — eine echt Brucknersche Wortbildung — herzliche Dinge über Kunst und Wissenschaft. Auch Adolf Exner, der Rektor, war gekommen und schloß seine Rede mit dem seither berühmt gewordenen Satz: „Wo die Wissenschaft Halt machen muß, wo ihr unübersteigliche Schranken gesetzt sind, dort beginnt das Reich der Kunst, welche das auszudrücken vermag, was allem Wissen verschlossen bleibt. Ich, der Rector magnificus der Wiener Universität, beuge mich vor dem ehemaligen Unterlehrer von Windhaag...!"

Da saß nun der alte Meister in Erschütterungen, umbraust von der Stimme der Jugend: Gaudeamus...! Er hatte Ursache, sich zu freuen. Durch Finsternisse und Trübsal führte der Weg zuletzt doch ins Hohe und Helle und über Wünsche hinaus. Exner, nicht nur römischer Jurist, sondern in artibus erlebnisfähig, erhöhte sich in jener Stunde selbst, indem er sich beugte, im Bewußtsein, daß Menschenwissen nur Mitteltatsachen feststellt und zuletzt doch mit dem Ignorabimus vor den Urtatsachen zurückweicht, die der Ungelehrt-Gläubige weiß, das Unfaßliche in Gleichnissen verkündend.

In diese Jahre fällt noch ein Ereignis: Bruckners Reise nach Berlin. Nach dem ersten wenig andauernden Erfolg, den die Siebente Sinfonie 1886 unter Karl Klindworth hatte, wagte es erst 1891 Siegfried Ochs, mit dem jungen Philharmonischen Chor ein Brucknersches Werk aufzuführen, und zwar das Te Deum. Die Aufführung muß außerordentlich gewesen sein, denn Bruckners Dankbrief aus Wien (21. Juni 1891) ist überschwenglicher als sein gewöhnlicher Überschwang: „Wunderbarer Director... Noch heute höre ich das fff Tu Rex gloriae... Nie werde ich mein Werk so hören... Das war eine paradiesische Zeit...! Daß in Berlin kein abfälliges Blatt war, verdanke ich Ihnen. Ewiger Dank voll Bewunderung sei Herrn Director nochmals gebracht! Hoch! Hoch! Hoch!" Im naiven Hochgefühl seiner Rührung hatte Bruckner die Damen des Chors umarmt, aber doch noch mit so viel Unterscheidungsvermögen, daß er die schöneren vorzog... Er lernte die bedeutendsten von Berlins Musikern kennen und fand eine im allgemeinen vernünftige, keinesfalls witzig-gehässige Presse. (Siehe Hans Teßmer: Bruckner in seinen Beziehungen zu Berlin, Neue Musik-Zeitung, Stuttgart, 21. Juni 1917.)

Drei Jahre später, im Januar 1894, kam Bruckner ein zweites Mal in das ihm lieb gewordene Berlin, um die Siebente Sinfonie und abermals das Te Deum zu hören. Er erschien zugleich mit Hugo Wolf, dessen Feuerreiter und Elfenlied von Siegfried Ochs aufgeführt wurde, Dr. Muck und Richard Sternfeld warteten auf dem Anhalter Bahnhof und sahen zu ihrer Heiterkeit als letzten den Meister, der Kälte wegen ganz in Wolle gewickelt, dem Zug entsteigen. Bruckner erlebte einen Triumph und telegraphierte an Helm in Wien: „Die Aufnahme der 7. Sinfonie war glänzend wie noch nie. Mußte mich von der Loge aus und am Schluß vom Podium oft und oft bedanken. Aufführung herrlich unter Dr. Mucks genialer Leitung. Tedeum gestern unter ausgezeichneter Leitung Directors Siegfried Ochs spottet jeder Beschreibung. Wurde mit Trompeten und Pauken am Podium empfangen, Jubel großartig. Lorbeerkranz. Bruckner."

Außer diesen Aufführungsreisen gab es in Bruckners Leben nur noch die Heimatreisen: die Sommerfahrten, die nicht bloß ein „Ausspannen" bedeuten, sondern ihn aus der gepflasterten Wiener Diaspora in die Seelenheimat bringen. Da war Stadt Steyr, an der sein Herz hing, wo er Freunde hatte wie die Stadtpfarrer Arminger und Aichinger, sowie den begeisterten Almroth, der eigens aus Mailand zu einer Brucknerschen Aufführung nach Wien fuhr, und endlich seinen Liebling, den Regenschori Franz Bayer, der u. a. 1893 die große Messe in D mit Bruckner an der Orgel in der Stadtpfarrkirche aufführte. In der uralten Eisen- und Waffenstadt, deren Mittelpunkt für ihn der Pfarrhof war, wünschte Bruckner begraben zu sein, wenn es in Sankt Florian nicht möglich sein sollte. Hier erhielt er auch sein erstes Denkmal.

Da war aber noch Kremsmünster, das Prachtstift aus der Thassilo-Zeit, nur übertroffen von Sankt Florian, und dort lebten Freunde wie P. Oddo Loidol (einer seiner Schüler und Komponist), dann P. Georg Huemer, Prof. Romuald u. a. Er war 1874 dort und 1877 (zur Jubelfeier des elfhundertjährigen Bestehens), kam im Herbst 1883 wieder, 1884, 1888, 1889, zuletzt 1892, wurde in der Klosterequipage vom Bahnhof geholt, saß ein Bruder unter den Brüdern im Refektorium, war Gast an der Extratafel im Kaisersaal, labte sich und die Zuhörer an der Orgel und schuf bei seinem letzten Besuch an der letzten Sinfonie.

Der Kaiser, der Geldbeiträge zum Druck der Dritten und Achten Sinfonie stiftete, gab Anton Bruckner, als er 1891 aus dem Konservatorium schied, eine eigene Wohnung im Seitentrakt des Belvederes, des Prinz Eugen-Palastes in der Heugasse mit dem figurengeschmückten Barockgarten. Dort lebte Bruckner — zuletzt durch einen Sekretär unterstützt — seiner Arbeit. Das Barock, das seine Jugend umgab, umgab sein Alter. Es war eine in den Abendglanz natürlich verlaufende Linie. In Bruckner atmete der landbeschreibende Bauersmann, der Erderhalter, der einen Herrenberuf ausübt, der anbetende und zuversichtliche Mensch des Non confundar. Aus diesen innern Kräften bestimmte sich ein anderes Ende als die Tragödie des knirschenden, taumelnden Wolf und des sich verbrennenden Gustav Mahler.

Der siebzigste Geburtstag kam. Schon am Cäcilientag 1870 hatte seine Heimatgemeinde Ansfelden in einer von zwölf ehrlichen Bauernunterschriften bedeckten Urkunde ihn zum Ehrenbürger ernannt, damit „ein Widerschein Ihres Glanzes auch auf jenen Ort fällt, wo Ihr Vater wirkte und Ihre Wiege gestanden". Und nun, 1894, wiederholte die Landeshauptstadt Linz die Ernennung zum Ehrenbürger mit dem gleichen naheliegenden Gedanken, und es folgt die übliche Ernennung in Körperschaften (Schubertbund), nachdem ihn die Gesellschaft der Musikfreunde schon bei seinem Austritt aus dem Konservatorium ernannt hatte. Gedenktafeln wurden aufgerichtet, Brunners erste Biographie erschien, kurz, die Welt bot, was sie zu bieten hatte.

„Post molestam senectutem —" schrieb Bruckner 1892 aus Steyr an Loidol, seine vielfachen Gebresten zusammenfassend: er rüstete sich der empfangenden Erde zu. Immer urgesund, war er in den letzten Jahren erkrankt, seine strotzenden Züge blichen, sein Antlitz erlosch, die Wassersucht, die Beethovensche Krankheit, ergriff seinen Körper. Er verfiel. Der er gern mit Freunden und Schülern beim Schoppen saß — Gause in der Johannesgasse war sein Lieblingsaufenthalt — mußte nun auf den Rat der Ärzte, manche Gewohnheit aufgebend, das Leben ohne überkommenen Musikantendurst fristen.

Die unfertige Arbeit drückte ihn, die Sorge um die Neunte Sinfonie, deren Adagio den „Abschied vom Leben" enthält. Er fühlte, daß er auf der Märtyrerbank des Todes nicht mehr die Kraft zum Finale besitze. Er sprach den Wunsch aus, daß das große Tedeum als ein Finale bei den Aufführungen dienen solle. Er dachte an eine Überleitungsmusik, aber sie blieb unvollendet.

Hugo Wolf hat erzählt, daß Bruckner unter religiösen Wahnvorstellungen gelitten habe. Schon früher plagten ihn indes seine Nerven: zeitweilig sah er sich Gedanken-Komplexen ausgeliefert, die immer wiederkehrten. Einer davon war der Mexiko-Komplex, ein anderer der Nordpol-Komplex. Alles, was den Kaiser Max von Mexiko oder Nordpolfahrten betraf, begann in seinem Denken zu kreisen und sich auszubreiten. Eine andere Störung verursachte die Zählmanie, die schon in Linz auftrat. Er blieb stehen und zählte alle Fenster des königl. Schlosses in München, immer von neuem beginnend, wozu noch die Punktmanie kam: das Bewundern von Punkten bei Unterschriften und auf Türtafeln. (So auch bei Kaulbach, als er ihn 1885 in München aufsuchte.)

Bald neigten sich Bruckners Tage. Am 11. Oktober 1896 verschied er im Belvedere am versagenden Herzen. Seine treue Wirtschafterin Kathi, sein Schüler, Freund und Sekretär Anton Meißner pflegten ihn im Sterben. Vormittag arbeitete er noch am Finale der Neunten Sinfonie ... Die Bildhauer Sinsler und Herberger nahmen die Totenmaske ab. Sie zeigte ein Überwinderlächeln um den eingesunkenen Mund.

Ferdinand Löwe und Josef Schalk stellten in seinem Nachlaß 75 Partiturbogen fest, die die Skizzen zu jenem letzten Finale enthielten. Der Nachlaßverwalter Dr. Theodor Reisch eröffnete das Testament. Danach kamen alle Handschriften an die Hofbibliothek. Sein Vermögen sowie die Erträgnisse aus seinen Werken fielen seinem Bruder Ignaz und seiner Schwester Rosalie zu: das Vermögen betrug etwa 10 000 Gulden, und von den Erträgnissen, bisher kaum nennenswert, wünschte Bruckner, daß sie von nun an reichlicher ausfielen. Endlich noch ein Kodizill: auf Grund der vom hochw. Herrn Prälaten von Sankt Florian zugesicherten Bewilligung sollte Bruckners Leib in der Gruft der Stiftskirche Sankt Florian beigesetzt werden und zwar in jener Weise, wie der Propst Jodok Stülz beigesetzt war, also in einem freistehenden Sarg, nicht in einem mit Erde bedeckten Grab. „Am offnen Friedhof von Sanct Florian will ich nicht begraben sein ... für den Fall, als ich nicht in der Gruft von Sanct Florian beigesetzt werden könnte, so will ich nach meinem Tod am Friedhof zu Steyr ruhen."

Die Einsegnung fand in der Karlskirche statt. Unter den Trauernden stand auch Johannes Brahms. Der Wiener Männergesangverein sang das Libera von Herbeck. Ein unsichtbarer Bläserchor spielte das Adagio aus der Siebenten Sinfonie. Dann kehrte Bruckner, der einst die uralte Völkerstraße längs der Donau herabgewandelt war, in sein Mutterland und seine Jugend zurück, um zu rasten vom Leben eines Märtyrers und Künstlers. Sein Bedürfnis nach

Harmonie, sein Drang nach finaler Herrlichkeit, dem die Schlüsse seiner Sinfonien entspringen, setzte auch das strahlende Anfangsthema Sankt Florian an den Schluß des Lebens... Unter der Kirche des regulierten, lateranischen Chorherren-Stifts fand die Beisetzung des Kindes von Sankt Florian statt. Er ruht in den Katakomben, unter der Orgel, in einem freistehenden Sarg. Bei mattem Kerzenschein sieht man die Namen der Herren, der Ritter und Prälaten, die in den Mauern selbst schlafen. Goldschimmernd, wie in der Luft schwebend, taucht der Sarg Anton Bruckners auf, dahinter ein dunkler, gewölbter Raum, worin, zu Bündeln geschichtet, ungezählte Menschenknochen und Totenschädel liegen — Avaren oder Hunnen oder andere — die namenlose Masse, aus der durch ein Gottesgeheimnis einer leuchtend wurde.

Fortan fehlte in Wien der Bauernkönig im Schlapphut, der Kardinal oder Cäsar im schwarzen Organistengewand, die Figur, die das Bild der Stadt bereicherte... Am Tag der Einsegnung las man in der Neuen Freien Presse ein Feuilleton, worin ein Musiker dem Musiker einen Nachruf hielt: Er war ein „wunderliches Original", „kein großer Künstler... die eigentliche Freude am Bilden ging ihm ab... Seine Melodie ist ein Wassertrieb aus Beethovenschen Wurzeln... seine Symphonie verhält sich zu einer Beethovenschen wie ein Conglomerat zu einem Lebewesen... Sein Talent für das Graziöse hat er nicht verwertet... Seine kleinen Sachen sind die schwächsten... Er war Kirchenmusiker und fand Töne für prunkende, äußerliche, öffentliche Betätigung des Glaubens, nicht für den Glauben im stillen Kämmerlein... Er wurde zum Justament-Symphoniker der Wagnerianer ernannt... Ich wüßte mit bestem Willen nicht zu sagen, was eigentlich spezifisch Brucknerisch wäre..."

Selbst am offenen Grab schwieg nicht das alte schrille Wort.

Aber ein Größerer als dieser Nachredner hatte schon gewußt, welche Bewandtnis es mit Männern habe, die gleich Bruckner mit Zungen redeten. Er meinte, sie seien vom Geiste erfüllt, und verkündeten in der Sprache des Geistes dessen Geheimnisse. Er meinte: die Fülle der heiligsten, tiefsten Empfindung dränge für Augenblicke einen Solchen zum überirdischen Wesen ... und aus der Tiefe der Gottheit flamme seine Zunge Leben und Licht. Er meinte, auf der Höhe der Empfindung erhalte sich zwar kein Sterblicher — wirft aber der ewige Geist einen Blick seiner Weisheit, einen Funken seiner Liebe einem Erwählten zu, der trete auf und lalle sein Gefühl ... Gesegnet sei er, woher er auch komme, der die Heiden erleuchtet und die Völker erwärmt! Endlich aber meint jener Kenner: es waren nicht Allen die Ohren geöffnet, zu hören. Nur f ü h l b a r e Seelen nahmen an dieser Glückseligkeit Teil ... Kalte Herzen stunden spottend dabei und sprachen: er ist voll süßen Weins ...

Der dieses alles meint, war Goethe. Er beantwortete die Frage, was es heiße, „mit Zungen reden", zu einer Zeit, wo ein armer Binder namens Bruckner in Oberösterreich umherging und nicht ahnte, daß ihm ein Enkel geboren werde, der wie die Apostel mit der Apostelzunge im Geiste redend, den Geist verkündigen werde.

PERSÖNLICHKEIT UND GESAMTWERK

„Nirgends fand ich mich aber tiefer in meinem Innersten gerührt, als in der katholischen Kirche, wo die größte, erhebendste Musik noch zu den andern Künsten tritt, das Herz gewaltsam zu bewegen. Ach, Wilhelmine, unser Gottesdienst ist keiner. Er spricht nur zu dem kalten Verstande, aber zu allen Sinnen ein katholisches Fest. Mitten vor dem Altar, an seinen untersten Stufen, knieete jedesmal ganz isolirt von den Andern, ein gemeiner Mensch, das Haupt auf die höheren Stufen gebückt, betend mit Inbrunst. Ihn quälte kein Zweifel, er g l a u b t. — Ich hatte eine unbeschreibliche Sehnsucht, mich neben ihn niederzuwerfen, und zu weinen. — Ach, nur einen Tropfen Vergessenheit, und mit Wollust würde ich katholisch werden . . .“

        Heinrich v. Kleist an seine
        Braut Wilhelmine v. Zenge,
        21. Mai 1801.

Von den Bildern Bruckners ist gut das aus dem März 1885 stammende Münchener Lichtbild Hanfstängls, besser noch das spätere Wiener Bild von Huber mit dem nach links schauenden imperatorischen Gewalthaupt. Das Ölbild von Büche scheint eher einen Gutsbesitzer oder Regierungsrat darzustellen; dagegen gibt die Tilgnersche Büste etwas von Bruckners Kraft und Kampf. Für einen Maler war der Kopf wie geschaffen, und Fritz von Uhde soll ihn als Modell eines Apostels auf einem seiner Christusgemälde genommen haben.

Anton Bruckner bot nicht das Bild eines Künstlers, wie es Zeit und Herkommen dachten. Keine Stehkragen-Physiognomie, auch nicht der wallende Herbeck-Typus oder der Vormärz-Schumann. Keiner der Hauptzüge Johann Christophs würde auf ihn passen. Ein Greis, feierlich wandelnd, in Schuhen, die aus Sankt Florian kamen, in altväterischer Tracht, die der Schneider von Sankt Florian aus schwarzem Bauernloden baute und nach Wien schickte. Die Kleider mußten weit und geräumig sein, ein großes farbiges Sacktuch und die Schnupftabak-Dose gehörten dazu. Es kam vor, daß er diese Dose bei Besuchen auch Damen anbot. Für die Leute der Jours ein unmöglicher Mensch...

Er besaß auch nicht Rede. Sein Wort ist unbeholfen, seine Mundart, namentlich im Affekt, dörperhaft. Es fehlt nicht an Blitzen, die aus dem Gewöhnlichen leuchten. Es mag sein, daß er bei öffentlichem Freuden-Anlaß, im Kreis seiner „Gaudeamuser" etwa, von Wortglück begleitet war. Im Umgang steigt sein Ausdruck nicht hoch.

Auch seine Briefe sagen nichts. Sie schreiben Respektworte mit lateinischen Buchstaben. Genau wie jene Urkunde der Ansfeldner Bauern, die ihn zum Ehrenbürger ernennen. Wo von Gott die Rede ist, stellen sich große Anfangsbuchstaben ein („Er", „Seine Gnade"), die Hand kann gar nicht anders, sie meldet eine Ehrfurchtsnatur. Selten enthalten diese Briefe anderes als allgemeine Redewendungen. Sie sind langsam geschrieben, nach einigem Nachdenken, niemals hingewühlt, das Musikalische ist meist Aufführungskritik. Sie rücken an den Angeredeten, wenn er Schüler war, mit dichter Vertraulichkeit heran und schauen ihm in die Augen; aber der ehemalige „Hallawachl" hat es zu etwas gebracht, er wurde „edler Hofkapellmeister" — und der alte Bruckner will den Respekt nicht vergessen, also rückt er wieder in Distanz. Der schöne Überschwang des Künstlers erscheint in diesen Briefen, Dankbarkeit wird zur Verklärungssucht, die Plötzlichkeit der Begeisterungsgewalt bricht durch, auf einmal wird ein „Hoch!" gerufen, das „Genie" des Adressaten gepriesen: Jubellaute und Aufschwungsgebärden. Man möchte sagen: die „Hoch!" sind die Quartsextakkorde des Briefschreibers. — Wie viel sagen doch diese Briefe!

Einmal wendet er sich an seinen Freund Bayer in Stadt Steyr, der die d-Messe aufführte: „... wer hat denn in der Steyrer Zeitung vom 6. April den Orgelpunkt des Brahmsschen Requiems hineingebracht? Ich bin kein Orgelpunkt-Puffer und gebe gar nichts drum. Contrapunkt ist nicht Genialität sondern nur Mittel zum Zweck. Hat mir viele Freude verdorben..." Das will heißen: ich diene nur Gott und spreche mit ihm in den höchsten Formen; aber ohne mein Sprechen sind die Formen wertlos, die höchsten Künste kunstlos. Wer mich mit Formalmusikern vergleicht, hat mich nicht verstanden.

Bruckners Briefe haben keinen „Zug" wie die Wolfs, aber ein Gesicht. Sie tragen Stil, insofern sie ganz unverstellt, ganz unliterarisch, ganz echt sind, Urkunden der innern Wirklichkeit. Bruckners Briefe bedeuten für den Biographen keine Entdeckungen: man kann Daten feststellen, Einzelheiten erfahren — daß Liszt ihn gelobt, Wagner ihn eingeladen habe —, aber nicht mehr. Und doch steht der ganze Bruckner in diesen Briefen: Wenn man sie außerdem im Zusammenhalt mit seiner Musik denkt, erkennt man an der gleichen Gebärde die wunderbaren Zeugnisse eines Sprachlosen.

Einer jungen Linzerin, die ihm gefällt, schickt er als Zeichen seiner Verehrung ein Gebetbuch. Sie warf es über die Stiege. Mit Gebetbüchern kann man Frauen nicht erobern. Aber in den Mannesjahren loht in ihm die Flamme sinnlicher Naturkraft stärker als man glaubt, die ruhig brennende Kirchenkerze wird von heftigen Windstößen bewegt. Frauenerscheinungen bestricken, Wonne und Süße des Weibes durchbeben den Riesen beim ersten Anblick, er empfindet vor diesen Symbolen der Weltschönheit oft „andachtsvolle Scheu", vielleicht auch den Schmerz des Entsagenmüssenden oder den des Getäuschten, der da heimlich doch gehofft hatte — und Frau Kathi, die alte Wirtschafterin, empfängt dann den Befehl, die Ungetreue, die hinterrücks heiratete, nicht mehr einzulassen. Es dauert freilich nie lange. Er ahnt, als Berufener, Energieverlust und Zersplitterungsgefahr. Ernste Beziehungen zu Frauen, geistige Einflüsse von Frauen gibt es in diesem Leben nicht. Sein Los war das tragische des Ungeliebten. Sie haben ihn „nicht ernst" genommen, gaben ihm nicht von ihrem weichen Wort, ihrem Trost, ihrer wunderbaren Fähigkeit, Anteil zu nehmen, legten nie den Arm um seinen Nacken. Die einzige Frau, an der er hing und die an ihm hing, war seine Mutter. In seinem Leben steht nicht Vittoria Colonna, nicht Minna, Mathilde oder Cosima, seine Kunst besingt nicht Diotima, nicht Clara — er ist fraueneinsam, darum vielleicht der Einsamste, den es gab; denn ist nicht jedes Künstlers tiefster Traum das Ausruhen bei einer Frau? Darf man aus seiner resignierten Haltung, wenn er manchmal am Schultisch saß, das schwere Haupt stumm in der Hand, Schlüsse ziehen, daß Hanslicks „Sekkaturen" sein Leben nur deshalb verbitterten, weil keine Frauenzärtlichkeit die schwirrenden Hummeln von seinem Antlitz jagte? Aber was sagte den Frauen seine feierliche Welt der Frömmigkeiten, die kein Fiebersturm durchschauerte, kein Nervenstrom durchzuckte? Sie kämpften nicht für ihn. Er blieb allein, hat Aphrodite nie umschlungen.

So hat er auch nicht an Frauen jenes tiefste Leid erfahren, das der künstlerische Mann erleiden kann, den Schmerz, mit dem Wagner Minna geliebt hat, den Hebbel erlebt hatte, da er das Wort vom Nichtdrüber-Hinwegkönnen fand, und daher auch nicht die Segnung solchen Schmerzes, der im Gestalten überwindet, heiße die Gestalt Maria Magdalena oder Elisabeth.

Die Leidenschaft jedoch „ist genialen Naturen Notwendigkeit. Selbst die keuschesten, Beethoven, Bruckner, müssen immer lieben. Alle menschlichen Kräfte sind bei ihnen gesteigert; und da bei ihnen die Kräfte im Bann der Einbildungskraft stehen, so ist ihr Gehirn die Beute beständiger Leidenschaften. Meistens sind es nur vorübergehende Flammen; die eine zerstört die andere, und alle werden durch die große Feuersbrunst des schöpferischen Geistes aufgezehrt. Aber, sobald die Glut der Schmiede die Seele nicht mehr erfüllt, ist sie wehrlos den Leidenschaften ausgeliefert, die sie nicht entbehren kann, sie verlangt sie, sie schafft sie; sie muß von ihnen verzehrt werden . . ." (Romain Rolland, Johann Christoph am Ziel, S. 371.)

Mit dem „großen Kind" ist also eine Natur wie die Bruckners nicht abgetan. Allmählich klangen die erotischen Wellen ab, nicht allein des Alterns wegen: er blieb einer der großen Unbeweibten, und das bekannte Wort des Junggesellen Brahms müßte man bei seinem Antipoden in die Umkehrung bringen: „Lieber eine Oper schreiben, als heiraten!" Als Kitzler in Wien seine primitive Häuslichkeit und die geniale Unordnung sah und ihn befragte, warum er denn nicht heirate, fertigte ihn Bruckner ganz entsetzt ab: „Lieber Freund, ich hab' ja keine Zeit, ich muß jetzt meine Vierte komponiren!" Der Musik allein gehört Gedanke, Herz, Gefühl. Musikmachen ist Sichdarbringen, dem Herrn dienen. Musik ist Schicksal, Weihe und Entsagung. An zehn oder mehr Stellen seiner Wohnungen, sowohl in der Heßgasse 7, wie später im Kustoden-Trakt des Belvederes lag Notenpapier, Bleistift und Radiergummi: alles war vorbereitet, den Einfall zu empfangen. Die Phantasie, nicht einschläferbar, weckte ihn aus dem Schlafe, oft fuhr er nachts aus dem Bett, um zu notieren.

Wagners Tannhäusermusik wirkt entfachend auf ihn: wie die Erscheinung der Teufelinne in der Klosterzelle. Sie hätte es nicht vermocht, wäre er reiner Asket gewesen, hätte er Anfechtungen nicht gekannt, oder durch Kasteien verjagt. Er verstand die Flamme, der eine andere aus den inneren Klüften entgegenschlug. Und hiermit war der Konflikt des religiösen Helden gegeben, der Gegenstand seines sinfonischen Darstellens. Die Versuchung dessen, der in Gott ruht, und dessen Stimme nach Segnung und Verklärung ruft.

Sein Christentum ist ohne Kirche nicht denkbar. Er vermochte nicht Christ zu sein wie Goethe, der „am Sonntag Bilder ansah oder sich vormusizieren ließ, oder ein Gedicht an eine Wand im Freien schrieb und durch den Wald lief und mit alledem Christo ebenso nahe wie der Kirche fern war". (Herbert Eulenberg, Schattenbilder, S. 38.) Bruckners Christentum betet in Kirchen, betet an der Orgel, auf dem Bahnhof, zu Hause, beim Notenschreiben. Aber man darf sich ihn nicht als Mönch vorstellen — als Märtyrer, nicht als Priester: Sein Christentum hat nicht die priesterliche Gebärde, es kehrt dem Leben nicht den Rücken. Es ist der freiere, von augustinischer Klosterherrlichkeit abstammende helle Katholizismus, der sich an Welt und Weltdingen zu freuen vermag; florianischer Frohsinn, dem es nichts verschlägt, Sonntag einmal in den Prater zu gehen, bis spät nachts auf dem Ringelspiel zu sausen und auf dem Bock des Fiakers heimzuduseln. Als der junge Bruckner in Sankt Florian mit der Kost unzufrieden ist — er kommt immer als letzter an die Schüssel — spielt er auf der Orgel nichts als auf- und absteigende Tonleitern. Vom Herrn Prälaten zur Rede gestellt, führt er die musikalische Unerquicklichkeit auf die — Ernährungsverhältnisse zurück, und unter Schmunzeln wird ihm ein besserer „Futterplatz" bewilligt: wirksame Ausdruckskunst eines Organisten, der kein Kostverächter war. Und da er in Stadt Steyr etwas tief in ein Mädchenauge gerät, tanzt er mit ihr die ganze Nacht wie der „strammste Bauernbursch", trotz der 61 auf seinem Buckel, und möchte sie heiraten und spielt ihr am nächsten Tag im Pfarrhof das Adagio seiner Siebenten Sinfonie vor . . . Alles endet schließlich im Adagio.

Er las keine Bücher. (Schreiber, die sich halbblind lesen müssen, werden ihn klug preisen.) Sechters Werk und Marpurgs Abhandlung wird wohl das einzige, außer den Mexiko- und Polarbüchern, gewesen sein. Mit Staunen kommt Karl Hruby einmal darauf, daß Bruckner auch das Leben Jesu von Strauß kenne. Er hat nicht das Beethovensche Verlangen, geistige Fernen zu durchdringen. Er fühlt diesen Mangel auch nicht als solchen. Sein Gemüt kennt nur eine Richtung, nur eine Sehnsucht, die nach dem Responsum dei. Aber auch das ist Privatsache. Es geht niemanden an, es soll nicht behelligen. Seine Demut läßt jeden auf seine Art selig werden. Als ihn Herbeck vom Linzer Bahnhof abholt, läuten grade die Mittagsglocken. Vom Stift her ist Bruckner an das Lippengebet gewöhnt. Wie bringt er den Hut vom Kopf? Er will sein Gefühl vor dem Weltmann weder demaskieren, noch ihn mit einbeziehen. Er wird verlegen — plötzlich seufzt er auf: „Jesus, a H i t z' hat's heut . . .!" Es war ein kühler Herbsttag, aber er hatte den schützenden Vorwand, das Haupt zu lüften, gefunden. Rationalisten wollten aus solchen Vorfällen Jesuiten-Geruch spüren. Tiefe Religiosität kennt religiöse Scheu. Durch die Notlüge schimmert Zartheit des Herzens.

Ergreifend war die Haltung Bruckners vor den Großen der Kunst, und man kann sie nicht anders als Ehrfurchts g e w a l t nennen. Er gehörte zum verschollenen Geschlecht derer, die verehren konnten.

Diese Herzensanhänglichkeit dürfte er aus seinen Stiftszeiten mitgebracht haben, denn die Musikpflege der Lehrer und Schüler in Sankt Florian umfaßte, soweit einige erhaltene Programme verraten, neben modischer und Opernmusik (Auber, Boieldieu, Rossini, Weigl) immer, wenigstens in Bruchstücken Orchester- und Kammerwerke von Haydn, Mozart, Beethoven, Schubert, Weber, wozu noch Mendelssohn, Hummel und Reissiger traten (Schöpfung, Jahreszeiten, Prometheus, die Ehre Gottes, Freischütz-Ouvertüre und dgl. m.).

Wenn Bruckner auf Palestrina und Jakobus Gallus zu sprechen kam, die in der Hofkapelle so einzig schön zur österlichen Zeit aufgeführt wurden, dann wurde, wie Eckstein berichtet, sein Gesicht schmaler und nahm einen eigenen, ganz veränderten Ausdruck von Furcht und schmerzlicher Entzückung an; er sprach mit unterdrückter Stimme, glänzenden Augen, hochgezogenen Brauen, und die Rechte feierlich erhoben, Daumen und Zeigefinger geschlossen, die anderen Finger weggespreizt, so wie Giotto seine erleuchteten Greise malt, die von Gott Zeugnis geben. In Palestrina, dessen Keuschheit ihm verwandt, dessen Glaube der seine war, erblickte Bruckner vielleicht sein Musikideal, sich mit Beethoven berührend, der es für Unsinn hielt, Palestrina nachzuahmen, ohne dessen Geist und die religiöse Anschauung zu besitzen.

Einmal, an einem trüben Wintertag, fuhr er mit Eckstein im Schlitten nach Klosterneuburg, als krächzend eine Krähe über den Weg flog. Das Landschaftsbild machte seine Schubert-Verehrung lebendig, er legte die hohlen Hände um den Mund und sang mit zittriger Stimme seinem Begleiter die leiderfüllten Worte vor: „Eine Krähe war mit mir aus der Stadt gezogen . . ."

Bruckners sinfonisches Höchstbild aber hieß Beethoven. An Beethoven maß er sich, und vor der Neunten fühlte er sich gering wie „ein ganz kleines Hunderl". Er verwob den geheiligten Namen mit den Zufälligkeiten seines Lebens und fragte im entscheidenden Augenblick, wie Beethoven wohl gehandelt hätte. Er stand bei der Enterdigung Beethovens auf dem alten Währinger Ortsfriedhof und starrte schweigend-ergriffen in den Sarg; aber seine düster-feierliche Stimmung wich später freudiger Rührung, als er bemerkte, daß ein Glas aus seinem Hornzwicker in den Sarg gefallen und bei Beethoven geblieben sei. Er erzählte oft Phantasiegespräche mit Beethoven,

Ansprachen, die er an ihn halten möchte, seine Sinfonien vorlegend, und um Entschuldigung bittend, daß er nach dem Recht des Künstlers in der Form über ihn hinausgegangen sei. Aber der „Herr von Beethóven" würde ihn getröstet haben: er habe das gleiche Schicksal erlitten, und die letzten Quartette verstünden auch diejenigen nicht, die sie heute in den Himmel höben... (Karl Hruby, Erinnerungen.)

Wenn das Brucknersche Werk etwas von Wien angenommen hat, dann vielleicht den Barockduft alter Paläste, etwas vom Dämmer der gotischen Stefanskirche, die ihn, wie überliefert wird, zum Plan einer zehnten, einer „gotischen" Sinfonie gestimmt habe. In der Mitte der achtziger Jahre regt sich dort immer stärker der christliche Sozialismus gegen altliberales Wesen. Parteistimmen haben sich wohl Bruckners als eines der Ihren bemächtigt, wogegen der städtische Freisinn Bann- und Schreckworte schleuderte wie das vom „ketzerfleischduftenden Tedeum". Beides zu Unrecht. In Bruckners Werk hat der religiöse Ton keinerlei Mitklang von der Straße, der Mode, der Politik. Eine reine Gemütsangelegenheit wie das Tedeum nannte Heuberger kein geistliches, sondern ein „Geistlichen-Tedeum"; aber hinter dieser zeitungsliberalen Geste steckt die Besorgnis des kleineren Mitkomponisten... Katholische, protestantische, jüdische Menschen haben von Bruckner künstlerische Erlebnisse empfangen, und so dürfte es sich kaum um „klerikale" Musik gehandelt haben — dies ist wohl unter Geistlichen-Tedeum zu verstehen —, sondern um reine Bekenntnismusik. Bruckner war kein Pater Hartmann, kein Perosi. Sein Werk ist — überflüssig, es zu betonen — confessio im überkonfessionellen Sinn. Wie Franz Marschner überliefert, war Bruckner mit dem Antisemitismus vieler seiner Schüler durchaus nicht einverstanden, verdankte er doch jüdischen Menschen erste Förderung (Levi in München); aber gewiß berührte es ihn als Katholisch-Gläubigen sonderbar oder stillos, als sein Tedeum im Wagner-Verein von Schalks Vorgänger, einem jüdischen Dirigenten, aufgeführt wurde. Das Original in seiner Einfaltspracht machte denn auch gewöhnlich feine Unterscheidungen und sprach in Gegenwart von Respektsjuden immer nur von „den Herren Israeliten..."

So viele Jahre Bruckner auch in Wien zubrachte, er wurde nicht, was von andern gerühmt wurde, ein Wiener. Unverbunden mit der Gesellschaft, blieb er an ihrem Rand, im wesentlichen einsam, von Landluft umweht. Seine Wohnung glich einer Klosterzelle an Einfachheit und Kahlheit. Zwei Zimmer, von denen eins tiefblau angestrichen war, enthielten nur das Allernotwendigste: einen kleinen Tisch, woran er arbeitete, ein wenig benütztes Orgelharmonium, einen uralten Bösendorfer, worauf gewöhnlich die Tristan-Partitur lag, und rings umher Noten, Stöße von Manuskripten. Gas- und Wasserleitung machten ihm Besorgnisse, als traue er ihren Zaubern nicht recht; er kehrte beim Verlassen der Wohnung öfter um, um nochmals nachzusehen. So lebte er in einem Wiener Zinshaus, vier Stockwerke hoch, aber im Grund nicht anders wie damals in Kronstorf oder Linz. Das elegante Atelier Makarts, des Salzburgers, war Stelldichein aller Fraueneleganz; Bruckner „empfing" nie, wurde niemals Großstadtmensch, Gesellschaftstier. Ohne Gemeinsamkeiten, über den Relativitäten des Lebens stehend, glich er jenem Franziskusjünger Ginepor, der in Geduld und Entsagung bis zum äußersten gehend, seine naive Frömmigkeit überall bekundete, — Jesu Spielzeug nannte ihn die heilige Klara.

Auf jede Verstrickung ins Weltgeschehen folgt beim Künstler die Flucht zu sich selbst, der Rückzug, wo ihn Selbstvorwürfe über sein Entweichen, die Plagen, Segnungen und Entzückungen der Arbeit erwarten. Bruckner entwich sich nie, er blieb bei sich, sein Leben kennt keine Generalpause des Fleißes und, mit wachem Herzen schlafend, hörte er die anklopfende Freundin, die Musik.

Er war kein „Geschäftsmann", kein guter, kein schlechter, hat nie eine Note um Geld geschrieben, oder um irgendwo „vertreten" zu sein, er vermochte in veralteter Reinlichkeit des Denkens zu bereichern, ohne Nutzen daraus zu ziehen. Er unterstützte seine oberösterreichischen Verwandten, denen er wohl als der reiche Onkel vorkam. Er hat Güte und bewährt sie ohne Nachdenken. Als er einmal auf einer Schlittenfahrt einen Betrunkenen auf der Straße liegen sieht, läßt er halten und den Halberstarrten in die nächste Polizeistube bringen und ist noch lange über sich erfreut, daß er ein Leben gerettet habe. Er ist hilfsbedürftig und dem Leben wenig gewachsen; aber in seiner Kinderseele lebt ein großes Vertrauen, das hält ihn, das führt und lohnt ihn: er hat Gott nie verloren.

Seine Eitelkeit reizte nur der Ehrendoktor, und, wenn man will, kann man hierin eine seiner Schwächen finden. Er bemühte sich zuerst selbst, auf Umwegen darum, nicht gerade durch die tauglichste Person, ließ sich's sogar ein Stück Geld kosten, bevor er die Ehrung später rite erreichte. Er gab also den Anstoß dazu, mußte ihn in dieser Zeitatmosphäre wohl auch geben; doch lag die Schwäche hier ebenso auf seiner wie auf Seite der Gesellschaft. Sie hätte nicht im Schlaf daran gedacht, wartete vielmehr erst spontan eingreifende Jünger ab, um ein sigillum scientiae zu verschaffen, das jeder wissenschaftliche Handwerker erklettern kann. Und ist die Gesellschaft nicht grotesk, die sich mit dem Ehrendoktorat schließlich selbst ehren möchte, die Anregung dazu aber verschweigt?

Die Skrupel, die er kannte, sind meist technischer Natur oder betreffen ihn selbst; ob er das würdige Werkzeug Gottes sei. Aus seiner Themenbildung allein läßt sich seine innere Sicherheit, die Gebärde seiner Religion ablesen. Fast alle Kopfthemen tragen ein überindividuelles Gepräge, namentlich die der Ecksätze, und, aus Urschriften — Oktave, Quart, Quint — stammend, stehen sie nervenlos, unerschütterlich, zweifelsfremd da. Aus dieser Symbolik klingt Mittelalter, denn die Welt der Kirchentonarten beruht auf der Teilung der Oktave durch die Quint des Tonartgrundtons (dorisch D.a.d., phrygisch E.h.e.), und diese Teilung übernahm Bruckner als etwas Erlebtes. Unmodisch empfangen, bleiben die Themen unabnützbar.

Aus ihrer Schönheitsart, der Magie der Erfindung, leiten wir, vom Sinnlichen zum Übersinnlichen fortschreitend, ihre Bedeutung ab; die Themen zeigen die melodische Prägungskraft des Musikers, die über unser Gefühl entscheidet, und man kann sich leicht eine Thematik vorstellen, die zwar jene Urschritte auch, doch nicht die Begabung enthält, auf die es schließlich ankommt: das „Was" und das „Wie".

Aber nicht das Thema allein — auch das thematische Handeln bestätigt die inneren Sicherheiten. Neunmal wird in der f-moll-Messe das Credo als Finalmotiv wiederholt, neunmal in wechselnden Harmonien das felsenfeste Bekenntnis in die Welt gesungen: Credo ... et vitam venturi saeculi! Von diesem herrlich-beschämenden Glauben, der das Leben des Künstlers im Gleichgewicht hielt, hat man den Eindruck, daß es derjenige ist, den der heilige Augustinus über das beweisbare Wissen, als die Wahrheit schlechthin stellt. Ihn bekennt Bruckner im Tedeums-Choral „Non confundar in aeternum!", ihn in dem verwandten Adagio-Choral der Siebenten Sinfonie, und jedesmal entbrennt dabei die Ekstase des Künstlers zu solcher Inbrunst, daß er sich mit feuchten Augen bis an den letzten Grenzausdruck der Musik herankämpft.

„Ich werde nicht zu Schanden werden in Ewigkeit...!"

Kein Sinfoniker hatte es noch gesagt, und welcher d u r f t e es? Diese Musik bezweifelt sich nicht selbst, denn der Musiker g l a u b t, er ruht im Absoluten. Er ringt mit Gott, aber nur, weil er ihn voraussetzt. Das ist kein Hinneigen, nicht Flucht zur Kirche „auf die alten Tage", kein Kirchlich-Färben durch alte Tonarten, nicht Gebetbuch-Pietismus, kein Kopf-Christentum — das ist strahlende Gewißheit des Bekenners, Dortsein aus Herzensfrömmigkeit, Freude im Müssen, Müssen in der Freude.

Sein Werk bildet eine geschlossene religiöse Welt ähnlich der Bachs, einen Kern umschließend, von dem die werbende Macht seiner Verkündigung ausgeht. Bruckner kennt nicht konfessionslose Musik, spielerische Kunst, die noch nie Gekonntes kann und ihre eigene Fertigkeit bewundert, kennt nicht das Artistentum unserer Tage, das für den Musiker so viele Reize hat und ihn zuletzt doch mit einem schalen Gefühl entläßt, kennt nicht den technischen Triumph um seiner selbst willen. Dies wäre ethoswidrig. Bruckner schafft aus kraftvoller Demut — „Weisheit ist bei den Demütigen" — und über allem könnte irgendwo stehen: Te Deum laudamus!

Selbst in Nebenwerken wie „Helgoland" — einem Männerchor mit Orchester — gewinnt die Musik dort ihren ethischen Ausdruck, wo der Text sich zu Gott erhebt: „— da ringet den Besten vom Busen sich frei, die brünstige Bitte, zum Himmel geschickt" — zu diesen Worten (nach Buchstaben C des Klavierauszugs) ertönt ein dem Choral der Siebenten Sinfonie paralleler melodischer Gang. Was sollte Brucknern sonst wohl die Insel Helgoland?

Beethoven beginnt Ouvertüre und Sinfonie, ja selbst die große Messe mit dem souveränen Akkordschlag, mit Aufschrei oder rhythmischem Riß. Er sucht den Frieden, den er doch niemals finden wird. „Immer blieb etwas Unerfülltes, Klaffendes, Gespanntes zurück. Wer in seiner Missa Solemnis wahrhafte Überzeugung, innerlichste Vollendung sucht, der wird immer eine Enttäuschung erleben . ." (Ernst Ludwig Schellenberg, Merker, 1. September 1919.) Anders die Brucknersche Gebärde. Bei Bruckner kommt das Thema gewöhnlich unter dämmerndem Tremolo wie aus dem Mutterschoß der Musik. Es steigt, entfaltet seine überpersönliche Pracht, erscheint wie die goldstrahlende Monstranz vor den Andächtigen, der erste Satz endet gewöhnlich in Verklärungen dieses Hauptthemas, und seine Finale sind die Apotheosen der Gläubigkeit; das irdische Gewölk zerreißt, die Himmel öffnen sich dem, der sie suchte, die Glorien des Überirdischen leuchten seinem Frieden. Bruckner, der selbst während der Pausen beim Präludieren zu beten pflegte, nähert sich dem Tisch des Herrn mit Ehrfurchtsschauer, er beugt das Haupt und fleht um die Empfängnis der Gnade. So führt er die Musik dorthin zurück, wo sie aufgewachsen und geschützt war, und erweitert den modernen Konzertsaal zur Kirche.

Hierin liegt auch der innere Grund des Spannungsverhältnisses Bruckner-Brahms, wie es die Geistesgeschichte zwischen Schiller und Hölderlin, Goethe und Kleist, Stifter und Hebbel kennt und immer wiederholt. Brahms, vom Protestantismus kommend, hat ein anderes Diesseitsgefühl und eine Leidenschaftsgebärde, die im Anfang ebensowenig gesehen wurde wie die Bruckners: beethovennäher als Bruckner, ist er Individualist, und sein Deutsches Requiem bezeugt den Seelenkampf um die Selbsterlösung.

Die als riesig empfundenen Ausmaße Bruckners, die überhimmlische Länge, sein „langer Atem" entsprechen nur dem Ethos dessen, der nicht in der Zeit versinkend, sich ans Ewige gebunden fühlte, dessen Stimme über die Gesellschaft hinaus in Fernen eindrang, die eine Seelenheimat waren. Nicht Willkür, nicht unbezwungene Form, Mangel an Selbstzucht ist diese Weite, sondern Form des religiösen Phantasie-Menschen. Und es gibt Stellen, wo der Künstler in resignierender Melancholie dies heilige Müssen und Nicht-anders-Können bekennt.

Als Anton Bruckner starb, fragte der obbemeldete Richard Heuberger, was das eigentlich Brucknersche gewesen sei. Er wisse es nicht. Das eigentlich Brucknersche stand schon in der Ersten Sinfonie und wäre in e i n e m Notenbeispiel wiederzugeben. Auch die erschreckten Linzer Hörer der ersten Aufführung hatten die Stimme nicht gehört, und sie war nur Widerhall ihrer eigenen. Nicht als harmonischer Gewalttäter, als Architekt des Unübersehbaren, ist Anton Bruckner so mißhört worden wie als Ethiker der Musik.

Und doch ist seine Gebärde, die Grundhaltung seiner Kunst sehr einfach. Als Bruckner — es war im Fasching des Jahres 1891 — zu nächtlicher Stunde nach Hause zurückkehrte, drang aus den offenen Fenstern eines Schottenringpalais Ballmusik an sein Ohr. Eben war der Dombaumeister Schmidt gestorben und lag aufgebahrt im nahen Sühnhaus, das an Stelle des abgebrannten Ringtheaters erbaut wurde. Daran anknüpfend sprach Bruckner zu dem ihn begleitenden Freund (Göllerich) über die bekannte Fis-dur-Stelle im Finale der Dritten Sinfonie, wo unter einer fast polkahaften, sozusagen praterlichen Melodie der Streicher ein ernster Choral der Bläser durchgeht, der dann in eigenen Modulationen stille Wege weiter wandelt. „Sehen Sie," sagte Bruckner, „hier im Haus großer Ball — daneben liegt der Meister auf der Totenbahre! So ist's im Leben, und d a s habe ich im letzten Satz meiner dritten Sinfonie schildern wollen: die Polka bedeutet den Humor und Frohsinn in der Welt — der Choral das Traurige, Schmerzliche in ihr . . ."

Dieses Wort lichtet nicht nur die oft mißverstandene Stelle in der Dritten Sinfonie. Es gilt von ähnlichen Kombinationen in der Achten und in der Ersten, ja im Grund von seinem gesamten Schaffen. Immer wieder hat der Künstler die beiden Gegensätze gebunden: Erden- und Himmelslust, Endlichkeit-Unendlichkeit, Sinnenwelt und Jenseits, Sehnen und Glauben, Natur und Gott, Leiden und Verklärung. Und das stand schon, deutlich und unverkennbar, im zweiten Satz der Ersten Sinfonie. Nach der mystischen Luft des Anfangs erhebt sich ein zweites Thema der Streicher, Dreivierteltakt, dessen Gebärde ein Hinaufstreben in die sinnliche Welt ist (Buchstabe B der kleinen Partitur). Die zwei Oboen singen es weiter, aber aus der Tiefe, von den Hörnern auf die Streicher überwandelnd, ertönt die stille, choralartige Betrachtung

127

Ein „Musikführer" würde sagen: zwei Themen vereinigen sich. Es ist aber der Hauptinhalt der Brucknerwelt, der sich hier vereinigt. Strenggenommen hat sie keinen andern. Und hierin liegt der Hauptgrund dafür, weshalb der Organist Sinfoniker geworden ist. Er hätte diese Doppelwelt, die Konflikte des religiösen Heldentums, auf keinem andern Instrument so deutlich machen, auf keinem Bindung und Trennung zugleich erreichen können: erst im Orchester ließ sich Kunst der Gemeinschaft herstellen, das Vielstimmige des Gefühls in zwei, drei Hauptstimmen verdichten, die mit gleichen Stimmenrechten klingen. Die chorische Natur der Orchestergruppen erlaubte ein Zusammenklingen im Ursinn des Worts, des griechischen Symphonein.

Bruckner hat die Verschwisterung distanter Tonsymbole technisch reifer, mit wachsender Erfindung, mit prächtigerer Pracht wiederholt; aber er hat sie wiederholt. Er konnte, kraß ausgedrückt, wenig anderes darstellen. Die intellektuellen Spannungen seines Lebenswerks sind gering, seine Welt vermag die Stunden eines weiten Menschen allein nicht auszufüllen. In Bruckner und Wagner erblickte Wolf die höchsten Wonnen, die einen Musiker sättigen können, er dürstet nach Gott und Eros, Himmelsrast und Sinnenbrand. Darum mag die Schätzung Bruckners, der sich im österreichischen Fühlen erfüllte und begrenzte, in Norddeutschland langsamer und schwerer vor sich gehen.

Es fehlt nicht ganz Erotik. Eine keusche Minne, auch ein heftigeres Verlangen, ein Sehnen, geliebt zu werden — das Urverlangen jedes Künstlers — und die Liebesbereitschaft selbst mag aus manchen Stellen dringen, münde zuletzt auch alles in der Gotteslust. Wer annimmt, daß Empfindung die Mutter der Melodie ist, wer in Vorhalten und Wechselnoten nicht nur Apparat und Formeln sieht, wird, um nur eine Stelle zu nennen, das verlangende Herz aus den sehnsuchtsvollen Violinen in der Scherzo-Thematik der Fünften Sinfonie hören:

Doch es fehlt das Paradies der Grazie, der Flügel leichten Schwebens, es fehlt das Sentiment der Neunten, der Schwung Beethovenscher Menschenbefreiungs-Kriege — und darum erblickte sich Bruckner vor Beethoven klein wie ein Hündchen. Es fehlt natürlich auch die elegante Weltmannsgebärde Liszts, die Strauß geerbt hat. Nur einmal, ganz zuletzt, öffnen sich die Gärten der Anmut, worin der alte, todverfallene Meister die Sommernachtselfenreigen sieht: in jener Fis-dur-Phantastik des Trios der Neunten Sinfonie mit ihrer Puckschen Märchenlaune, worüber doch ein wehmütiger Glanz von Abschiednehmen liegt.

Er erreicht hier die hohe darüberstehende Heiterkeit alter Künstler, eine von der Art, wie sie Nietzsche liebte, verwandt der Heiterkeit des Fallstaff-Verdi — „Alles ist Spaß auf Erden!" —, ein lächelndes, weltfreies Überschauen, nicht Haydns Stubenvergnügtheit. Hier verrät er, gleichsam in die zweite Jugend gekommen, den anderen, nicht entwickelten, nicht verratenen Bruckner. Fast möchte man deshalb sagen: der Greis starb zu jung. Der „Abschied vom Leben" im Adagio der Neunten Sinfonie gewinnt neue, schmerzliche Bedeutung: es war n o c h ein Bruckner der Weltgrazie vorhanden, den erst der Mut der höchsten Meisterschaft aus Schwere und Zögern erlöste.

Zum Brucknerschen Inhalt gehört noch die Natur. Er wäre kein großer Musiker gewesen, würde sie nicht in seinem Werk, sein Werk nicht in ihr geruht haben. Wenn man von Ebelsberg, gegen Sankt Florian wandernd, aus fernen Nebelhöhen den bizarren, steinigen Kopf des Traunsteins erblickt, wenn man dann aus den Fenstern des Hochstifts in die Talferne gegen Enns und Lorch schaut, in die verschwimmenden Weiten und Breiten — dann glaubt man diese Landschaft schon zu kennen. Man hat sie gehört, ihre Kontur ist brucknerisch, sie steht im weiträumigen Gesamtwerk.

Es findet sich freilich bei ihm kein ausgeführtes Naturbild wie der Pastorale-Bach, der Wagnersche Rhein, das Wolfsche Abendstädtchen. Er wollte, d. h. er konnte Natur „bloß als Teil des gotterfüllten Alls geben, sinfonisch, nicht dekorativ, wirklich elementar." Er ist Gebärdenkünstler, nicht Zeichner, er bringt nicht von außen her etwas Mondenschein, etwas Quellgeflüster an. Und es konnte nicht anders geschehen, als daß er „den Rausch elementarer schöpferischer Auswirkung erlebend mitfühlte und ihn dann als Klang und Ton gestaltete. Indem er so die Herrlichkeiten der Schöpfung als Schöpfer gleichsam wiederholte, entstehen seine mystischen Verzückungen, seine Jubelchöre ohnegleichen, der Taumel letzter Seligkeiten, und darin schreitet er so sicher wie Beethoven in seiner Ideenwelt. Beethoven ging vom Menschen aus und gestaltete ihn — sich selbst — im Ringen mit den tragischen Mächten und Leidenschaften seines Innern. Bruckner gewinnt die Höhen durch mystische Entrückung, durch Verklärtwerden, ergriffenes Schauen und Aufgehen im All". (Oskar Lang.) Nichts Unbrucknerischeres konnte von Jos. Schalk erfunden werden als jener aischyläische Prometheus, der, wenn er paßte, nur auf Beethoven paßte, nicht auf den tief-katholischen Gottbeschauer, denn

„Was tun die Seligen, so man es sagen kann?
Sie schau'n ohn' Unterlaß die ew'ge Schönheit an..."

Das Süße und Schreckliche der Natur, ihr Gigantisches wie Liebliches, Wildes wie Heiteres klingt. Dem Verfasser wird immer zumut wie vor der Alpenlandschaft, die, in ihrer elementaren Unschuld daliegend, nichts verbirgt, weder von ihrer Schönheit, noch ihrer heroischen Roheit und Kulturferne, weshalb die Römer wohl von der foeditas alpium sprachen. Bruckner ist das Lied vom Hohen Berge, in ihm spiegelt sich die Sonnenaufgangspracht, der Schauer der Weiten und Tiefen und die abendliche Verklärung, über die der ausgestirnte Nachthimmel wächst. Richard Strauß nennt eine seiner Dichtungen „Alpen-Sinfonie", ein Werk visueller Eingebungen, die Alpen im Maleraug' des Großstädters. Bruckners Sinfonien sind selbst alpig.

Bruckner war ein Sohn, nicht nur ein Enkel der Erde. Es

gibt eine berühmte Stelle in seinem Werk, die er von Finken und Meisen gelernt hat: der Seitensatz in der Romantischen Sinfonie, dessen Oberstimme er als den „Vogel Zizibe", d. i. die oberösterreichische Waldmeise zu bezeichnen pflegte. Dazu schwillt aber als Unterstimme ein seelenvoller Gesang der Bratschen auf, und ihn deutete der Meister als das Glücksgefühl, das die Menschenbrust bei diesem Vogellaut durchströmt. Natur und Mensch werden gebildet, ein sinfonisches Auffangen des Alls — äußere und innere Stimmen — und dies macht auch den sinfonischen Geist seiner Scherzo-Sätze. Hier erscheint sein geliebter Landsmann, der Oberösterreicher, als Tänzer mit allen grobgenagelten Schleifern und Stampfern; aber immer klingt noch eine andere Stimme mit. Bruckner ist nicht Wirklichkeitsschilderer, nicht „Schriftsteller" genug, um nur den Tanzbauern, den ungeschlachten Rüpel zu sehen. Er empfindet ihn als Glied des Alls, als mitschwingenden Teil des kosmischen Rhythmus, und so kommt es, daß unter manchen Tanzthemen ein Kontrapunkt durchläuft, gleichsam ein Choral, der Beine bekommen hat und sich auf den Tanzboden wagt: wieder steht Betrachtung gegen Realismus, Jenseits gegen Diesseits.

Beethoven sieht seinen springenden Niederösterreichern in der Pastorale mit sinnender Ironie zu, er steht über der Vergnügtheit, freiwillig von ihr ausgeschlossen. Bruckner ist mit dabei. So geht's bei uns zu! Ja, ein Rest von heidnischer Naturkraft bricht bei dieser Gelegenheit hervor und poltert und tobt sich aus, als wolle er mit dem Erdball Kegel spielen. Aber zuletzt ist doch auch der Herrgott dabei. So finden sich in diesen Sätzen alle Bestandteile des künstlerischen Ethos.

Im Scherzo der Achten Sinfonie steigert Bruckner seinen Bauern zum Sinnbild des Volkstums, mehr noch: zum Abbild des Erzengelhaft-Beharrlichen, denn er nennt das unter schwirrenden Geigenfiguren in hartnäckiger Gegenbewegung wiederkehrende Grundthema der Bratschen und Celli den „deutschen Michel". Der Ausdruck geht auf den Erzengel Michael zurück, der schon im Alten Testament als Fürst und streitbarer Held unter den Engeln erscheint, den Satan in Drachengestalt besiegt, und in dessen Namen man später den Sinn des altdeutschen Eigenschaftswortes „michel", d. h. groß, stark, mächtig, wiederzufinden glaubte. Ganz instinkthaft hatte der große Sprachlose mit dem von Hanslick verhöhnten Wort etwas durchaus Schönes und Gleichnishaftes getroffen: im Michel steckt der Kampf des Lichts mit der Finsternis, des Göttlichen mit dem Teuflischen. So empfand der Musiker das ewige Symbol. Bruckners Scherzi sind also nicht bloß „Ländlerweisen" aus Oberösterreich; Künstler ist, wer die Banalitäten des Lebens ins Ewige erhöhen kann.

Bruckner hat dies alles nicht „gewußt". Er sprach seine Musik aus, ein Instrument Gottes, die Form floß aus dem Erlebnis. Wir Nachgeborenen versuchen nur, in Ehrfurcht seine Gebärde ausdeutend, die innere Haltung seiner Kunst zu erraten. Und glauben einen ethischen Kern zu finden, nicht Programme. Zur Programmusik im Lisztschen oder Straußschen Sinn fehlte ihm wohl — zum Glück — die literarische Anlage. Er schätzte Liszt als Sinfoniker nicht sonderlich ein, so wenig er von Liszt sonderlich geschätzt wurde.

Eine weniger gefestete, eine innerlich ungeformte Natur hätte der eben modern gewordenen sinfonischen Dichtung kaum standgehalten. Immerhin war Bruckner von dieser Tendenz der Ausdruckserweiterung etwas berührt. Sein respektvolles, autoritätsgläubiges Wesen hielt die neue Gattung vielleicht doch für die „noblere" und „höhere", und so unterlegte er da und dort sich selbst „Programme", d. h. naive Phantasien von Programmen: er gab manchmal „Auslegungen", die keine waren, und dies meistens vor Laien, nicht vor Musikern. Bezeichnend ist dabei die Art seiner Mitteilungen: mit größter Vorsicht, als vertraue er rasch ein wichtiges Geheimnis an. So sagte er zu Mathilde, der Tochter Theodor Helms, über das Finale der Achten Sinfonie, dessen Vorschlagsnoten in ausgerichteter Reihe wie Reiterfähnlein aussehen: „Olmütz ... Drei-Kaiser-Zusammenkunft ... Kosaken reiten ein ... Nichts sagen!" Von all diesen Zurufen ist der wichtigste der letzte: „Nichts sagen ...!" Er war doch nicht sicher. Das Geheimnis mochte größer sein. In diesem Finale findet am Schluß eine Zusammenkunft aller vier Themen der Sinfonie statt, und das war doch mehr als die drei Kaiser ...?

Dem hochwürdigen Herrn Chordirektor von Sankt Florian, Bernhard Deubler, erklärte Bruckner einmal den Anfang der Romantischen Sinfonie: „Mittelalterliche Stadt — Morgendämmerung — Von den

Stadtthürmen ertönen Morgenweckrufe — die Thore öffnen sich — Auf stolzen Rossen sprengen die Ritter hinaus ins Freie, der Zauber der Natur umfängt sie — Waldesrauschen — Vogelsang — und so entwickelt sich das romantische Bild weiter . . ." Auch die andern Sätze hatten eine Art „Programm", denn er versah eine eigenhändige Niederschrift des ländlerhaften Triothemas in Ges mit dem Titel „Tanzweise während der Mahlzeit zur Jagd", und ebenso eine Abschrift des Finales mit der Bezeichnung „Volksfest". Aber schon Theodor Helm, dem wir diese Mitteilungen verdanken, hat Bedenken. (Siehe „Bruckner als sein eigner Interpret", Neue musikal. Presse vom 7. Januar 1905.) „Damit konnte Bruckner allerdings nur einen Theil des gewaltigen Finales gemeint haben, denn es geht ja mit seinen kühnen, gigantischen Steigerungen, die mitunter alle dämonischen Naturkräfte zu entfesseln scheinen und überdies mit seinem tief tragischen Schluß über die Vorstellung eines Volksfestes weit hinaus . . . Manche der programmatischen Erläuterungen des Meisters sind aber nur cum grano salis zu rechnen . . ."

Alle Auslegungen sind so zu verstehen: mit dem gewissen Körnchen Salz. Der Phantasiemensch war bisweilen von mehr oder minder unbestimmten poetischen Bildern heimgesucht — aber seine Musik war stärker als sein Bild. Sie machte aus der mittelalterlichen Stadt das ewige All, die sinfonische Darstellung der Welt. Es klingt nach Möglichkeit, daß Bruckner im Finale der Achten Sinfonie zur „frappanten Gegenüberstellung heldenhaft kühner und tief religiöser Stimmungen . . . doch ein wenig von der geistigen Nachempfindung der drohenden Kriegsgefahr zu Ende der Siebziger-, und Anfangs der Achtzigerjahre" geführt worden sei; warum nicht? Die Wurzeln jedes Künstlers ruhen im Schoß des Lebens. Aber die wunderbare Gewalt der Musik, das Einzelne zum Gemeingültigen zu erweitern, hat aus Heeren und ihren Herren den Herrn der Heerscharen und aus dem europäischen den Kampf des religiösen Menschen gemacht.

Zusammenfassend: Bruckner steht im primären Erlebnis der Sinfonie-Form — die Klavierauszüge mit ihren klaviersprengenden, aber immer noch klingenden Gewalten geben davon schon ein Bild —, er steht nicht im primären orchestralen Erlebnis wie Richard Strauß, der oft erst im Orchester klingend wird. Seine Musik wird von den ewigen Quellen des Gemütslebens gespeist, nicht von Zeitströmungen;

aber mit naiver väterlicher Sorge glaubte er sie schützen zu müssen, sie sollte nicht zurückstehen: — „bei mir ist das ja auch!" — und so erzählt er Geschichten von seinen Sinfonien, versucht sein eigner Musikführer zu werden, und zwar Laien gegenüber, die sich vielleicht nicht zurechtfanden.

„O, der Verstand! Der unglückselige Verstand! Studire nicht zu viel, mein lieber Junge . . . Folge Deinem Gefühl. Was Dir schön dünkt, das gib auf gut Glück. Es ist ein Wurf wie mit dem Würfel; aber es gibt nichts anderes . . .!" Kleist, der grade ein Trauerspiel „unter der Feder" hatte, schreibt dies an einen Freund, der eben Racine übersetzte (Rühle v. Lilienstern, 31. Aug. 1806.) Wenn ein Künstler den Wurf mit dem kleistschen Würfel wagte, dann war es Anton Bruckner. Er wußte nicht, was herauskam, er folgte dem Gefühl.

In seinen Erinnerungen läßt Franz Marschner auch einiges von Bruckners Selbstbewußtsein durchblicken: er sei gereizt gewesen, als er, in einer Prager Kirche orgelnd, von niemandem Anerkennungen empfing. Ein Künstler, der nicht nach Zustimmung lechzte, nicht das Gefühl des Eroberthabens kosten wollte — er mag es hundertmal ableugnen — wäre auch kein Künstler. Er muß sich vor der Welt behaupten, er darf sich niemals aufgeben. Was unter so großen Energieverlusten geschaffen ward, in einer Entäußerung, die den Organismus tiefer erschüttert als die Liebesumarmung — das muß das Gleichgewicht wiederherstellen, indem es Lob findet. Es ist ein Zeugnis von Bruckners außerordentlicher Nervenkraft, daß er jahrelang die Verneinung seiner Persönlichkeit ertrug, zumal da er, dem Bauer gleich, doch schwankend wurde, ob der studierte Stadtherr, mochte er ihn innerlich geringschätzen, am Ende nicht doch recht habe. Und sein tiefes Zerknirschtsein in den Selbstbezweiflungsstunden konnte nur durch Augenblicke von erhöhtem Selbstgefühl, ja gewaltsamem Selbstglauben ausgeglichen werden: „Wenn ich mich auch nicht mit Schubert und solchen Geistern vergleichen kann, so weiß ich doch, daß ich w e r bin und meine Sachen von Bedeutung sind!" Er brauchte diesen Stolz . . .

Aber es gibt auch Künstler, die größer sind, als sie denken. Ihr Selbstbewußtsein gilt einem zu klein angenommenen Ich. Ein solcher war der demütige Anton Bruckner.

Ein Mensch wie er, der das Jenseits durchaus im Diesseits empfand, mußte einsam bleiben. Und wahrhaft einsam kann man, wie Jacobsen einmal sagt, nur unter Vielen sein. Das Schicksal mußte ihm die Familie versagen, die Gefährtin verwehren: er war seiner Sendung ausgeliefert wie Jesus. Im Getümmel der wüsten Stadt als Gast weilend, suchte er Freunde zu besitzen, denen er sich doch versagte, und die ihn nicht besaßen. So wird es wohl Augenblicke gegeben haben, wo ihn Ölberg-Verlassenheit anschauerte: wenn er glaubte, nicht genug getan zu haben, wenn er aus Verzückung und seliger Ergriffenheit zur Wirklichkeit zurückerwachte. Davon sprechen als beredte Urkunden seine Werke. Sie sind der Jubelgebärden ebenso voll wie der Einsamkeitszeichen. Im Andante der Vierten Sinfonie wandelt ein Cellothema, c-moll, vor sich hin — in leisem Verlangen immer höher und höher steigend, bleibt es einsam im Tonraum, abgesondert von den scheu begleitenden Pizzikati. Eine zweite Bratschenmelodie setzt diese Stimmung fort bis zur unverkennbaren Melancholie des Nicht-anders-Könnens. Und aus diesen Tonsymbolen wächst allmählich in zwei Variationen des Einsamen Trost: Sich-Aufschwingen in Gottes Schoß und Pracht, entrückte Freude — Posaunenglanz — himmlischer Schalmeienklang —, worauf die Form den Anfang wiederkehren, das Hauptthema wieder einsetzen läßt: alte Verlassenheit umringt Den, der eben Gott geschaut ... Reglos lauschen die Instrumente dem versinkenden Symbol. Solche Züge trägt Holbeins Sanct Pantalus, sein Johannes, sein Baseler Christus auf dem Ölberg. —

Von der Abgeschiedenheit Bruckners macht man sich gewöhnlich keine zureichende Vorstellung. Er pflegte seine Tür erst nach langem Zögern zu öffnen, spähte hinter dem grünen Vorhang oft mit einem fast feindselig verzerrten, erschreckenden Antlitz nach dem Störer. Unerwartete ließ er nicht ein, zu spät erscheinende Schüler wies er ab, denn er war seelisch nicht mehr in der Empfangs- oder besser: in Menschenstimmung. Verkehr mit Fremden kostete ihn, namentlich zur Schaffenszeit, Überwindung oder Vorbereitung. Als er nach der Aufführung der Siebenten Sinfonie in Wien ziemlich spät aus dem Freundeskreis nach Hause fuhr, und, im Wagen einnickend, plötzlich aus einem leichten Dämmerzustand — er hatte mancherlei getrunken — aufwachte, fragte er seinen Begleiter klagend, ohne daß die Zensur des Verstandes in diesem Augenblick hemmend wirkte: „Wo sind jetzt meine Freunde . . .?" Auch sein Bücklingswesen gehört zu seinem Einsamkeitswillen: er wehrte damit oft genug fremde Widrigkeit ab, drängte den anderen in devoter Form gleichsam zur Tür hinaus . . .

Zu jener Zeit gab es noch einen Einsamen auf dem Berge: Friedrich Nietzsche, der auf Sils Maria „Gedanken fieng". Aber die Einsamkeit dieses Gottsuchenden ist umweht von der Kühle des theistischen Ablehners. Nietzsche lebt die moderne Einsamkeit, Bruckner die mittelalterliche des Klausners, welche da Wärme hat — sein Gefühl ruht immer in Gott, ja seine Einsamkeit mit Gott ist sein einziger innerer „Geselligkeitstrieb". Vielleicht berührt sich Bruckner hier mit Mozart, der allerdings der Gesellschaft entstammend, im Rokoko wurzelnd, doch aber darüber hinausschuf und in unerreichbare Fernen geriet, einer der entrücktesten Künstler, die je gelebt haben, entrückt dem Weib, das mit ihm schlief, dem Freund, für den er die Zauberflöte schrieb, gewiß ein armer Schauspieler der Fröhlichkeit. So wußte er sich abgesondert und, wenn auch keineswegs kirchenfromm, war er in Gottnahsein und Glauben doch verwandt dem einsamen Bruckner.

Von seiner Ersten Sinfonie sagte Bruckner einmal zu Theodor Helm: „Mit dem kecken Besen hab ich mich um kein' Katz' 'kümmert, um kein' Kritik und kein Publikum, komponirt, wie's mir grad gfallen hat, nicht um den Leuten zu gfallen . . .!" Das gilt genau genommen nicht allein von der Unbekümmerten Sinfonie, die eine brave Landstadt in Aufruhr brachte, es gilt von allen, ausgenommen vielleicht die Zweite, die besinnliche, zurückweichende Sinfonie. Natürlich. Nicht um den Leuten zu gefallen. Betrachtete er die Erste als Jugendsturm und Jähe, als freiheitsdurstige Protestmusik, so wich darauf das Pendel nach der andern Seite, und, sich zügelnd, gedachte er dem Hörer nicht Allzuschweres zuzumuten. Heute entnehmen wir beiden Werken Brucknersche Züge, nicht die „echte" Gesammtgebärde. Mit der Dritten Sinfonie, d-moll, hat sich der Künstler ethisch „gefaßt" und seinen Stil entschieden, den der modernen Sinfonia da chiesa. Die geistige Umwandlung des Konzertsaals hat begonnen und hört von jenem triumphierenden Trompeten-Finale mit den Halleluja-Klängen des wiederkehrenden ersten Allegro-Themas nicht mehr auf. In allen Folgewerken erklingt die gleiche Ausstrahlung des ethischen Ich, die einzige, der er fähig war, sieben Werke von starker Variationsbreite, aber immerhin von innerer Gleichgestalt.

Das einzige, das ihn „kümmerte", war die klassische Form. Vier Sätze, jeder Satz ein Stimmungsbruchteil des Ganzen und baulich geschlossen. Das Schema war für ihn so feststehend wie die Gliederung der heiligen Messe, sein autoritätsbedürftiges Wesen wird daran eher Entgegenkommen als Hemmung empfunden haben. Seine Messen haben sinfonische, seine Sinfonien messenhafte Züge, und nur die Form unterscheidet, was ethisch zusammengehört.

Und doch gibt es in der ganzen Künstlergeschichte nicht einen Punkt, wo ein Künstlerauge die Form als „fertig", „ruhend", „ewig", unabänderlich betrachtet hätte. Die von Riemann erforschten Vorgeister Abacco, Fasch, Graupner, F. X. Richter haben, beunruhigt und bedrückt vom Unthematischen, die thematische Sonate herausgearbeitet, an ihr arbeitet Haydn, arbeiten die Klassiker weiter: was als Urerlebnis übernommen, wird jedesmal vom Individual-Erlebnis erfüllt und umgestaltet. Jeder ist Vorgeist und Nachgeist, Bewahrer und Sprengtechniker, ja Künstler war immer Der und nur Der, der Formen nicht formeller, Schemen nicht schematischer machte. Bewährtheiten, von denen man ausgeht, Grundfesten, die man bewahrt, gibt es in jeder Kunst. So auch Bruckner: erhaltend und verändernd, respektvoll als Revolutionär, mit Kühnheit konservativ bemächtigt er sich der Überlieferung.

Seine Einflüsse auf das Sinfoniebild beginnen schon beim ersten Satz. Der erste Satz bot bisher das Allegro-Erlebnis. Der Stoff wurde rasch aufgewickelt, der Konflikt entfaltet, die Thematik zu stärkster Geistigkeit erhoben. Für die Beurteilung des Komponisten war vor allem dieser Satz, dann — nach Beethoven — wohl das Adagio maßgebend. Bruckner macht den ersten Satz zur feierlichen Eröffnung, zu einer Art gewaltigen Stufengebets, zur ersten Station. Seine Taktart ist durchweg vierteilig (meist alla breve bezeichnet): — „Allegro moderato", „mäßiges Allegro", „Feierlich" lautet die Angabe, das paradoxe „Ruhig bewegt" entspricht seinem Persönlichkeits-Rhythmus, ihn verleiht er der bewegten Unruhe. Eine Übermuts-Tat, einen eigenherrlichen Takt, wie die Dreiviertel des Allegros der Achten Sinfonie, wagte Beethoven, nicht Bruckner. Er, der sich langsam, abschnittweise durchs Leben bewegte, bewegte sich im angeborenen Tempo auch durch die Musik, und was aus dem Innen bestimmt war, wurde durch das Urerlebnis bestätigt: durch das Wandeln kirchlicher Prozessionen, den gewichtigen Schritt der Bischöfe in Sankt Florian, die Lamentationen der Karwoche, die Inbrunst der Vaterunser-Beter. Er hat sein Tempo wie jeder Künstler, es ist ein ethisches: so naht er Gott.

Dann die Zwischenglieder. Im ersten Satz kommen zwischen Seitenthema und Durchführung, auch zwischen Haupt- und Seitenthema kürzere Überleitungsgruppen vor. Bruckner macht daraus längere. Seinem Stil gemäß führt er die breiten Wuchten der Schlußgruppen oder der Zwischensätze ein, zumeist im Brucknerrhythmus:

♩ ♩ |♩ ♩ ♩ . — Wo am Schluß etwa ein letztes Atemholen vor dem Kampf um die Höhe stattfindet, eine kurze Fermate andeutend genügt, baut Bruckner taktlange Retardierungssätzchen ein, das demütige Erschauern vor der eignen Kraft (siehe die sechs Takte vor Buchstabe Z, Dritte Sinf., 1. Satz, S. 81 der Part.). So kam es, daß sein florianisch angelegter breitmassiger Bau beim ersten Anblick verbaut schien, und der Hörer, das bisherige sinfonische Tempo im Blut, das alte Allegro in der Erinnerung tragend, einen Ablauf stockend fand, der gleichwohl auf seine Art bewegt war, Risse spürte, die Verbindung waren, woher der Name „Pausen-Sinfonie" entstand. Das Einhören, eine Sache der Gewöhnung, dauerte bei dem Rhythmus, den menschliches Vorurteil nun schon hat, beinahe eine Generation. Und es gab selbst Dirigenten, die ohne Bruckner-Erlebnis, aber mit Vorurteil dirigierten.

Noch ein Vergehen häufte Bruckner zu den vielen andern: er übertrat in der Achten und Neunten Sinfonie das heilige Reprisengesetz, er wiederholte nach der Durchführung keineswegs das Hauptthema. Es geschah freilich aus innern Gründen, und als er im Himmel ankam, wird er vom „Herrn von Beethóven" wohl erfahren haben, daß es auch gleich frei behandelte Beethovensche Sonaten gibt. So rührend das erste schüchterne Auftauchen einer Reprise bei Abacco auch sei, es war damit kein Ewigkeits-Gesetz aufgetaucht: Reprisen wachsen und vergehen, die Künstler bleiben.

So viel vom ersten Satz. Leute, die vom Gebirge herkommen, denken nicht in kleinen Schnörkeln ... Der Haupteinfluß Bruckners aber liegt darin, daß er den sinfonischen Schwerpunkt von vorn nach rückwärts verschob, aus dem ersten in den letzten Satz, worauf aufmerksam gemacht zu haben ein Verdienst Max Morolds ist. Als Künstler bedächtiger Entwicklung kommt Bruckner erst nach schwerer Arbeit zu seinen eigentlichen Dingen, als Diener Gottes kann er Gott nicht den Rücken mit einigen humorvollen Bemerkungen wenden: so macht er den leichtesten Teil zum gewichtigsten, nimmt dem Finale Rondo-Fröhlichkeit und Variationenlust und wölbt über seine Domkuppel eine ungeheure, zweite Kuppel, wozu er oft genug Material aus dem Unterbau, dem ersten Satz herbeischleppt. Seine Finale kennen nicht Sechsachtel- oder Zweiviertel-Erlebnisse; es sind überhöhte, überbietende Sätze, die das Feierliche noch feierlicher, das Gewaltige gewaltiger gestalten, nur bisweilen wie in der Siebenten Sinfonie die bewegtere Luft des nahenden Abschlusses erkennen lassend. Die Finale fassen die Konflikte zusammen, als flösse Kraft erst aus Kraft, und erkämpfen das Letzte und Allerbeste: die Antwort Gottes. Das gibt ein stark verändertes Sinfoniebild. Die Verklärungen beenden es — die Leiter Jakobs rührt mit der Spitze an den Himmel und die Engel steigen daran auf und nieder —, und Bruckner konnte seiner Unvollendeten, der Neunten Sinfonie, keine andere Vollendung geben, als durch das Te Deum, das an Stelle eines Finales aufgeführt werden sollte.

Das alte Unterhaltungspublikum der achtziger Jahre sah diese „göttlichen" Finale mit Konzertsaalaugen an und riß aus, zumal da die Brucknerschen Sinfonie-Kathedralen, die Luft und Freiheit und Platz brauchen, mit Ausnahme der Achten, zwischen andere Werke gepfercht waren, oder am Schluß die Raschermüdeten stöhnen machten. Strenggenommen eignet sich Bruckner am besten für Brucknerfeste, eigene Abende, an denen höchstens ein Händelsches Concerto grosso oder eine weltliche Kantate von Bach vorangeht — sein würdigster Platz wäre Salzburg, das österreichische Olympia.

Dazu kommt das Vielheits-Thema. Bruckner kennt nicht die herrische Kürze Beethovens. Er singt. Das Thema strömt, Nebenthemen strömen dazu, es wächst und schwillt aus sich heraus, das Hauptthema muß wiederholt werden, um Größe und Glanz zu zeigen, es braucht andere Vorthemen, um sie zu überwinden, einen Sockel, bis es, in seiner Riesengestalt erschütternd, als Memento erscheint (wie im ersten Satz der Neunten). Diese Gruppigkeit des Themas, die wie das ganze weite Bauverfahren durch das Jugenderlebnis bestimmt ist und die barocke florianische Bauweise genannt werden darf, konnte im Klavierauszug übersehen und geistig geordnet werden — mußte aber von den Hörerscharen, die vorher davonliefen, als Unordnung und Verworrenheit empfunden werden (woran doch mehr das Davonlaufen als die Gruppigkeit schuld trug).

Im Gegensatz zu diesen Erweiterungen einer Kolossalphantasie steht ein anderer Bruckner-Einfluß: die sinfonische Vereinheitlichung. Er wird empfunden haben, daß der erste Satz Beethovens eine Frage, daß jeder Satz Teilstück ist, so daß ein Teil noch nichts vom Ganzen sagt. Bruckner ringt nun die Ecksätze der Sinfonie thematisch ein. Er umgreift das Ganze. Das erste Allegro wird die erste Station eines vier Stationen umfassenden Weges zu Gott. Auch in der ersten, der d-moll-Messe, kehrt sinnvoll ein Friedensthema aus dem Kyrie im Agnus Dei wieder: dort Verheißung, hier Erfüllung. Er beantwortet die Fragen. In der f-moll-Messe klingt das gramvolle Kyrie des Anfangs in frohlockender Dur-Zuversicht zum Schluß des Agnus — Er wird uns Frieden schenken — und dieses Agnus ist noch mit der Gloriafuge motivisch verknüpft. Vielleicht geht diese Einringung, die Wiedergeburt der Kopfthemen auf Bruckners Palestrina-Erlebnis zurück, ist vielleicht Nachklang jener Palestrina-Technik, die die Hauptthematik, wie den Lauda-Sion-Choral, durch mehrere Teile der Messe durchziehen läßt, aus der Messenwelt scheint der Ringgedanke dann in die Sinfonie getreten zu sein.

In der Sinfonie noch einen Schritt weitergehend, verbindet Bruckner auch die Mittelsätze (Adagio und Scherzo der Fünften Sinfonie) und darüber hinaus die ganze Satzreihe: allerdings nicht durch die gleiche Thematik, was Kunstspielerei wäre, sondern durch Motive, die aus einem Geist erzeugt, Familienzüge tragen und dennoch scharf profiliert sind. So hängt das E-dur-Thema der Siebenten Sinfonie mit dem leichteren Aufschwungsthema des Finales, dieses wieder mit den punktierten Motivteilen des cis-moll-Adagio zusammen, und das Scherzothema hat seine Oktavigkeit und Quintigkeit aus den Schrittweiten wieder des Ersten-Satz-Themas. Man kann, abgesehen von den Tonarten, Brucknersche Mittelsätze auch nicht vertauschen, nicht anderswo einsetzen, wie die Lehre von der Verworrenheit wohl glauben machen wollte. Alles fügt sich von innen zu einer Welteinheit. Der schweratmende Adagioanfang der Ersten Sinfonie schließt unmittelbar an die Sturmwinde des ersten Satzes an, an die Zerrissenheit und Wut des Unisono: nun folgt Kreuztragen, Mühseligsein und Stöhnen, worauf im Scherzo die Leidenschaft eines Entfesselten bis zur Unheimlichkeit tobt. Erst das Finale löst das Chaos in C-dur-Helle und Befreiung.

In den Vermittlungsgruppen liebt Bruckner das Orchester-Unisono, auch in Form eines umspielten, eines Halb-Unisono: die Bläser in Pfundrtoten, die Streicher in Vierteln oder figurierend, oder die Stimmen synkopisch hintereinander her. In diesen stapfenden Riesengängen meldet sich der Abkömmling ungeschlachter Bauerngeschlechter, die mit Morgenstern und Stangen um Freiheit und Glauben fochten, der Enkel der Stefan Fadinger, Jakob Zeller, David Spat, Wiellinger von Katterhof — der Rolande Österreichs. Aber man kann der künstlerischen Anwendung der als „Rettungstonleitern" verschrienen Unisonopracht sicher sein; sie ist psychologische Vorbereitung, strebt zu einem Gipfelton und leitet in der Regel folgende akkordische Pracht ein, die um so prächtiger klingt, was man in dem Finale der Zweiten, Dritten, besonders schön im ersten Satz der Vierten Sinfonie erlebt. Aus solchen Stellen erfährt man auch den tieferen Unisonosinn: die Einheit der Empfindung wird verkörpert, ja es ist das Fortreißen einer erregten Menge, weshalb die Unisoni gewöhnlich ff oder fff stehen. Der darauf folgende Akkordsatz ist das Gefühlsziel, dem die Masse zutreibt.

So wandelt sich der Mangel des Künstlers in unseren Augen zum Vermögen: Bruckner ist der Meister des Unisonos, wie er der Meister der Pausen geworden ist. Er verwendet die Pausen ethisch, nicht nur vortragstechnisch: in ihrem stummen Klingen liegt das Erschauern der Gemeinde vor dem Gotteswort, das öfter, gleichsam stammelnd, wiederholt wird, wie im Finale der Fünften Sinfonie, wenn zum erstenmal der Choral in den feierlichen Bläsern eintritt, worauf die Streicher in den Tiefen pp erschauernd, die Choralmelodie fortführen. (Buchstabe F der kleinen Partitur-Ausgabe, S. 168.) „Was in unserer heutigen Tonkunst ihrem Urwesen am nächsten rückt, sind die Pausen und die Fermate. Große Vortragskünstler, Improvisatoren wissen auch dieses Ausdruckswerkzeug im höheren und ausgiebigeren Maße zu verwerten. Die spannende Stille zwischen zwei Sätzen, in dieser Umgebung selbst Musik, läßt weiter ahnen, als der bestimmtere, aber deshalb weniger dehnbare Laut vermag . . ." (Busoni, Entwurf einer neuen Ästhetik der Tonkunst, S. 36). Die mystischen Pausen Bruckners waren nicht Verlegenheit, sondern Kunstmittel — er rannte nicht durch die Rolle wie aufsagende Schauspieler —, und trügen wir Gehetzten des Lebens nicht die innere Leere so oft im Busen, wir hätten nicht den Sinn für den Pausenklang verloren. Wir haben „keine Zeit" mehr. Der ans Ewige gerückte Künstler hatte sie . . .

Zur Brucknerschen Tongebärde gehören auch die Sequenzen. Es entspricht seiner bedächtigen Natur, das Eindringliche eindringlicher, das Gleiche auf höherer Stufe zu sagen. Oft werden die kadenzierenden Abschlüsse eines Satzes wiederholt, wie man einen guten Spruch wiederholt, und wieder läßt er bewegte Motive verbreitert und verlangsamt abklingen, um sachte eine neue Gruppe zu berühren. Er will nichts übereilen, des Verstandenwerdens sicher sein, hält in einer Steigerung inne, um Mut zu fassen, sein Selbstvertrauen zu stärken, und was bröckelig, stückelig, zerrissen oder mißgeformt empfunden wurde, ist nichts als sein Ethos. Er will Atemholen und ausruhen, der unendliche Fluß der Empfindung gehört nicht zu seiner Ekstatik. „Ja, sehen Sie, wenn ich etwas Bedeutungsvolles zu sagen hab', muß ich doch vorher Atem schöpfen", äußerte er zu Nikisch nach der Aufführung der Zweiten Sinfonie, die, wie wir hörten, als Pausensinfonie getadelt wurde.

Brucknerisch ist auch die Melodie mit dem österreichischen Siegel, die, wie bei Schubert, nicht weiß, wo's schöner ist, in Dur oder Moll und in diesen feinen Lichtschwankungen erscheinend, gern auf einen Terzquartakkord geschwungen, vom Gemütvollen ins Heroische gehoben wird. Er war nicht Stubenmusiker, Papierkünstler, und sein ganzes Werk, selbst das abgewandte Adagio, klingt von Heimweh, als ob dem Kind Oberösterreichs in der Wüste der Stadt das Bild von Wiese und Laubwald erschiene, und wie er im Sommer nach Stadt

Steyr floh, so kehrt Wiese und Feldsonnenschein, die Enns, die Traun und Stadt Steyr in die Sinfonie zurück. Damit hat seine Welt ihre Gegend bekommen, sie weiß, wie jede rechtschaffene Musik, Stamm und Abkunft.

Die Heimatsthemen schossen ihm in unerschöpflicher Fülle zu: er besaß daran eher ein Zuviel, und seine schaffende Arbeit an den Scherzi war ein Auswählen des Sinfoniewürdigen. Auf Besuch bei einer Klosterneuburger Bürgersfamilie (Schatz) improvisierte er vor den Töchtern des Hauses einmal fast drei Stunden lang „Gstrampfte" und Ländler, in die er ab und zu einen Brucknerschen Kontrapunkt einflocht, und die nach Ecksteins Zeugnis alle sinfoniereif waren. — Noch eine Reihe anderer Siegel gibt es, die wie das Handwerkerzeichen A. B. auf jedem Stück wirken, woran man ihn erkennt wie man Arnold Böcklin erkennt: Manieren sagen die Abgewandten — Gebärde die Zugewendeten.

Die Brucknersche Urgebärde aber tragen die Steigerungen. Sie sind für seine Sinfonie so bezeichnend wie die rhythmischen Rucke und die Schlußstürme für Beethoven. „Wie das sachte beginnt, daß erst nur die Fernen zu erklingen scheinen, dann alles anwächst, als höbe man sich selbst von der Erde und schwebe in die Höhe, mit Wolken und Nebeln, die sich zerteilen, bis allmählich immer mehr Helle durchdringt und endlich das strahlendste Licht uns berauschend umflutet und alles ein großer Sang geworden ist und die Sphären von jubelnden Klängen erbrausen bis an die Enden der Welt — diese Stellen gehören nicht allein bei Bruckner, sondern in der Musikliteratur überhaupt zu den machtvollsten Eindrücken, die man haben kann . . ." (Oskar Lang, Westermanns Monatshefte 1912, Nr. 7.)

Dies gibt einen sprachmusikalischen Eindruck der Brucknerschen Steigerung, die oft in Staffeln sich erhebt, aus ihren Gewalten neue Gewalten schöpft, bis sie endlich, im Verklärungswillen übermächtig, die Pforten des Himmels erreicht. Von innen gesehen ist sie eine Gebärde seiner Frömmigkeit, und von ihr kann man Hölderlins schönes Wort gebrauchen: „Eine natürliche Unschuld, man möchte sagen eine Moralität des Instinkts und die ihm gleichgestimmte Fantasie ist himmlisch." Er stand an solchen Stellen in denselben Gluten der Gottesminne wie die alten Mystiker, und ihr Gottschauen war das seine. Er beschrieb einmal — in Ischl — Artur Nikisch die

Entstehung solcher Glanzstellen: wie er plötzlich den Himmel sich öffnen, und den lieben Herrgott, die Engelchöre, den heiligen Petrus und den Erzengel Michael im Geiste vor sich gesehen habe ...
„Beim Zurückrufen solcher Visionen aus anderen Welten weitete sich sein Blick wie ins Unendliche; ganz in seine Phantasien eingesponnen, blickte er die Weite des Tals hinab; man konnte nicht wagen, ihn zu stören."

Einer Form müssen wir zuletzt noch gedenken, des Allerheiligsten der Brucknerwelt: des Adagio. Es trug ihm den wenig glücklich gewählten Namen des zweiten Beethoven ein, aber immerhin klingt aus dem Schlagwort die richtige Empfindung: nach Beethoven gab es nur noch eine beethovennahe Adagionatur. „Feierlich" oder „sehr feierlich" oder „feierlich langsam" lauten die Überschriften, und mußte Bruckner dem ersten Satz (wie in der Fünften) seinen persönlichen Rhythmus gleichsam auferlegen —, das Adagio kam seinem Urtempo entgegen, es fing ihn und sein sakrales Schreiten auf. Das Feierliche wird noch feierlicher und der Wille hörbar, ins Grenzenlose zu dringen. Das Brucknersche Adagio stellt nicht Domerlebnisse, Kathedralenstimmungen dar, wie Schumann und Debussy sie darstellen: es ist selbst domhaft und, alle Innerlichkeiten sammelnd, sucht es sich mit der Gegenwart Gottes zu erfüllen: Bruckner, der Gothiker ...

Meist nimmt das Adagio die zweite Stelle ein — nach den ersten Kämpfen die stille Versenkung —, nur in der Achten und Neunten Sinfonie steht es nach dem Scherzo: in der Achten muß nach einem niederschmetternden Ergebnis in doppeltem Maß um Widerstandskraft gerungen werden; in der Neunten bildet es allerletztes Zusammenfassen, Sichaussagen und Sichaufschließen nach Szenen von entrückter Heiterkeit.

Bezeichnend für das Brucknersche Adagio ist der Reichtum von Gedanken, die aus andern Welten herüberspielen. Im Adagio der Zweiten Sinfonie erklingt als Zitat das Danksagungsmotiv des Genesenen aus dem Benedictus der f-moll-Messe, in das Adagio der Siebenten Sinfonie geht als mitgestaltendes Ereignis der Tod Richard Wagners ein, im Adagio der Achten wird der Geist des jungen Siegfried durch ein Bläserthema beschworen, im Adagio der Neunten nimmt Bruckner durch ein Tubenthema „Abschied vom Leben" und sieht im Scheiden noch einmal zurück auf den Gesang der Achten Sinfonie.

Sichtlich sind die Adagiosätze das Behältnis seines geheimsten Lebens; hier wird er Gottes Kind: sein Adagioton sagt es aus, so handelt er, so ist er. Todesahnung und Auferstehungsglauben, Sündebekennen und Bußetun im katholischen Sinn, schmerzvoller Rückblick, Begnadetseinwollen, Vondannengehen in Verklärung und überall die Herzensgüte —, das sind seine „Inhalte", umrißhaft gesehen. Hier bekennt er, wenn er sonst nicht bekannt haben sollte, und alles wird denkmalhaft. Wenn Wackenroder die Tonkunst „gewiß das letzte Geheimnis des Glaubens, die Mystik, die durchaus geoffenbarte Religion" genannt hat, so denken wir an die drei letzten Adagios Bruckners, und die Neunte mag das Vorbild jener Mahlerschen Dritten Sinfonie geworden sein, die mit dem Adagio, dem „katholischen Satz" abschließt.

Bei der Fülle des Gefühls mußte der Bau sehr einfach werden, und er wird es, fast bis zur Gleichförmigkeit. In die Adagios sind (wie in der 1., 3. und 7. Sinfonie) Dreiviertelsätze als zweite Kontrastgruppe eingebaut, und in der Hauptsache kehren die Themen rondohaft wieder, meistens variiert oder durchgeführt. Er blieb bei diesen Formen, oder sie blieben bei ihm, nachdem er sie einmal gefunden; er will nicht die Leichtigkeit eines Intermezzo, strebt nicht lockeren rhythmischen Aufbauten zu. — Das Hauptthema steigert sich, von figurierenden Streichern umflutet, bis zur höchsten, machtvollsten Erscheinungsform und erinnert an die wolkengetragenen, engelumgebenen Himmelfahrten mittelalterlicher Bilder. Seinem Adagio entströmt der gleiche tiefe Glückseligkeitsschauer, den die Antlitze Fra Angelicos tragen und aller anderen Meister, die, das Jenseits im Diesseits schon empfindend, reinste Technik mit reinstem Schauen verbanden.

„Wenn ich mir in meinen Arbeiten hier und da einige kühne harmonische Rückungen erlaube, so kehre ich doch immer wieder zur Grundtonart zurück, verliere sie nie ganz aus dem Auge wie ein Bergsteiger, der, couragirt aufwärts dringend, sich eine freiere Aussicht verschaffen will, dabei aber doch in derselben Gegend bleiben will . . ." Dieses hübsche, aus der Alpenwelt geholte Bild, das wir der Überlieferung Helms verdanken, klingt nach Alt und Neu zugleich.

Alt — denn schon 1752 erklärte D'Alembert, „daß das Ohr, das sogleich von der Haupttonart eingenommen worden, allzeit begierig ist, solche wieder zu hören. Je weiter sich also Töne, worin man ausweichet, von dem Haupton entfernen, desto kürzere Zeit muß man sich darin aufhalten . . . ." Neu — denn hundert Jahre später (1851) konnte Richard Wagner in „Oper und Drama" erklären, daß in einem größeren Tonsatz „die Urverwandtschaft aller Tonarten gleichsam im Licht einer besonderen Haupttonart vorgeführt wird, denn die uns mögliche Melodie hat die unerhört mannigfaltigste Fähigkeit erhalten, vermöge der harmonischen Modulationen die in ihr angeschlagene Haupttonart auch mit den entferntesten Tonfamilien in Verbindung zu setzen . . . ."

Die Brucknersche Selbstkritik klingt demnach ganz — Brucknerisch: revolutionär und besonnen.

Er, der schwerfällig galt im Denken, war als musikalischer Denker so rasch und gelenkig, daß die wenigsten ihm folgen und die Überraschungsgewalt seiner Umdeutung nachempfinden konnten. Submiß im Leben, entwickelt er in der Harmonik seine kühne geistige Wirklichkeit, seinen akkordischen Heroismus, und die Schwerkraft der Töne im Fundamentsteigen überwindend, verrückt er gewichtig lastende Akkordmassen, Quadern der Harmonie mit leichter Hand, ohne Bedenken, und erreicht so Stellen von blendender Lichtstärke. Er wirft den Quartsextakkord, die einfachen, die doppelten Vorhalte frei hin. Dazu die Alterationen, kurz die ganze Phantastik eines Unbegrenzten, die sich naturgemäß der Melodieform mitteilt (welche nur die horizontal gewordene, spannungerfüllte Harmonie ist). Ein rasches, melodisches Durcheilen dreier Tonarten (Scherzo der Vierten Sinfonie: C-dur, As-dur, Fes-dur) war ihm schon zwischen 1870 und 1880 geläufig und bildete die Verlegenheitsstellen seiner ersten Hörer. Er hat den barocken Willen zur Pracht, liebt schwelgende Akkordfolgen und den mundartlich färbenden Terzquartakkord (aus der Tanzmusik), der, gereinigt und veredelt, das „Schleiferische" verliert und durch die Instrumentation zu festlichem Glänzen erhöht wird. Schon 1885 kennt Bruckner die Wirkung der modern gewordenen Quartigkeit (Sechste Sinfonie, erster Satz). Um 1890 bildet er Steigerungen mit aneinandergepreßten Akkorden wie Scriabine (Neunte Sinfonie, erster Satz). Das eigentlich Brucknersche aber sind die Zyklopenstellen, die hoch und höher getürmten Aufbauten synthetischer Akkorde (Dominanten), wie die überwältigende Bläsersteigerung auf dem Fis-Fundament im ersten Satz der Siebenten Sinfonie, die aus dem Schöpfungston (Fis) elementare Gewalten erlöst, ein vollständiges Novum in der sinfonischen Literatur.

Zu Beginn der Neunten Sinfonie stürzt das Hauptthema, nach seiner ersten d-moll-Erscheinung wie von sich selbst weg in ein Fremdgebiet: H-dur, dann e-moll, dann C-dur — — wohin? Aber der nächste Akkord (g.b.d.e.) drückt es mit unterdominantischer Kraft wieder in seine Welt zurück: nie hat die Kühnheit des Bergsteigers die Orientierung verloren. Fachliche Untersuchungen eröffnen da „ein weites Feld", wie Fontane sagen würde, und wer Geduld und Überwindung hat, kann die Logik des „Unlogischen" an jeder einzelnen getrockneten und aufgespannten Akkordfolge in einem Bruckner-Herbarium studieren (siehe August Halms Buch über die Brucknersche Sinfonie).

Bruckners Harmonik gibt seine kernhafte ethische Gesinnung wieder: er dringt vor, erobert, besetzt — aber er geht bald zurück. Sein Verantwortungsgefühl erwacht, er faßt sich. Ein tolles Exzedieren mit Fundamentalschritten, ein Herumzigeunern wäre unvereinbar mit seinem Heimatgefühl und seiner geistig-religiösen Haltung. Er ist nicht Chromatiker im Sinn der romantischen Künstler: **d u r c h** seine kühnste Chromatik schimmert immer noch die Diatonik, das geradlinige Urgerüst.

Mit seinem tonalen Gefühl erreicht er Überwirkungen wie im Adagio der Siebenten Sinfonie. Nach langer wiederholter Steigerung gelangt der Choral an die Pforte von cis-moll (Dominantseptakkord gis.his.dis.fis.). Die Phantasie des Künstlers hört diesen Akkord bereits als C-dur-Klang (Unterdominant). Dorthin stürzt er die Tonmasse; der Quartsextakkord (g.c.e.) erscheint wie ein Gipfel in überirdischem Glanz, als sei die Tonart im Augenblick neu erfunden worden, die cis-moll-Umgebung rückt in ein fahlglühendes Halblicht, der Künstler hat den Auferstehungsgedanken angedeutet — ein Ruck, und über Des-dur sinkt alles in die cis-moll-Trauer zurück. Die „Ausweichung" diente der innern Form des Satzes, das Einfache erschien im Gewand des Komplizierten.

Bruckners erste Hörer — es ist manchmal ein Unglück für

Künstler, nicht gleich zweite und dritte Hörer zu haben — vermochten aus seiner Welt nur „Wagner" zu hören: Walküre ... Tristan ... den Feuerzauber ... Aus dem Ungewohnten sieht man zuerst das Gewohnte, im Unbekannten fällt das Bekannte auf, und alles moderne Klingen war „wagnerisch". Jene ersten Hörer unterlegten dazu das szenische Bild der Wagnerschen Oper, das sie im Auge hatten, und das Wort von der Veroperung der Sinfonie wurde laut. Tatsächlich gibt es bei Bruckner Stellen, wo er abhängig und sterblich ist (wie die zwei Takte Quintsextakkord vor dem Eintritt des E-dur-Teils im Adagio der Sechsten Sinfonie) — hier verraten sich seine Ausgangspunkte. Er kommt vom Wagner-Erlebnis, sucht es auch nie zu verleugnen, aber, alles Begegnende durch sein Ethos wandelnd und paralysierend, gelangte er — empirisch — zu einer zwar sekundären, aber eignen harmonischen Welt. Und zuletzt über sich selbst hinauswachsend, gestaltete der Meister eine neue, Brucknersche Harmonik, die ihre originäre Prägung hat, wie die der Neunten Sinfonie und der berühmt gewordenen Anfangstakte des Scherzos (Bildungen auf A-Fundament und D-Fundament) — Erscheinungen, die ein völlig wagnerfremdes Gesicht tragen.

Betrachten wir den Künstler also rückblickend, als letzte Hörer, so müssen wir seine geistige Kraft feststellen, die eher abwehrend als annehmend war, bis sie zuletzt frei wurde. Wir sehen schon in seinen Frühwerken den Erfinder neuer Möglichkeiten und können uns Herbecks verwundertes Gesicht vorstellen, als er zum erstenmal die Mischakkorde, das Ineinander verzitternder Harmonien, die eigentümlichen romantischen Fernklänge am Durchführungsbeginn der Vierten Sinfonie hörte — eine kleine Non, Des, im Vorhalt e.a.c. —, Wirkungen, die wir heute aus Werken moderner und modernster Schulen (Josef Marx, Franz Schreker) kennen.

Und um diesen Abschnitt zu beschließen: man kann nicht eine Stimme, nicht eine Note bei Bruckner verändern, ohne daß nicht alles, von ganz wenigen Stellen abgesehen, unbrucknerisch würde.

Beim Gedanken an Bruckners Durchführungstechnik schweben dem Verfasser immer seltsame visuelle Erinnerungen vor: komplizierte Klangbilder, sehr überschaulich, und im Komplizierten wieder gleichartig: eine Art unausgeführten Werkstattzeichens, woran man die Meisterhand erkennt. Brucknersche Grundhaltung ist vor allem das Umkehren des Themas und die Neigung, es in Urform und Verkehrung tönend zu vereinigen. Dazu die weitere Engführungsfreude: ein Thema sich selbst folgen zu lassen, in immer kürzeren Abständen, bis ein thematisches Dickicht erreicht ist, das nur durch die Instrumentation aufgehellt wird: der Punkt, wo der Brucknerdirigent sich zu zeigen hat. Dann gibt es noch Verkehrung und Engführung zugleich, kurz, es kann vor Gott dem Herrn die Tragfähigkeit der Themen und die Gediegenheit der Arbeit nicht eindringlich genug gezeigt werden. Ein echter sinfonischer Denker, zerfeilt, zersägt, zerschlägt er sein langes Riesenthema, bis es nur noch rhythmisch seine Abkunft erraten läßt, oder dehnt und verlangsamt er thematische Werte, meistens an Übergangsstellen, um vorsichtig hinüberzutasten. Diese sich ineinander sehnenden, einander zerstörenden, sterbenden, auferstehenden Themen gewähren ein eigenes Schauspiel; aber immer haben sie Gesetz in sich. Sie dienen der sinfonischen Einheit, und was die moderne Kompositionstechnik durchbrochene Arbeit nennt, kann man in schönen Proben fast überall sehen (Erste Sinfonie, erster Satz, Part. S. 22, Zweite Sinfonie, Andante, Part. S. 70, Vierte Sinfonie, Andante, Part. S. 90, Neunte Sinfonie, Adagio, Part. S. 123. Imitationen der Themen mit rhythmischer Gruppierung der figuralen Begleitung u. a. m.). Alle diese Bilder werden lebendig beim Worte „Durchführung", und wenn es später bei den „Erläuterungen" gebraucht wird, möge es Siegel sein, das eine Welt von Arbeit deckt.

Dabei ist bedeutsam die Diatonik des Brucknerschen Themas, in das die Durchführungsmöglichkeiten, die beliebten fundamentalen Gegenbewegungen, kurz alle Zukünfte schon mit hineingeboren, also miterfunden sind: eine Gabe, die sich bei Mozart, der die Verflechtbarkeit von fünf Themen voraussah, ins Seherische steigert, womit allerdings die Gipfel unserer Kunst erreicht sind. Von Mozart hat denn Bruckner auch einmal gesagt: „Es gibt einen Grad von Vollendung, der so hoch ist, daß der, der ihn einmal erreicht hat, gar nichts Schlechtes mehr machen kann."

Daß Sechter bei Bach viel zu viele Freiheiten fand, teilte Bruckner mit dem unverkennbaren Beigeschmack mit, daß ihm diese anscheinenden Freiheiten wohl als innere und höhere Notwendigkeiten vorkommen mochten. Sein eignes Kontrapunktieren zeigte unwiderleglich, daß er gerade in den Geist dieses Bach'schen Verfahrens, das höchste Kühnheit und Besonnenheit vereinigte, eingedrungen war wie kaum ein Zweiter. „Ich bin kein Orgelpunktpuffer", hat er einmal abgewehrt. Und er ist auch kein Kontrapunktpuffer: alles Technische erreicht erst höchste Gewalt von innen her, das Dargestellte mißt sich am Darzustellenden. Und in solchem Verstand hat der Meister denn auch die kontrapunktische Hauptform, die Fuge, verwendet. Nicht als spielerische, als kombinatorische Form, sondern um Tongewalten die denkbarsten geistigen Spannungen zu verleihen wie im Te Deum und der e-moll-Messe. Diese kontrapunktischen Arbeiten sind die Taten des Menschen Bruckner. Kontrapunkt ist Handeln, Individualitäten treten gegeneinander und bilden die Dramatik des „absoluten" Musikers. Er war kühn, und steigert das Kühne im Finale der B-dur-Sinfonie, dessen Fugenwelt vom Choral der heiligen Instrumente Trompeten, Hörner, Posaunen am Schluß überkrönt wird; und von solchen Stellen wiederholen die Beurteiler die gleichen unzulänglich klingenden Worte: gigantisch, grandios und so weiter. Es sind übermusikalische Kühnheiten, solche des Charakters, Taten eines als Organisten verkleideten Imperators und Eroberers, wie die Dramen die bunte Ausstrahlung der verdrängten Untaten des William Shakespeare waren.

Die, die Bruckner einen Zyklopen nannten, waren aber doch auf rechter Spur. Denn in jenen Sturzthemen, wie im Finale der Dritten, im Scherzo der Siebenten Sinfonie, machte sich die von Geschlecht zu Geschlecht vererbte Gesundheit eines heidnischen Menschen Luft, eines Paganen, den das Christentum zwar gebeugt, nicht gebrochen hatte. Hätte heidnische Urkraft nicht in ihm gestrotzt, so hätte er die Milde Palestrinas, nicht die Riesenschlachten seiner Durchführungen leisten können, Sätze, vor denen man halb in Furcht, halb in Freude steht. Gleich Michelangelo dürfte der Meister um dieser furchtbaren Entladungen willen il Terribile heißen, und wir ahnen hinter den Zeichen der Musik einen, der größer war als sein Werk, einen, der sich nicht zu Ende sprach. Bruchstück bleibt auch das Vollendete.

„Wir bauen an dir mit zitternden Händen,
und wir türmen Atom auf Atom,
Aber wer kann dich vollenden,
du Dom!"

Bruckners Kolorit ist keine Zufalls- oder Willkürfarbe. Miterfunden gehört sie seinem Ausdruck an. Die Trompete klang in ihm auf, als er das Thema der Dritten Sinfonie empfing. Der Festklang, nicht dazugemalt, kam von innen, aus den Gewalten der Überzeugung. Sein Orchester verrät im ganzen orgelhafte Abkunft. Es klingt oft, namentlich in Holzbläsergängen, wie registriert, das Urerlebnis wirkte bestimmend auf die Grundfärbung. Doch pflegte er, der klassischen Überlieferung getreu, die Streicher als das Grundgerüst zuerst zu notieren, und seine allererste (bis auf das Andante nicht veröffentlichte) Sinfonie zeigt auch die herkömmliche Figurenwelt. Später bekommen seine Streicherbewegungen eine monumentale, gewölbte Linie, einen lapidaren Zug, denn auch sie werden oft aus Urschritten gebildet; aber was als Steifheit getadelt wurde, empfinden wir als domhaft, ja katholisch: selbst die Nebenerscheinungen seines Stils sind irgendwie vom Ethos berührt.

Das wagnerische Tremolo, dem die moderne Sinfonik mit Recht auszuweichen sucht, benützt er als einheitlichen Spannungszustand stark, fast allzu stark; dagegen sind ihm fremd alle Verwischungs- und Verkleckungszauber, die Farben- oder Tonartenkontrapunkte, ohne die moderne Sensation nicht auskommen kann: sein Partiturbild ist ein Muster an Klarheit, und zwar selbst bei Stellen von anscheinend barocker Überladenheit; man sieht die reine Seele, die sauber zeichnende Hand; ja die wohlordnende Symmetrie von den Klassikern übernehmend, spiegelt er sein bewahrendes und kühnes Wesen, als hätte ein später Beethoven diese schöngruppierten Seiten geschrieben, die, dem Verfasser wenigstens, doch wieder irgendwie den Anblick der reinlichgehaltenen Bogenarchitektur, der katholischen Hausfrauensauberkeit von Sankt Florian zurückrufen.

Er ist Erfinder von Bratschen- und Cellomelodien — selbst aus dem Klavierbild läßt sich oft das Instrument erraten —, vor allem ist er Trompeten- und Posaunenkomponist. Aus ihrer militärischen Laufbahn allmählich in die hieratische geratend, aus der rhythmischen und füllenden in eine führende Glanzstelle vorrückend, wird die Trompete als Brucknertrompete Thementrägerin, das Jubelinstrument, das Werkzeug zum Preise Gottes und ist ihm als solches ein so starkes Erlebnis, daß er auch Singstimmen trompetig verwendet wie im Halleluja des 150. Psalms.

Er braucht ihre starke Gegenwart, nimmt sie zu dreien wie Wagner, von dem er auch die Nibelungentuben später übernimmt. Riemann hat gegen Bruckner u. a. die Verwendung dieser schweren Bläserstimmen als unsinfonisch eingewendet und auf den vorsichtigen Gebrauch verwiesen, den Beethoven und Brahms davon machten: oft nur zur Untermalung, zur Verstärkung und Füllung des Tutti, nicht zur motivischen Mitarbeit. Aber Bruckner ist weder prunksüchtig, noch stilunempfindlich: er kann nicht anders. Er legt von vornherein den Bau so an, daß Pracht niemals die Thematik erdrückt, ja oft s c h a f f e n seine Posaunen und Tuben erst die Thematik. Jedes künstlerische Ethos verlangt nach andrer Befreiung aus dem Material, das innere Erlebnis bedingt neue formelle und koloristische Haltung: — ohne die Posaunen- und Trompetenwucht fehlte der Sinfonie das Brucknersche Barock.

Bruckner ist oft der Wagner der Sinfonie genannt worden. Ein Schlagwort, das am Äußern tastet. Es ist wahr: er hat die Tuben, das Tremolo und die Harmonik von Wagner und verband auf die seltsamste Weise katholische Innigkeit mit profaner Pracht. Aber doch gab es nie zwei Menschen, die man in einen bejahenden Akkord weniger vereinigen konnte als Wagner und Bruckner.

Wagner ist der leidenschaftliche Unchrist. Von der ethischen Leerheit des alten Opernspiels angewidert, gab er ihm neue ethische Fülle: mit seinem Sehnsuchtsschrei. Und dieser Schrei, durchdringend, betörend, wird der unsere, wir sagen: Wagner spricht unser Erleben aus. Er s p r i c h t es aus — in den gottleeren Stunden. Und Nietzsche hat wohl gefühlt, daß hier kein Gott verkündet wurde, daß ein heißer Eros aus dem nordischen Nebel seine Stimme schickte, daß eine Künstler-Entwicklung in einem letzten Mysterium endete, welches jenen heidnischen Eros mit dem Christentum zu binden suchte.

In Wagner gab es einen christlichen Rest, in Bruckner einen heidnischen. Wagner suchte mit allen Sinnen die Erlösung und endete in der Entsagung. Bruckner endet in der Verklärung. Er hat nie Erlösungen gesucht, ruhte er doch in der Lösung selbst. Er hat seine Musikerzweifel: ob er das instrumentum dei sei, er lechzt nach Vervollkommnung, man hört sein christliches Confiteor, er stammelt sein Miserere, die Naturkraft rebelliert, und er erleidet den Versucher —, aber mögen den heiligen Antonius alle Scheusale der Hölle am Greisenhaar zupfen, er betet mit Kinderaugen seinen Rosenkranz weiter und wird gesegnet. Niemals hat er sich als Unerlösten der Liebe dargestellt. Er braucht nicht das Weib, nicht die Gesellschaft, er braucht kein Buch, er ist ganz versenkt, und alles Sinnenhafte stürzt zuletzt in den Gottabgrund. Wie eine katholische Kirche mit dem Hochaltar gegen Osten gerichtet ist, so die Brucknersche Sinfonie mit ihrem Antlitz der aufgehenden Sonne zu, dem Symbol Christi, des Lichtbringers.

Wagner, der eine einzige Sinfonie schrieb, konnte seinen Eros nur in der Oper entladen: sie war seiner Not die Form und verhundertfachte seine brennende Flamme. Bruckners polyphone Denkungsart setzte in naiver Weise eine Gemeinschaft Mitgläubiger voraus. Er ist nicht Nur-Katholik, sonst hätte er an Kirchenwerken sein Genügen gefunden, seinem Katholizismus fehlt priesterliche „Affektlosigkeit" —, aber sein Diesseits ist durch das Jenseits bedingt, und aus der ursprünglichen Tanz- und Gesellschaftsform, die Beethoven zur Ideenform erhebt, bildet er die Sinfonie als Kultform. Zwei ethische Welten, die sich nie decken. Te dominum laudamus — Zu dir, Frau Venus, kehr ich wieder . . .!

Wiederholt hat Bruckner davon gesprochen, eine Oper zu komponieren, auch in einem Dankschreiben an König Ludwig von Bayern will er sich „später der dramatischen Komposition" zuwenden. Gewiß schwebte ihm ein übersinfonisches Kunstwerk vor, und öfter äußerte er — der Verfasser hat es selbst gehört — Verlangen nach einem Opernbuch, doch müsse es sein „wie Lohengrin". Nicht Tannhäuser bezeichnete seinen dramatischen Idealstoff, und er konnte sehr rauh und grimmig werden, wenn ihm aus allen schönen oberösterreichischen Orten Textbücher zuflogen, womit ihm wohlmeinende Dichter im Nebenamt Musik entlocken wollten. Er kannte seine Grenzen aus Instinkt. Wenn er auch an die Bühne dachte, so verhinderte ihn seine innere Festigkeit in Form von äußerlicher Ungelenkigkeit, ein gewandter Nachwagner, ein Macher von Theateropern zu werden.

In dankenswerter Weise hat Wilh. Altmann (Die Musik, Jahrg. 1901/2) einen Opernbriefwechsel Bruckners veröffentlicht, und es bestätigt die geschlossene, geformte Natur des Künstlers, daß er auch darin sagt, was er sonst zu sagen pflegte: ein Lohengrinbuch. Fräulein Elisabeth Bolle, die durch größere Dichtungen in literarischen Kreisen einen geschätzten Namen erwarb und mit Bruckner bekannt war, wandte sich unter dem Namen eines Schriftstellers H. Bolle-Hellmund an den Meister mit einer Opernanfrage. Ohne die Verfasserin hinter dem Decknamen zu erraten, antwortete Bruckner aus Stadt Steyr (5. Sept. 1893): „Ihr herrliches Schreiben zeigt mir den großen Genius, der in Ihnen obwaltet. Ich bin leider immer krank! Auf Befehl der Ärzte muß ich jetzt ganz ausruhen. Dann gedenke ich meine Neunte Sinfonie ganz fertig auszukomponiren, wozu ich fürchte 2 Jahre zu brauchen. Lebe ich dann noch und fühlte die nöthige Kraft, dann will ich herzlich gerne an ein dramatisches Werk gehen. Wünschte mir dann eins a la Lohengrin, rom. (romantisch) religiös-misteriös und besonders frei von allem Unreinen — —"

Nach einiger Zeit bearbeitete Fräulein Bolle die Novelle „Die Toteninsel" von Voß unter dem Titel „Astra" und schickte sie an Bruckner. Die Hoffnung, mit ihm darüber zu verhandeln, erfüllte sich nicht —, seine Kränklichkeit nahm zu, und er rüstete schon zum Abschied vom Leben. Sein Sekretär A. Meißner antwortete der Dichterin am 2. Juli 1895: „...... Dr. Bruckner übergab mir Ihr Libretto zu lesen und ist er Ihnen sehr gewogen; doch hab' ich wenig Hoffnung, daß er sich an den gewaltigen Stoff heranmachen wird. Ich vermuthe, daß seinem Genie ein ausgesprochen katholisches Libretto, z. B. eine dramatische Legende, die keineswegs gegen das Dogma verstößt, besser zusagen würde, und müßte die Form entsprechend kürzer gehalten sein, wie z. B. Liszts Legende der heiligen Elisabeth, jedoch gleich für die Bühne gedacht und nicht wie letztere als Oratorium konzipirt und dann in Szene gesetzt, also eine Art Polieucte von Corneille. Leider treffen wenige Dichter unserer Zeit den katholischen Ton, wie ihn die spanischen Dichter, z. B. Calderon, so meisterhaft behandelten und ich könnte Sie nur auf das Aufrichtigste beglückwünschen, wenn es Ihnen gelänge mit Bruckner ein derartiges Werk zu vollbringen. Dies jedoch nur meine Privatäußerung, die ich durchwegs subjectiv gethan, doch muß ich Euer Hochwohlgeboren bemerken, daß sich meine Überzeugungen, speziell religiöse, mit denjenigen des Meisters fast immer decken."

Und besonders frei von allem Unreinen ... Dies ist wohl der wichtigste Satz aus der Episode. Zweifellos hätte Bruckners Dichter, wie Meißner sehr mit Recht äußert, ein Drama gestalten müssen, worin die Tedeumsgläubigkeit, die Credofestigkeit, kurz, sein religiöses Heldentum sich wie in einem szenischen Choral entladen konnte: auch auf der Bühne konnte der letzte christliche Musiker kein anderer werden, als er in Messe und Sinfonie war, und hätte er die Bühne damit gesprengt. Da er den katholischen Dichter nicht zu finden vermochte, fand er auch „seine" Oper nicht, und die Welt blieb um ein Kunstwerk ärmer. Beethoven hat nur einmal seinen Dichter gefunden, den Mann, der, das Beethovensche Ethos erratend, eine fast untheaterhafte Welt der Gattentreue formte, in die Beethoven zuletzt — sich selbst mit dem Bekenntnis der allgemeinen Menschenbefreiung stellte.

Darin liegt wohl auch der Grund, warum Bruckner nicht Chöre, Lieder, Klavierstücke, kurz, nicht Gesellschaftsmusik aller Arten schrieb. Er war keine vielumfassende Natur. Seine Welt ist mehr tief als breit.

Er hat auch keine Chorsinfonie geschrieben. Im Finale seiner Fünften Sinfonie blickt er zwar, die Themen prüfend, auf die Vergangenheit des Werks, die ersten drei Sätze zurück, wie Beethoven in der Neunten. Aber ein Chorfinale? — Hätte Hans von Bülow vom Brucknerschen Ethos gewußt, so hätte er nicht den bissigen Witz gewagt: auch Bruckner werde seine Neunte mit einem Chorfinale schließen müssen.

In der Chorsinfonie, wie sie heute üblich geworden ist, liegt vielleicht das gewaltsame Hereinziehen einer idealen Gemeinde, nach der der Tondichter um so heftiger lechzt, je weniger sie im Konzertsaal vorhanden ist. Als ob außen niemand mehr an diese Musik glaube, sammelt der Tondichter selbst eine Schar Andächtiger um sich. Bruckner mußte aus innersten Gründen davon Abstand nehmen, der Gedanke konnte ihm gar nicht kommen, denn noch vor seiner Gemeinschaft voraussetzenden Sinfonie hatte ihm die Messe die natürliche, singende Bruder- und Schwesterschaft geboten.

Er floh nicht in die Frömmigkeit wie Liszt, er endete nicht bei Gott, er war einer der wenigen, die im technischen Jahrhundert Gott schauen konnten. Sein Ethos erwacht in den Mannesjahren, beseelt Bau und Sprache, seine Reife wird reifer und gibt dem schönen Einfall die Vollendung. Er benützte den zeitlich letzten Musikausdruck, aber in der Treue gegen sein Ethos, im unbewußten Sichreinhalten von jeder „Bewegung" lag die Kraft und Größe seiner Persönlichkeit. Seine Werke sind „Unbekümmerte Sinfonien", bis auf die Zweite abseits von Tag und Tageskritik geschrieben, die gestern „alt" und „ja nicht modern", heute „nur modern" und „Anschluß an die Zeit" verlangt. . . .

Sein religiöses Erlebnis bestimmt seinen Stil.

Seine Phantasiegespräche mit Beethoven, sein Sichkleinfühlen vor ihm gewinnen neue Bedeutung: Bruckner ging vom Erlebnis der reinen Sinfonieform aus, er gibt diesen Formen Weite, Gewalt und Höhe; aber er kann nicht dichterische Ideen musikalisch gestalten, er ist kein Gedankenmusiker. Und fühlt irgendwie, daß es bei Beethoven Welten gibt, in die er nie gelangen, deren Fernen er nie gestaltend durchmessen kann. In diesem Bekennen — er sei vor Beethoven „klein wie ein Hündchen" — ahnt sich seine Enge selbst, mißt er am Unbeschränkten das eigne Beschränktsein.

Bruckners Größe und Grenze liegt in seinem Ethos.

ERLÄUTERUNGEN
UND
BEMERKUNGEN
ZU EINZELNEN WERKEN

> .... und entschuld'gen
> Mag mich der neue Stoff, schweift hier
> die Zung' ab.
> Dante, Inf. XXV.

Erläuterungen? Besser: Vermutungen. Erläutern wollen wäre Überhebung. Die Logik der Musik ist nicht die der Sprache. Sie gleicht dem Zauberbild, das vor dem Erklärer in die Wand hinein weicht, sich ihm entziehend, je näher er zu kommen glaubt.

Man hat Behelfe an den kühlen Handwerksausdrücken: Kopfthema, Seitensatz, Schlußgruppe, Durchführung — Abbreviaturen der Grammatiker, Siegel für formales, architektonisches Geschehen, wohinter sich das Musikgeheimnis erst recht verbirgt. Oder man bedient sich poetisierender Bilder, sucht das Bild mit dem Bild, Gleichnis mit dem Gleichnis zu „erläutern" und sieht vielleicht, daß alles in den subjektiven Nebel rinnt, ins Haltlose des Auch-anders-sein-könnens, das aber der Unkundig-Buchstabengläubige doch für das Sosein und Soseinmüssen nimmt, schon um sich bei irgend etwas zu beruhigen.

Das musikalische Rätsel —! Wenn es sich in Worte ballen ließe, brauchte man nicht jedesmal die 80 Musiker der großen Orchester zu Festlichkeiten aufzubieten. Das Unfaßliche, das in kein Wort der Sprache eingehen will, macht Musik erst zum Erlebnis.

Nur einmal wird sie aufschlußreicher: wenn man sie als Gebärdenkunst betrachtet, aus ihren Zügen, Profilen, Charakteren, Gewohnheiten auf Züge, Profil, Charakter, innere Lebensform dessen schließt, der sie schuf. Denn die Musik ist gestaltgewordene Gebärde. Was im Gesellschaftsleben unterdrückt oder gedämpft, entstellt, verheuchelt, „beherrscht" erscheint, so daß wir eigentlich als Unsichtbare umhergehen, und was nur in den Schreien höchster Augenblicke, in Einsamkeiten, im Eros oder in der Überraschung einmal sichtbar wird —, diese Wahrheiten der Haltung verbirgt die Musik nicht, kann sie nicht verbergen. Der Teplitzer Beethoven nahm Goethen den Gesellschaftston sehr übel, gewohnt, als Musiker, d. i. als Unbeherrschter, zu handeln. Sich selbst erlebend, formen die Musiker ihr Urwesen, und aus den starren Notenlinien blickt ihr unverhülltes Antlitz.

In dieser Richtung glaubt nun der Verfasser näher an das Bild zu kommen. Er will dabei den technischen, den gleichnishaften Ausdruck nicht verschmähen; doch er möchte nicht, mißverstehend, mißverstanden sein: nicht prahlen, Brucknersche Gebärde nun zu

„wissen", noch sibyllinisch wahrsagen, was Bruckner wohl „gemeint" hat. Auch hier gibt es letzte Rätsel, ein Ignorabimus.

Die Zitate geschehen nach der kleinen Partitaturausgabe der Universal-Edition, Wien, die sich zu Studienzwecken vorzüglich eignet. Gleiches läßt sich naturgemäß von den zweihändigen Klavierauszügen nicht behaupten, da sie die Vielstimmigkeiten Bruckners vereinfachen, zusammenziehen oder durch Umstellen unkenntlich machen, ja oft ganz brucknerfremde Arpeggien anbringen oder (wie am Schluß des ersten Satzes der Romantischen Sinfonie statt der hörnerverstärkenden dritten Trompete) — ein Baßtremolo setzen! Als ergänzend kommt für Einzelfragen in Betracht der mit Notenbeispielen versehene Brucknerführer (Meisterführer Nr. 4) der Schlesingerschen Musikbibliothek, dessen Verfasser Karl Grunsky, Willibald Kaehler, Walter Niemann, Siegfried Ochs und Adolf Pochhammer sind. Die Kirchenmusik hat Max Auer ebenso sachkundig wie warm in der Musica Divina (Jahrg. 1913—15) behandelt.

KIRCHENMUSIK

Die 1. Messe, in d-moll, entstanden 1863/64 in Linz, wird daselbst im alten Dom zuerst aufgeführt, in der Wiener Hofkapelle 1867 von Herbeck. Die erste Konzertaufführung veranstaltet Gustav Mahler am 30. März 1893 in Hamburg (Stadttheater), die nächste Richard v. Perger am 17. Jan. 1897 im Wiener Gesellschaftskonzert als Trauerfeier für den Meister.

Die (jetzt als 2. bezeichnete) achtstimmige Messe in e-moll ist komponiert 1868/69 in Linz. Die Enge des Raumes in der Votivkapelle des neuen Linzer Domes zwang den Meister zu einem verkleinerten, nur aus Bläsern bestehenden Orchester. Die erste Konzertaufführung fand in Wien erst nach Bruckners Tod statt, und zwar am 17. März 1899 im Wiener Akademischen Gesangverein (Dirigent: Jos. Neubauer).

Die große Messe in f-moll, vollendet zu Weihnachten 1868, vor der e-moll-Messe, wurde später als Nr. 3 bezeichnet und im Juni 1872 in der Wiener Augustinerkirche zum erstenmal aufgeführt. Ihre erste Konzertaufführung leitete Jos. Schalk im Wagnerverein am 23. März 1893. Im Gesellschaftskonzert erschien sie am 4. November 1894 unter Gericke. Deutsche Konzertaufführungen sind u. a. die 1896/97 in Tübingen von Emil Kauffmann und die mit großartiger Besetzung (1000 Sänger) und Wirkung am 13. April 1903 auf dem Mannheimer Musikfest von Mottl.

Das Tedeum (geschaffen 1883/84) wird am 10. Januar 1886 im Gesellschaftskonzert von Hans Richter aufgeführt, Mitte April 1886 in München, 1891 in Berlin von Siegfried Ochs, 15. April 1892 von Gustav Mahler in Hamburg, am 26. Mai 1892 in Cincinnati mit 800 Sängern und vor 7000 Zuhörern von Thomas, in Karlsruhe von Mottl 1897/98, in Leipzig von Nikisch u. a. m.

Der 150. Psalm, komponiert für die 1892 geplante, aber nicht zustande gekommene Tonkünstler-Versammlung des A. D. M. V. in Wien, wird zum erstenmal im Gesellschaftskonzert von Gericke am 13. November 1892 aufgeführt.

*

Bruckners Messen stehen am Anfang seines reifen Schaffens. Die Träume des Knaben auf dem Chor kleiner Dorfkirchen, das Barockerlebnis von Sankt Florian finden hier erste Erfüllung. Alle drei Messen sind in Linz geschrieben, in Wien entstand keine einzige mehr, was bei einem Tiefgläubigen wie Bruckner gewiß auffallend ist. Aus der Wiener Zeit ragt ein einziges größeres Kirchenwerk hervor, das Tedeum, dem nur der 150. Psalm als Gelegenheitsarbeit folgt. Zwischen der f-moll-Messe und dem Tedeum liegen sechs Sinfonien, also Profanmusik im edlen Sinn. Wenn Beethovens Missa solemnis sich bestimmend in das Gesamtwerk eingliedert und die Neunte Sinfonie sowie Folgewerke beeinflußt, so sind die Messen Bruckners seine Ausgangswelt. In ihrer Form bringt er sich dem Herrgott zuerst dar. Seine christliche Kraft kommt hier, liturgisch bestimmt, zur reinsten Gebärde, und jene heidnische Geste, die wir in seinen sinfonischen Sturz- und Druckthemen, in den Dörperszenen des Scherzos, in den Riesenschlachten seiner Durchführungen erblicken werden, ist völlig ins Katholische gelöst. Kein Konflikt nötigt hier zur Entladung der eingeborenen sinnlichen Naturkraft. Im Tedeum gewinnt die Sehnsucht nach einem konfliktlosen Gottesbekenntnis, nach reinem Gottschauen, schrankenlosem Bezeugen und Auferstehungsglauben noch einmal Gestalt: er schob die sinfonischen Partituren beiseite und sammelte sein gläubiges Herz zu einem großen Hymnus.

In den Messen wird Bruckner entweder bekennend oder schildernd. Er bezeugt sich oder begleitet ausmalend die heilige Handlung, überall beseelt von der gleichen ungeheueren Ehrfurchtsgewalt. Man kann zwei Grundgebärden seiner Kirchenmusik unterscheiden, die Verzückungs- und die Misereregebärde. In den „Phantasien über die Kunst" spricht Wackenroder einmal über die verschiedenen Arten der Kirchenmusik. Er verwirft die „munteren, fröhlichen Töne", in denen manche Künstler Gott wie einen guten Vater am Geburtstag loben — meint er vielleicht Haydn? — und wendet sich den Bildnern des Erhabenen zu: „ . . . diese Musik schreitet in starken, langsamen stolzen Tönen einher und versetzt dadurch unsere Seele in die erweiterte Spannung, welche von erhabenen Gedanken in uns erzeugt wird und solche wieder erzeugt. Oder sie rollt auch feuriger und prachtvoller unter den Stimmen des vollen Chors, wie ein majestätischer Donner im Gebirge, umher. Die Musik ist jenen Geistern ähnlich, welche von dem allmächtigen Gedanken an Gott so ganz über alle Maße erfüllt sind, daß sie die Schwäche des sterblichen Geschlechts darüber ganz vergessen und dreist genug sind, mit lauter, stolzer Trompetenstimme die Größe des Höchsten der Erde zu verkündigen. Im freien Taumel des Entzückens glauben sie, das Wesen und die Herrlichkeit Gottes bis ins Innerste begriffen zu haben; sie lehren ihn allen Völkern kennen und loben ihn dadurch, daß sie mit aller Macht zu ihm hinaufstreben und sich anstrengen, ihm ähnlich zu werden."

Dann aber spricht Wackenroder noch von einigen stillen, demütigen, allzeit büßenden Seelen: — „diese liegen mit stets gefalteten Händen und gesenktem Blick betend auf den Knieen — diesen gehört jene alte choralmäßige Kirchenmusik an, die ein ewiges Miserere mei Domine! klingt und deren langsame, tiefe Töne gleich sündenbeladenen Pilgrimen in tiefen Thälern dahinschleichen — — — —"."

Von diesen beiden Arten der Kirchenmusikwelt besaß Bruckner etwas: die gottverkündende mit der stolzen Trompete, und die büßende des flehenden Pilgrims. Die Wackenroderschen Züge, vermischt mit Zwischenhaltungen, zeigen das Ethos des Künstlers an, und aus der Messenmusik gingen sie in die Sinfonie hinüber.

Bruckner hat keine Liederhefte hinterlassen, keine Oper begonnen: was er an Lyrik und Dramatik besaß, fingen die Messen auf und bewahren es im geistlichen Gewande. Er erreicht nicht die Fülle Haydns, nicht Mozarts Reichtum an Messen, Motetten, Litaneien, Orgelsonaten: auch auf dem Gebiet ungehemmter Glaubensfreudigkeit sehen wir den Spätentwickelten, Langsamschreitenden, Schwererobernden, den Engen und Breiten seiner vormärzlichen Jugend hemmend und fördernd bestimmend. Je dürftiger die Chor- und Orchesterverhältnisse von Windhaag und Kronstorf, desto gewaltiger die Sucht nach Entfaltung in massigem Pomp und florianischer Größe. So ist seine Kirchenmusik mehr tief als breit. Er sammelt seine Gläubigkeit in wenigen Lebenswerken, alle beladen mit den reifsten Gedanken, gestaltet von einer Ehrfurcht, die den modernsten Ausdruck mit alter Gediegenheit vereint.

„Wenn ihnen nichts einfällt, so nennen sie's kirchlich", pflegte er über die Erzeuger von Durchschnittsmessen zu spotten. Als Qualitätskomponist, an seinem Kinderglauben festhaltend, die Seele voll süßer Himmelsbilder, gab er dem Katholizismus neue Zungen.

Seine Messen sind in erster Linie liturgisch gedacht; auch die Möglichkeit und Wirkung der Konzertaufführung ändert daran nichts. Es sind dienstbare Werke, die den Priester am Altar, den von Andächtigen gefüllten Raum, das Hochamt voraussetzen. Es lag außerhalb der Brucknerschen Ethik, den Messentext als dichterische Grundlage zu betrachten: er brauchte keine Brücke zum Glauben. Das heilige Wort lebt in ihm, er will sein Diener sein.

Alle drei Messen, von denen wir die in f-moll als die bedeutendste heraushebend durchsprechen, stehen, nach der Tonart des Kyrie, in Moll. Bruckner geht dem Ursinn des Ausrufs nach: Erbarme Dich, Herr; er empfindet sich als die sündige Seele, und klagt in der Gestik des Miserere. In der e-Messe beginnt der Frauenchor zagend, schmerzlich dissonierend, und die Männerstimmen sprechen es ehrfürchtig nach. In der f-moll wie in der d-moll hat das einleitende Instrumentalmotiv die gebeugte Wackenrodersche Haltung und wird sogleich in Imitationen verdichtet.

Dann nehmen es (in der f-moll) die Frauenstimmen auf, kurze zwei- oder vieraktige Anrufungen verrinnen mutlos im pp des ersten Halbschlusses, beginnen von neuem, drängen, begehren, schwingen sich auf — aber selbst die ersten melodischen Breiten des Chorals wagen noch nichts. Der Anfang klingt überhaupt nach verzagtem Nichtwissenwohin — und doch ist er schön geordnet: d r e i m a l wird der Herr, dreimal wird Christus angerufen, und diese liturgische ist die formale Gliederung des Satzes.

Die Anrufungen Christi, As-dur mit Violinsolo, bilden den Seiten- oder Gesangsatz des Kyrie. Bruckner denkt bei aller Inbrunst sehr klar, ja, seine Inbrunst steigert den Willen zur Klarheit. Er erfindet Lichtgegensätze zum Kyriedunkel, die engelhaft hereinsingenden Sopransoli, die zarte Violinstimme, die spielenden Figuren, wie zu seiner Lyrik immer diese Dinge der Zartheit gehören: Violinsolo, Figurenschmuck und die geschwellte Brust der Melodik.

Danach wiederholt er den Hauptsatz in f-moll, nicht, um ihn zu wiederholen, sondern ihn zu steigern —, jetzt erst w a g t der

Chor etwas, jetzt erst wird die Bitte stürmisch, das Orchester erwacht zu Bewegung, die Stimmen ballen sich, das Hauptmotiv verkehrt seine Linien, sie steilen sich auf, drängen dem Himmel zu, vor den Augen der Gläubigen öffnen sich die seligen Fluren, der Inbrunstakkord von E-dur (Quartsext) braust in Herrlichkeit, die Weiterführung geschieht in hohen melodischen Wellungen, die Frauenstimmen werfen sich frohlockend empor, so schön, wie es nur Frauenstimmen vermögen, in deren Höhe immer der Enthusiasmus mitklingt, die Bewegung wird bewegter, erregte Solostimmen rufen dazwischen —, da bricht das Orchester ab: — ganz hochgelagert flüstert plötzlich der a-cappella-Chor in äußerster Innigkeit, wie wenn das Pianissimo eindringlicher sei als das stärkste Forte — aber ihrer Niedrigkeit immer heftiger bewußt, sinken die Stimmen in Erschlaffung zurück: sie haben alle Grade durchmessen, alles versucht, nun bleibt nur noch die Gnade des Herrn.

Das Cello nimmt das Klagemotiv des Anfangs auf, und zuletzt bebt der Chor der Beter murmelnd, psalmodierend, auf der einen unbeweglichen Quint C zum f-moll-Abschluß des verhallenden Orchesters.

So vielfältig klingt die Brucknersche Kyriebitte: als Flehen der Demut, Werbung, Zuversicht, Hymnus, Überschwang und Litanei. Er weicht dabei von der Wiener Messenüberlieferung ab, die namentlich für Festtage ein helles, freudevolles Kyrie kennt, woraus sich Haydns frohe Miene erklärt, ja zum Teil noch Beethovens majestätisch strahlendes D-dur. Er hält sich an das wahrhaft katholische Kyrie, ja an das Choralkyrie, wie es etwa die schöne Choralmesse Nr. 9 unter ähnlicher Dreiteilung und höher gelagertem Christe zeigt. Seine liturgische Denkweise hält den normalen Gang ein: von erstem zagenden Bitten bis zum Vertrauen, das aus voller Brust und Kehle singt. Dabei läßt die Kirche den musikalischen Notwendigkeiten volle Freiheit, erlaubt die sinfonischen Möglichkeiten, erlaubt auch Wortwiederholungen, die nur nicht bis zum Übermaß gehen sollen (wie bei Palestrina, dessen Sanctuswiederholungen ihm manchen kirchlichen Tadel zuzogen).

Das Gloria schildert in fast nervöser Erregung den Ruhm des Herrn. Der Text gehört, aus dem Griechischen stammend, zu den ältesten Bestandteilen der Messe: ein künstlerischer Preisgesang auf

Gott. Die Ungeduld des Künstlers, dem der Hymnus von Jugend auf geläufig ist, entzündet sich daran und macht den Satz zum Allegro der Messensinfonie. Als gläubiger Katholik empfindet er auch die innere Schwere der wie Hammerschläge niedersausenden Epitheta: domine — rex coelestis — pater — aufs lebendigste, Dinge, die für den Durchschnittsmusiker nur Wortschälle bleiben —, daher der Anfang mit dem verkündigenden Frauenchor, in der Höhe, dem C-dur, das nach f-moll doppelt hell klingt, dem gleich Bläsern zusammengeballten Männerchor „Gloria in excelsis!" Die Chorstimmen werden von einem Erlebnis ins andere geschleudert: zerdehnen sich und kauern beim Adoramus ehrfürchtig zusammen; raffen sich zum Glorificamus mit einem hartnäckigen Enthusiasmus auf, wiederholen und wiederholen die Viertelnoten von Dreiklängen, als seien sie die vervielfachte Brucknersche Stimme selbst.

Das Gratias, den zweiten Teil einleitend, schwebt aus Frauenmund über vorsichtig schreitenden Instrumentalterzen dahin, sein a-moll gibt Gegensatz, seine größere innere Ruhe ist herkömmlich. Aber bald folgt in wachsendem Gefühl eine viel breitere, höhere Lobpreisung, als sei die erste Danksagung (Gratias) nur schüchterner Ansatz gewesen. In oktavigem Sturzmotiv singen die imitierenden Stimmen, einander überbietend, das Domine, rex coelestis; die Inbrunst verkürzt die Oktavrufe zu ungeduldigen Schreien („Domine!"), spannt dann zur bildhaften Anschauung des Pater omnipotens die Notenwerte über zwei Takte aus, flüstert den zarten Namen Christi, um endlich im einmütigen Unisono anzuschließen: Filius Patris.

Bei alledem bekundet das Orchester seine Freudenunruhen durch die Unermüdlichkeit seiner Achtelfiguration, die es durch ein Trillerstoßmotiv (das sich auch in den sinfonischen Werken findet) erhöht: das Abbild der innern Teilnahme des Komponisten.

Nun folgt die übliche langsame Kontrastgruppe: der Adagiosatz des Qui tollis: der du die Sünden der Welt auf dich genommen hast. Ein Dreivierteltakt — der erste der Messe — mit klopfenden Achteln, überschwebender Violinfiguration, imitierenden Choralkantilenen und verkürzten Chorausrufen „Suscipe!" Man fühlt die Unmittelbarkeit der Bitte durch. Alles ist lebendige Gegenwart: das Sichaufschwingen der Flehbitte in polyphoner Führung, die breite choralartige Ballung in der Triumphtonart E-dur, mit Hörner- und

Trompetenglanz — das m u ß zum Himmel dringen! — und das verstörte, furchterfüllte Psalmodieren: „miserere..!", dann die Fermate des Mutschöpfens und die Erneuerung, das eindringliche Ans-Herzlegen des Miserere, womit das Adagio im Chor ausklingt. Man ist geneigt, hier die Abkunft jener Dreiviertelsätze zu erblicken, die Bruckner gern in das Sinfonieadagio einbaut.

Der Mittelteil Quoniam tu solus nimmt Motivik und Bewegung des Gratias wieder auf; aber das Cum sancto spiritu reißt die Stimmen zum ekstatischen Unisonoruf empor, aus der physischen Anspannung, gleich Beethoven in der Neunten, den Grenzausdruck erzwingend: über sechs Takte ist das g ausgespannt, ein Gloria, worin die ewige Unveränderlichkeit mit Bewußtsein gemalt wird. Hierauf das Brucknersche Vor-sich-selbst-Erschrecken und Einsinken — ein tiefer Einschnitt — und nun stimmt er, alle Kräfte verdichtend, den Abgesang seines Gloria an, die große Amenfuge (In gloria Dei patris Amen).

Wieder geht er, als wahrhafter musikalischer Liturge, dem Ursinn des Worts nach. Amen bedeutet: es soll geschehen! Und dieses Amen stimmt die eine Chorhälfte an. Um aber der Gemeinde das W a s , den Inhalt des Geschehensollens anzudeuten, stimmt die andere Hälfte an: In gloria patris — die Ehre Gottes soll Tat werden! So bekommt durch die Fuge das Gloria erst seinen ethischen Abschluß. Das Thema ist lapidar. Urschrittig beginnend (Oktav, Quint), stürzt es in verminderter Sept ab, und bricht willenerfüllt, trillerrollend in die Höhe zurück. Die polyphone Arbeitslust lebt sich in Engführung, Umkehrung, Vergrößerung aus, die modernste Chromatik wird fugenfähig; zuletzt ist das Thema wie zu einer ungeheuern Inschrift im Sopran verbreitert, und der innere Jubel der Fuge nimmt unter Streichertremolo und Ergießen in harmonische Überraschungswelten geradezu Strettaformen an: alle Möglichkeiten des Prunks müssen herbei, um die Verklärungsgestik „mit der stolzen Trompete" zu vollenden.

Das Gloria war ein lyrischer Teil der Messe; das C r e d o ist sein epischer. Alle kirchengeschichtlichen Erinnerungen werden dabei im katholischen Herzen wach, alle Kämpfe des Glaubens seit den Tagen der Synoden von Nikäa und Konstantinopel, alle Siege über Widerstände von Arianern, Gnostikern, Donatisten, Manichäern ziehen vorüber —, das Credo kam denn auch verhältnismäßig spät in die Messe, nicht ohne Betonung der Absicht, ja wurde in Rom anfänglich nur vom Kleriker am Altar gesungen: als gläubige Zustimmung zu dem aus dem Evangelium Gehörten und als Grundlage der folgenden Opferung, die eben im Glauben ihre tiefste Wurzel hat.

Gewöhnlich beginnt der Priester mit dem nikäanisch-tridentinischen Bekenntnis: Credo in unum deum, worauf der Chor fortfährt: patrem omnipotentem ... In der d- und in der e-Messe hält Bruckner wie die Wiener Klassiker an dieser Gewohnheit noch fest; in der f-moll wiederholt er, abweichend, das volle Bekenntnis des Priesters.

Das Fortissimo, die Markigkeit der Linie, die Festigkeit der Prägung machen das Credomotiv zu einem Hauptereignis der Messe: es bezeugt in seinem Ausdruck die fides firma, die fides intrepida, die felsenfeste Unerschütterlichkeit. In schweren Viertelnoten schreitende Orchesterbässe geben der Chormasse Flugkraft, es sind die zur fides viva, zur Glaubens t a t drängenden Stimmen. Fast als Dogmatiker hat Bruckner das tridentinische Credo gestaltet. Wenn er später in der Des-dur-Pracht aller Bläser in breitester Chormelodie und wahren Verzückungsausdruck Jesus als deum verum de deo vero bekennt, dann steigert er den Glauben zur welterobernden Macht.

Das Credo-Motiv wirkt auch insofern formal-gestaltend auf den musikalischen Ablauf ein, als es bei jeder der drei göttlichen Personen, Vater, Sohn, Heiliger Geist von neuem angestimmt wird. Dazwischen malt die Ehrfurcht deren Attribute aus, so den Schöpfer der sichtbaren Dinge, und, im Halbton sinkend, den der Unsichtbaren (Unisono-Flüstern des Chors in der Fremdnote Cis), das lumen de lumine (lichtstrahlendes Aufgehen von vier Solostimmen im pp, C-dur), schweigende Anbetung des Unfaßbaren im herabgleitenden Unisono (natum ante omnia saecula), Tiefsprünge der Oktave beim Descendit, und erwartungsvolles Abbrechen.

Nun folgt das Glaubensgeheimnis: et incarnatus est in der Verklärungsform. In E-dur eine Solotenorstimme in süßer Kantilene, mysteriöse hohe Bläserachtel und die verherrlichende Solovioline: alle Farben zarter Verehrung und keuschen Meldens sind vereint. Und den Absätzen des Tenor-Ariosos folgt im Abstand, zweimal wie bejahend, ein Nachgesang der Posaunen: so ist es ...

Schwer keuchende Violinsynkopen zeigen die wachsende Angst

des Künstlers beim Crucifixus: er ist als Zuseher am Leiden und Sterben Jesu Christi erlebend beteiligt: — was wird nun geschehen..? Er schildert nicht einen realen Vorgang wie in der d-Messe — er will persönlich zum Mitleiden auffordern. Das Baßsolo ruft das Passus in Schmerzvorhalten, der Chor wiederholt es voll Erschütterung, das Orchester erstarrt vor dem Ungeheuern, der a-cappella-Chor bohrt sich in die Vorstellung des Gelittenhabens ein: versteht man, daß ein Gottmensch leiden kann — für uns leiden, die wir Sünder waren? (Römerbrief, V. 10).

Darauf eine Szene voll Glanz: Et resurrexit, Jesu Auffahren in den Himmel. Bruckners gothische oder domige Begleitungsfiguren steigen aus der Stufe, domig, weil sie nur lapidare Schritte, keine profane Passagenlust kennen. Und darauf erheben sich die Marmorsäulen des Triumphakkordes E-dur. Schilderte Bruckner die Auferstehung in der d-Messe naturalistisch, so zeigt er hier nur seine Jubelgebärde über das Geschehnis selbst, seine Technik hat an Vergeistigung gewonnen. Beim Ascendit in coelum werden die Chordreiklänge achtstimmig: das Reich Christi, des Königs, ist gegründet, und der Künstler preist die objektive Sicherheit des Bleibens, das Erhabene und Dauernde der Herrschaft. Christus wird aber wiederkommen im Ruhm, um zu richten die Lebendigen und die Toten: einander ablösende und zurufende Stimmen, drohende Bässe verkünden diese Wiederkunft, ein furchtbares Tremolo der hohen Streicher durchzittert den Raum, Des-dur bricht herein, und das Bild des „cum gloria" thronenden ewigen Richters selbst geht auf, ein Gewalteindruck, den die Kunst nur in Michel Angelos Jüngstem Gericht und sonst selten erreicht hat. Tiefe pp-Soprane, die plötzlich in die ff-Oktave aufschauern, sprechen von der Angst der Herzen, die zackigen Baßstimmen von der Wucht des Gerichts.

Das folgende gilt der musikalischen Ausmalung des endlosen Königtums Christi, worauf (Buchstabe L) der Schlußteil beginnt, der sich mit dem vollen Credomotiv der dritten Person zuwendet. Das gleiche Motiv deutet die Gleichheit der drei Personen an, die streng katholische Anschauung wirkt formend auf den Satz. Mit den Worten et vitam venturi saeculi amen (Buchstabe P) wäre der Messetext zu Ende. Nun folgt aber eine grandiose Zusammenfassung des Ganzen.

Eine Art Coda beginnt. Die einzelnen Stimmen versuchen zur Melodie des Credomotivs das vitam venturi anzustimmen; schon scheint sich daraus ein fugierter Satz zu entwickeln; aber höher als polyphone Leidenschaft steht dem Künstler das Bekenntnis. In alles Geschehen, Ansetzen, Beabsichtigen, kurz in alle Pläne ruft der zu Stein zusammengewachsene Chor sein Credo, nichts als Credo! Zuletzt werden alle Stimmen zu einer einzigen breiten Machtstimme, die an den Schluß den Anfang setzt, das Alpha zum Omega, das Credo. Deutlich spricht der Künstler in die Welt: unum necessarium, Eins tut Not, der Glaube!

Bruckner bekennt hier, über den Anlaß hinausgehend, sein Individualethos der Gläubigkeit als Herold und Kämpfer.

Das Sanctus hat in der „Handlung" der Messe eine bestimmte Funktion: die Präfation hat eben mit der Zitierung der Engel aufgehört, der Priester richtet an Gott die Bitte, der Gemeinde zu erlauben, ihre Stimmen unter die der Engel zu mischen. Unmittelbar darauf stimmt die Gemeinde nun ihr „Sanctus" an, getragen, leise geschwellt, ehrfürchtig, wie es sich in Gegenwart der Engel geziemt, deren seraphische Stimmen das hochgelagerte, ganz zart instrumentierte Orchester andeutet. Erst beim Dominus Deus Sabaoth erhebt die Chormasse die volle Stimmenkraft, um sogleich im „Sanctus" pp zu erschauern. Um die Wahrhaftigkeit zu bekräftigen, klingt aber das Deus Sabaoth entfernt an das C-dur des Credo an.

Nach dem Pleni sunt coeli löst sich aus dem Chor eine einzelne, helle Sopranstimme: Hosanna in excelsis. Es ist der frische, fröhliche Kinderjubel, der bei Jesu Einzug in Jerusalem ertönte, die Kinder reißen auch die Alten mit, alle Stimmen bekommen die Jubelgebärde, die Soprane werden von der Ekstatik des Künstlers bis zum hohen B geschleudert, und das Stück schließt mit dem verbindenden Wohlgefühl der Lobpreisenden.

Als Kirchenlyriker steht Bruckner am höchsten im Benedictus. Die Wandlung ist vorbei, die Herzen haben nur noch eine Sehnsucht, die der Anbetung. Bei Bruckner ist diese Sehnsucht persönlich gesteigert. Er hatte in Krankheit gelegen, ein Irrender und Leidender: nun gab ihm Gott die Kraft zur Arbeit zurück, und er verströmt sich in einem großen, schwärmenden Gesang des

Genesenen. In voller Seligkeitsgebärde beginnt er in As-dur, der Seligkeitstonart, eine Melodik von Innigkeit und Ritterlichkeit, deren zweiter Teil, f-moll, mit dem Baßsolo beginnend, die Innigkeit zur mystischen Beschauung wandelt. Nirgend hat er solche lyrische Tiefen, nirgend solchen Reichtum des Gedankens entwickelt, wie hier in diesem fließenden, klar gegliederten Lied der Anbetung. Bei der letzten Wiederholung entführt Überschwang des Herzens die Benedictusmelodik in fremde Tonarten, hebt sie auf den heimatlichen Terzquartakkord und läßt sie in frohlockenden, himmlischen Schalmeien verklingen (was im Andante der Vierten Sinfonie wiedererklingt). Vielleicht darf man annehmen, daß etwas von der Benedictusmystik in die sinfonischen Adagios übergegangen ist, auch wenn sie nicht motivisch zitiert wird, wie im Andante der Zweiten Sinfonie. Das Kinderhosanna aus dem Sanctus schließt dieses Herzstück der ganzen Messe ab.

Das **Agnus** wird liturgisch vom flehentlichen Gedanken bestimmt und führt, im Großen betrachtet, zur Misereregebärde des Kyrie zurück. Es steht auch im Kyrie-Moll. (Für den Musiker bemerkenswert sind Terzengänge zum Halbschluß, wie sie sich im Adagio der Dritten Sinfonie finden, sowie Sextengänge von Mozartscher Lieblichkeit.) Zuletzt aber erhellt sich der Himmel, und das Kyriethema erscheint im sanften Licht von F-dur zum Dona nobis pacem, zur Friedensbitte. Es ist dies nicht geradezu Bruckners Erfindung, aber er betont in sinnvoller Schönheit die Einheit des Messegedankens, zumal wenn er dem Dona noch das Motiv der Amenfuge unterlegt, ja zuletzt das Credo als Hauptmotiv anklingen läßt: das beseligende Bekenntnis, still vor sich hin wie im Kämmerlein gesungen, faßt das Gläubigkeitsethos zusammen —, damit entläßt der Künstler den Hörer.

Die Messe des Katholizismus hat eine schöne dreiteilige Gliederung: ein Teil umfaßt Introitus, Kyrie, Gloria und Credo; ein zweiter Offertorium, Sanctus, Wandlung, Benedictus und Agnus; zuletzt folgt Communio und Segen. Der erste Abschnitt führt steigernd weiter, die Linie der Messe erreicht den Hochpunkt in der

Wandlung und sinkt dann langsam dem Ende zu. Diese domhafte Form hält auch die Brucknersche Messenmusik ein.

Eine andere Absicht und Gestalt hat das Te deum. Sein Text ist der Hymnus, den Ambrosius, der Bischof von Mailand, mit dem heiligen Augustinus zusammen geformt haben soll: ein Preisgesang auf Gott, durchbrochen von Gebeten. Bruckner beginnt den Hymnus mit der in Vollkraft vereinten Stimme des modernen Orchesters (3 Trompeten, 3 Posaunen, Kontrabaßtuba), dem Orgel- und Chorfortissimo, ein Einsatz, der selbst schon einen Höhepunkt zu bedeuten scheint. Und so verhält es sich auch. Die seelische Lage des Tedeumkomponisten ist ungefähr diese: er steht unter dem Druck einer Erlebnismacht, er hat nach Worten gerungen, von neuem gesucht und nichts gefunden —, auf einmal brechen die Schleusen seiner Seele, und es strömt das einzige heraus, das aufgestapelte Erregung löst: Tedeum laudamus — der Gottespreis!

Dies erklärt den Kraftanfang des Werks, sein geballten Chorunisono, den schmetternden Einklang des Posaunen- und Trompetenchors mit dem Hauptmotiv, sein paukendurchdonnertes Festlichkeits-C-dur, die Jubelgestik dessen, der den erleuchteten Dom und den Bischof im Ornat als Diener des Unfaßbaren vor sich sieht. Die lapidaren Begleitungsfiguren der Streicher wurden als „Riesenschaukel" verhöhnt, sind aber wie die in der f-moll-Messe unprofane Passagen, rein katholisch empfunden.

Dieser Gewaltsatz, dessen Rhythmik sich wenig ändert, und dessen Festlichkeit alle Farbenwechsel harmonischen Reichtums unterstützen, endet beim Te Ergo, dem ersten der beiden Gebete. Das Te Ergo hat die schon in der f-moll-Messe auftretende verklärende Gebetsform: die melodische Solostimme, die klopfenden Begleitachtel und die verherrlichende Solovioline in Sechszehntelfiguren. Darauf das hymnische Aeterna fac mit den verkürzten Oktavschreien des Tenors, wie sie ebenfalls schon jene Messe kennt, und als zweites Gebet das Salvum fac in der gleichen Anlage und Gestalt wie das Te Ergo. An lyrischer Formerfindung scheint der Künstler nicht gleich reich zu sein wie an melodischer und rhythmischer.

Mit dem Per singulos dies beginnt der Schlußteil, der das kurze Werk zu den Höhen der Finalekstatik führt. Ein ethischer Gedanke, der der unbesieglichen Hoffnung auf Gott, hat hier zwei musikalische Gestaltungen gefunden: den Gewaltchoral Non confundar in aeternum, der erst in einsamer Stellung angestimmt, noch nicht voll entwickelt, gleichsam ein Eingangstor bildet zu der Fuge, und das Thema eben dieser Fuge: In te Domine speravi.

Der Künstler steht vor den letzten Steigerungen seines Werks. Wird er das würdige Instrumentum dei sein? Seine Kraft zum wahren Gotteshymnus ausreichen? Und mit welchen letzten Mitteln? Er hat mit Steigerungen begonnen, nach denen bei anderen nur Erschöpfungen folgen können; er hat Erfindung und Technik, aber die Kraft des Glaubens wird sie zur Übererfindung, zur Übertechnik steigern, er wird nicht zuschanden werden.

Zunächst war die Homophonie des Anfangs leicht zu überbieten, und zwar durch die Polyphonie, und die Summe seiner kontrapunktischen Wissenschaft aus den Sechterjahren ziehend, quadert er eine Fuge auf, die die Lyrik der Sänger zur forttreibenden Handlung macht und dem Tedeum die Innenmächte verleiht: ein Brokatmantel, nicht auf den Schultern eines Bettlers, sondern eines Königs. Hätte sein Zeitgenosse Hugo Wolf diese Riesentechnik besessen, dann wäre sein geistliches Oratorium „Christnacht" zu einem höheren Schluß gekommen.

Und dann erfindet die Phantasie eines Unerschöpflichen einen Choral von einer Inbrunstgewalt, wie sie nur die frühchristlichen Erfinder der Urchoräle hatten — hier triumphiert der Enkel des Mittelalters — das Gebilde steigt als neue Welt ans Licht — und nun steht man im unmittelbaren Erlebnis des um die Ekstatik ringenden Künstlers.

Er zwingt die Stimmen bis an die Grenzen, er treibt den Tenor über Regel und Gewohnheit zu Hochtönen, die, als Vorhalte betrachtet, geistig schon über dem Sopran liegen, und den Chor mit unerhörter Druckkraft erfüllen. Und doch alles so, als zwänge er seine eigene Stimme zu diesen letzten körperlichen Möglichkeiten, die erst dann aufhören dürfen, wenn er die Antwort Gottes zu hören glaubt. Er läßt die Chorkraft abnehmend zurückgehen, die Höhen aber nicht sinken: er hält die Stimmen wie mit zitternden Fäusten in ihren Mühen und Spannungen fest, schiebt sie höher und drängt unter das B des Soprans noch dissonierende Akkorde, die die seltsamste Konsonanz ergeben — bis eine Bresche in den

Himmel gesungen ist, wohinein nun die Kolonne des Chorunisono in Allebreve-Freude stürmt: non confundar in aeternum!

Der Hoffende hat den Schemel Gottes erreicht, der Hymnus seine Höhe erkämpft.

Bruckner, der, um einen einzigen merkwürdig gelagerten Vorhaltston zu hören, die Wagnersche Götterdämmerung aufsuchte, hat, oben auf der Galerie des Opernhauses sitzend, künstlerische Vorstudien zu dieser Tedeum-Extase getrieben. Niemand hätte in dem simpeln Zuhörer einen Schwerarbeitenden vermutet, dessen ergreifendes Kämpferbild der Schlußsatz des Tedeums zurückließ. Nur wer solches Ethos selbst erprobte, durfte verkündigen: Ich werde nicht verworfen in Ewigkeit!

DIE SINFONIEN

Die Sinfonien bedeuten zunächst ethische Fortführung der Kirchenmusik in den Formen der Profanmusik. Aber die zweite tiefversenkte Naturkraft, der Heide im christlichen Bruckner, drängte zu Äußerungen, denen die Kirchenformen nicht mehr genügten. Die Natur, die strenge Einheit des Charakters nur in Feldwebelstuben liebt, pflegt ihre Prachtexemplare aus vielen Erden zu mischen. Den seelischen Ausgleich, Ruhe in Gott zu finden, bildet das Thema des sinfonischen Kampfes, der sich nun erhebt. Noch hat die ganze Fülle der Seele nicht geklungen, noch nicht der Gläubige seine volle Wirklichkeit, sein Verhalten zu Gott und Natur bekannt: das muß hervor, muß, aus dem Innersten gepreßt, zu Form und Klang werden. Es kostete den Künstler ungefähr sieben Jahre schwerster Anstrengung — etwa von 1866 bis 1873 —, um, zu seinem Selbst vordringend, ihm die Wahrheit zu entreißen. Das immer von neuem Ergreifende der Brucknerschen Sinfonie liegt auch zum größten Teil an der prachtvollen Ehrlichkeit, mit der nur Kind oder Genie seine Erregungen bloslegt. Diese Entwicklung, an die sich stilistisches Sicherwerden und Sichverfeinern, Gewinnen des letzten großen Niveaus im Hochbrucknertum schließt, soll im folgenden betrachtet werden.

Die Erste Sinfonie, komponiert 1865/66 in Linz, ist nicht die allererste. Gräflinger kennt auch eine in d-moll. Dann geht noch vorher eine Sinfonie in f-moll, komponiert 1863, ein Studienwerk, das Bruckner bei Kitzler vollendete. „Es war dies mehr eine Schularbeit, zu welcher er nicht besonders inspiriert gewesen war, und konnte ich ihm über dieselbe eben deshalb nichts besonders Lobendes sagen: Über diese meine Zurückhaltung schien er gekränkt, was mir bei seiner unendlichen Bescheidenheit auffiel. Später, nach Jahren, gestand er mit Lachen, daß ich doch recht gehabt hätte." — Die Universaledition hat das Andante aus dieser f-moll-Sinfonie herausgegeben: es zeigt klassische Abkunft und stellenweise die Klaue des Löwen.

Die als Erste bezeichnete Sinfonie steht in c-moll, sowie die Zweite und die Achte Sinfonie. Als Einfallskünstler änderte Bruckner die Tonarten nicht ab, mochte es praktisch sein oder nicht, so wenig wie er die Tonart seiner Neunten änderte, die wie die der Beethovenschen Neunten d-moll ist: „Es ist mir halt so eingefallen".

Die erste Aufführung der c-moll, Nr. 1, in Linz, 9. Mai 1868. Instrumentale Umänderung zwanzig Jahre später und Aufführung in dieser neuen Gestalt in den Wiener Philharmonischen Konzerten, 13. Dezember 1891. In Linz: 20. März 1898, wobei das Werk unter August Göllerichs Leitung wahren Jubel erregte. Erste Aufführung in Deutschland: 1898—1899 in Mannheim durch Kapellmeister E. N. von Reznicek, dann Oktober 1902 in Berlin durch Richard Strauß mit dem Berliner Tonkünstlerorchester. —

Mit dem Hauptthema der Violinen über Viertelbässen setzt die erste Szene eines sinfonischen Seelenbildes ein, die charaktergebend ist wie ein erstes Romankapitel, ein eröffnender Auftritt. Shakespeare wetterleuchtet so über die Bühne im Lear, Balzac wirft so erste Symbole aus wie Bruckner in seiner Freiheitssinfonie. Ungebärdig stößt das Kopfthema um sich, nimmt in bockigem Sprung die Sext, die Oktave, und rumort wie in einem Käfig. Seine zornigpunktierten Rhythmen, seine rechthaberischen Vorhalte (Takt 10—13), das neue eckige Baßthema mit Sprungoktav und mit Sextolenrollen — alles spricht von Protest, von Freisein- und Nach-eignem-Kopfvorgehen-wollen. Hier herrscht nicht mehr die kirchliche Gebärde, hier geht's sehr weltlich, zerrissen und rauflustig zu: die Gemütsunruhen des Diesseits.

Eine sehr knappe Überleitungsgruppe — die Holzbläser haben nur sieben Takte Zeit dafür — beruhigt die Aufgebrachtheiten für den Augenblick; aus Es-dur löst sich ein edles Gesangsthema und bildet einen schönen Kontrast für ein erstes, singendes Allegro. Aber noch wird hier nicht von der Heimat gesungen — der Künstler lebt in der Heimat selbst — erst später, in den Wiener Jahren, wird er sich sehnsüchtig dahin zurückwenden, und dann finden an dieser Stelle, im Seitensatz, alle Ländlerlüfte ihren Platz.

Zu breiter Lyrik ist überdies nicht viel Zeit: schon stapft die Wucht eines Unisono einher, von Violinen umspielt, von figurierten Bläsern begleitet, dazwischen hartnäckige Oktavrufe der ersten Trompete, des dritten Horns, die Figurenwelt der hohen Streicher wird erregt — Sturm in den Wipfeln — und aus der Tiefe wächst ein hymnenartiges Gebilde der Trompeten und Posaunen, wie in der Wut empfangen. Es kümmert sich nicht um Linie, um Glätte, ein echtes Sturzthema will es zermalmen: Quos ego! Aus seinen weit gespreizten Schritten sieht man die Tritte des Organisten: man kann es auch ein Pedalthema nennen. Nach diesem Sturmangriff in der Schlußgruppe tritt seelische Beruhigung ein: Aufatmen, Sichsammeln, und zwar mit einem kleinen, weichen Folgemotiv der Holzbläser, Festsetzung auf Es-dur, erster tiefer Einschnitt im sinfonischen Bau.

Der Vortrag entwickelte also bisher: ein gruppiges Hauptthema, eine kurze Überleitung, das Gesangthema und die Schlußgruppe mit einer breiten Entladung. In ziemlich gedrängter Form (15 Parturseiten) wurden die geistigen Energien gesammelt, die Konflikte vorbereitet. Aus der Kitzlerschule hervorgegangen, entwickelt der junge Sinfoniker die Form genau, erfüllt sie aber mit ganz individuellem Erlebnis: ein neuer Stürmer, ein neuer Mensch tritt auf.

Auf diesen Satzeinschnitten verweilt Bruckner gern in lyrischem Spiel, er zögert, um sich Mut zu machen — Großes steht bevor: wie im Überfall setzt die Plötzlichkeit der Bläserhymne mit wilden Umspielungen ein. Der Künstler kommt auf seine Erregung zurück, sie ist ihm Haupt- und Herzangelegenheit. Der Hörer hat seinen Seelenzustand gesehen, er ist vorbereitet zur eigenen Produktivität: Die Durchführung läßt das formgewordene Kräftespiel sehen. Alles wird versucht, das lyrische muß sich mit dem Protestthema messen — wer ist stärker? offenbar der härtere Schädel — die Sextolenskalen, die Oktavenschreie werden aufrührerisch, es kommt zu unheimlichem Fortstürmen über alle seelischen Akzente — Paradieseshelle und tiefe, schauervolle Nacht — von halbem zu halbem Takt, dann von Viertel zu Viertel wechselt FF und pp in den Skalenungewittern, bis die faustische Gewalt entladen ist — — die Sextolen sinken zur Dominante, der erste Teil kann wieder beginnen, die halbvergessene Form sich wieder bemühen.

Die Wiederaufnahme ist sinngemäß nur etwas verdichtet (keine Überleitung zwischen Kopfthema und Gesang); nach der Schlußgruppe wird noch weitergekämpft: die Trompete mit dem Gesangsthema versucht gegen das Protestthema durchzustoßen, schon ganz der Prinzipienkampf, den der spätere Bruckner (8. Sinfonie) entfesselt.

In der Coda rasen die Unisonostreicher voll eigensinniger Leidenschaft ihre Thematik zu Ende. Sextolengeschmetter der Hörner. Hundert Stimmen rufen: Quod nego! Unwirsch, unversöhnlich ist die Gebärde, mit der der Satz schließt.

Der zweite Satz führt diese Stimmung ergänzend und aufklärend fort: wer so ungebärdig und tobend ist, ist ein heimlich Leidender. Nur Nacht und Einsamkeit wissen von ihm. Daher die langsamen, stöhnenden Motive der tiefsten Streicher, die bis zum Gipfel hoffnungslosen Schmerzes aufsteigen, ein Schmerz, der sich in seine eigenen Tiefen vergrabend zurückstürzt (was der breitzerlegte verminderte Septakkord vom ges herab wohl andeutet). So sieht die Wirklichkeit dieser Seele aus. Zum dumpfen Gemurmel der Pauke ein lichter dreistimmiger Flötenchoral, wie ein fernes Hoffnungslicht, dann im Brucknerschen Prozessionsrhythmus ein Klarinettensätzchen, das zum zweiten Teil führt.

Über Quintolenunruhen der Bratschen geht eine selbst unruhevolle, fahrige Violinmelodie umher. Harmonische Wendungen und Sextolen der zweiten Violine singen dasselbe Lied von seelischer Friedlosigkeit, die Melodie steigert sich ins Hohe, sinkt aber ergebnislos nach B-dur zurück: sie „kommt nicht weiter", in keinem Sinn .... Erst dem folgenden Dreivierteltakt scheint das Weiterkommen vorbehalten zu sein. Es entwickelt sich ein milder, in die Sinnenwelt sehnsüchtig und sehnsüchtiger emporstrebender Gesang, der in Es versöhnlich schließt. Ist es Verlangen nach den Freudengütern dieser Welt? Später übernehmen die Klarinetten diesen neuen Gesang (C), dazu aber ertönt in den Hörnern der Ernst eines mahnenden Chorals als geistiger Gegensatz: ein wunderbares Selbstgespräch des Künstlers, der, um seine Seelenreinigung ringend, diese Doppelbildung in reizvollen Kombinationen fortführt.

Die Durchführung oder Variierung (E) beschwört wieder das mystische Passionsthema des Anfangs. Es erscheint in den Bässen und erhebt sich, zwischen vielen neuen Stimmen hinwandelnd, zu seiner vollen Gewalt. Auch das Unruhemotiv mit dem Sextolengang erscheint wieder, gelangt nach As-dur, wo zwar ein Abschluß, aber doch kein Gleichgewicht erreicht wird. Drei Posaunen — die Hörner fehlen — geben diesem Ausklang einen besonders feierlichen, kirchlichen Ton; aber in dieser letzten Stille bebt die Leidenschaft des ruheverlangenden Beters.

Unvermittelt brechen die angesammelten Leidenschaften in dem Scherzo (g-moll) wieder hervor. Die kämpferische Gebärde der Sinfonie setzt sich fort. Das Scherzo hat nur das Außen mit dem überlieferten tänzerischen Satz gemein. Acht Takte tobt zerlegtes g-moll, dann taucht, unheimlich, abgerissen, das Thema in Violinen und Bratschen auf. Ein Wildfangmotiv. Eigensinnig betont es die Non, es läuft wie halbirr aus der Harmonie hinaus, als wollte es allein sein. Dann ein neuer Losbruch aller Affekte, die im Sturm den ersten Halbschluß (d-moll) erreichen. Die Durchführung ist selbst formgewordene Unruhe, das Hauptmotiv mit seinem menschenscheuen Schluß wird zwischen wallenden Zerlegungen der Streicher von Flöte zu Fagott, zu Horn geschleudert. Im Kombinieren, Auswerten von Kontrastschönheiten werden Beethovensche Scherzokünste lebendig (Sechste Sinfonie). Dann formgerechte Wiederholung des ersten Teiles und Abschluß dieses gar nicht scherzenden Scherzos.

Das Trio gehört zu den eigenartigsten Gebilden moderner Orchesterlyrik. Es wird von einem Quartenmotiv des Horns beherrscht. Eigentümliche Fernklänge entstehen durch eine kleine harmonische Rückung, schon so romantisch wie die später in der Romantischen Sinfonie verwendeten Mischklänge. Dazu trägt auch der von Riemann sehr treffend als „ortlos" bezeichnete Hornklang bei. Delikate Violinstakkati spielen leicht darüber hin, drängende Holzbläsermelodien unterbrechen bis zum Wiedereintritt der von irgendwoher rufenden geheimnisvollen Hornstimme.

> Auf des Sturmes Mantel fährst du hernieder,
> Mächtiger Genius;
> Weithin flattert dein Haupthaar.
> Doch im Frühlingswinde auch kommst du,
> Lächelnd, die Schläfen von Veilchen umwunden . . .

Man könnte die etwas goethelnden Verse Julius Harts der ganzen Ersten Sinfonie vorsetzen, mindestens dem Finale. „Bewegt und feurig" ist seine Überschrift, die sich bei den späteren Finalsätzen nie mehr findet. Im vollen Unisono bricht das „Sturmmantel"motiv herein, ein Thema mit Sprungoktav und Nachdrängesekunde. Erregte Streicher schwirren, die Sekunde verkürzt sich, treibt weiter, stürmt über Hindernisse. Dreinschlagestimmung, etwas Liliencronhaftes, klingt aus der Jugend dieses Satzes. Ein Austoben und Umsichhauen, das der Selbstbefreiung dient. Bruckner, der Abkömmling morgensternschwingender Bauerngeschlechter wird hörbar.

Ein zweites Seelenbild ist das singende Gegenthema in Es, dessen Schlußtriller fast nach Erden- und Minnelust girrt, und dessen synkopierte Bratschenstimme wieder etwas zaghaft Verlangendes hat, das nicht Besitz zu ergreifen wagt: das lächelnde Frühlingsmotiv.

Formell liegt kein Rondofinale, sondern ein zweiter „Erster Satz" vor, und der unbekümmerte Künstler gewinnt schon hier die ihm eigene Form des Kron- oder Gewichtsfinales. Sonst ist alles höchst formgerecht. Sturmmantelthema und Frühlingsmotiv bilden die Durchführung. Zuletzt wendet sich der Künstler mit Siegerwillen nach C-dur, in welcher Befreiungstonart nur das Kopfthema eintritt, das den Ausklang ganz beherrscht. Es ballt sich akkordisch-gebieterisch zusammen, nimmt gewissermaßen eine Gloriaform an, als sänge der Chor sein Messengloria, die große Schlacht um das Leben, das ist die Sinfonie, wird gewonnen.

Die kämpferische Grundgebärde, der unwirsche Ausdruck, die zornige Kraft des Werkes hat etwas Beethovensches. Die robuste Naturkraft wird nur im Adagio christlich gebeugt. Noch fehlen die überindividuellen Züge des späteren Bruckner, die individuellen sind überdeutlich: die knorrige, sonderlinghafte, fast provinzgewachsene Themenbildung, die Sprungoktave, die Sextolenweite, das Unisono, das Sturzthema. Noch kennen die Hauptthemen nicht Entfaltung in Urschritten, noch kocht's und brodelt's in den Kesseln der Erfindung, aber auch die Auswählerei kennt der junge Bruckner nicht; er hält sich an Beethoven und an sich selbst (Tannhäusereinflüsse im ersten Satz sind wegen anderer Rhythmisierung der Figuren fraglich).

Die Linzer Hörer waren wohl von ihrem frommen Messen- und Ave-Maria-Komponisten ein wenig überrascht. Noch heute, wo wir das Ganze leicht überschauen, fühlt man das Ins-Grenzenlose-Wollen des Jungbrucknertums. Die Linzer Aufführung gab ihm zu denken, die Zweifel erwachen, noch hat er sich, im Sinne der Romantiker, nicht „gefaßt": sunt certi denique fines, er sucht sich. Zunächst beeinflußt seine ethische Haltung das neue Erlebnis: Wien.

*

Die Zweite Sinfonie (c-moll) wurde 1871—1872 in Wien komponiert und daselbst unter Bruckners Leitung am 26. Oktober 1873 aufgeführt. Zweite Aufführung im Wiener Gesellschaftskonzert vom 26. Februar 1876, erste Aufführung bei den Philharmonikern 25. November 1894. In Deutschland 1896—1897: Heidelberg (zweite Akademie des Bachvereins unter Univ.-Mus.-Dir. Phil. Wolfrum). Dann in Stuttgart durch Pohlig (30. Jan. 1902), in Berlin durch Nikisch (2. Philharm. Konzert 27. Okt. 1902) u. s. w. Seit 1868 hatte Bruckner kein sinfonisches Werk seiner Hand mehr gehört. In der neuen Zweiten Sinfonie machen sich Wiener Einflüsse geltend.

Nach der „Unbekümmerten Sinfonie" scheint er, wie vor sich selbst erschrocken, zur Mäßigung gestimmt. Das Knorrig-Wildwüchsige verschwindet und macht glatteren Bildungen Platz, deren Haltung entgegenkommend und gesittet ist. Immerhin geht die Mäßigung nicht zur Selbstverleugnung: das Hauptthema der Zweiten Sinfonie fällt so brucknerisch aus, daß es 24 Takte lang wird.

Es erscheint unter Sextolen hoher Streicher in der Tenorstimme der Celli, chromatisch absinkend, von den Hörnern mit sinkendem Molldreiklang fortgesetzt, eine melodische und eine harmonische Klage. Alles duckt sich piano, kein Protest erhebt die Faust. Das Thema belebt sich rhythmisch, gewinnt aber keine Aufschwungslust, keine Neigung zur Prachtentfaltung: — bald sinkt es auf die Dominante, sucht den Ruhepunkt, die Tiefe. Als ob etwas auf dem Künstler liege, seine Brust beschwere und bedrücke. Ist es die Luft der Kaiserstadt? Das Bewußtsein der Selbstbescheidung?

Das zweite Thema ist ein Cellogesang, der in den Armen wiegender Geigen ruht. Der Gesang schwillt, spannt sich in seligem Bogen über Ges-dur, Bratschen murmeln darunter wie Bäche, in einem Kontrapunkt, der seines steifen Namens spottet, versammeln die Violinen alle Wärme, der Violinen fähig sind: wenn der Künstler jetzt an die Heimat zurückdenkt, geht ihm das Herz auf: dort ist der Friede, das Obst, das Korn, und der Herr Prälat, mit dem man aus dem Sommerrefektorium über das blühende Land schaute. Heimweh brachte den österreichischen Klang, nach Franz Schubert, wieder in die Sinfonie.

Die anknüpfende Schlußgruppe mit einem Triller-Stoß-Motiv reißt nicht fort wie sonst Brucknersche Unisoni, bindet auch kein erregtes

Gefühl; sie schleicht matt, etwas ernüchtert und macht fast den Eindruck formeller Anwendung. Auch ertönt kein Choral wie in der „Unbekümmerten", keine vorbereitende Konfliktsstimmung. Der Tondichter weicht einer Entscheidung sichtlich aus. Die Durchführung erhebt eine breite thematische Klage, ernst, eindringlich, nicht kleinlich; aber mehr formell als ideenhaft wird sie von der Schlußgruppe kontrapunktiert. Das Heimwehthema erscheint im epischen Zusatz, nicht im Gegensatz, nirgend zeigt sich die alte Rauflust, geschweige Entladung im Hochgebirgsdonner. Man widerspricht nicht. Man läßt sich, was gefällig ist, gefallen.

Im Adagio (As-dur) sind gesenkte Stimmungen versammelt. Gottnähe ... Man fühlt eine seltsam-ergebungsvolle Weihe, wenn die beiden Violinen einander übergreifend das vorhaltige Gesangsthema anstimmen. Man hört eine Verlassenheitsgebärde, wenn dann in f-moll unter scheuen Pizzikati eine Solohornstimme in aparter Linie geht und so Tiefes zu wissen scheint. Man sieht kindhafte Frömmigkeit und Reinheit, wenn die fortgeführten Violinterzen in altklassischer Kadenz beim Halbschluß ankommen. Aber der Sinn alles dessen wird erst gegen Ende in einer kodaartigen Melodik klar; anknüpfend und doch als Zitat hervortretend ertönt das Baßsolo aus der f-moll-Messe: Benedictus qui venit. In jener schweren Krisenzeit trat zu dem Menschenverlassenen die Gottheit, ihre Gnade heilte und rettete, und dieses Adagio ist nun das Votivgeschenk des Genesenen: eine Art weltlicher Wiederholung jener Kirchenlyrik mit ihrem mystischen Glauben an den, der da kommt ... Gesteigert in zwei Variationen, eine höher als die andre, wächst der Dank, indem er dargebracht wird. Kein Kreuztragen, kein Zerknirschtsein wie im Adagio der Ersten Sinfonie. Ein Lobpreisen und ein verklärtes Aufblicken, wenn zum Schluß die gedämpften Violinen auf hohen As-dur-Klängen entschweben, der Weihrauchwolke gleich, die sich im Dom verliert.

Ein Bauernthema, die grobgenagelten Achteltritte auf dem schweren Taktteil, poltert ins Scherzo. Später einmal, in der Siebenten Sinfonie hat der Künstler diese Rhythmik ♩♩♩ als Begleitungsfigur verwendet, hier ist sie noch regierendes Motiv, reißt Bässe an sich, die mitlaufen müssen, stelzt selbst im Baß umher, springt in die Pauke, stürmt mit Halbschlußabsichten über einen Trugschluß, wird gemütlich, trägt mit Vergnügen einen Flötenländler in E-dur (was mit dazwischen wallenden Geigen ein sehr hübsches Partiturbild ergibt), treibt die Streicher wie eine aufgeschreckte Herde vor sich her, dröhnt panisch in den Trompeten und löst, in Schwung und Übermut gekommen, seine Scherzoaufgabe in altgetreuen Kadenzen, ganz wie Schubert abgeschlossen hätte. In der Coda aber klingt es vorahnend: später wird die Plumpheit einmal zur Scherzograzie der Neunten Sinfonie werden.

Im Trio tritt die Bratsche als Mezzosopransängerin auf. Unter dem Tremolo ganz hochgenommener C-dur-Violinen ist ein seliges Jauchzen, auf und ab, wie jemand an einem schönen Sommertag, die Hände unter dem Kopf, am Waldrand selig zu werden beginnt, erst in diatonischer Ländlichkeit, dann modulierend und künstlich, über E und As, aber immerhin noch mit Volksliedbewußtsein und althergebrachten Halbschluß-Pflichten. Diese Weise läßt ein vergnügtes Wiederholungs-, Variierungs- und Imitationsspiel zu, die Sängerin verstummt, Horn und Flöte summen ihr leise nach, und alles entschläft im C-dur, pp. Ein reizender Einfall befriedigte so das Kontrastbedürfnis des Künstlers nach dem Scherzo. Er ging wieder einmal nach Oberösterreich, tanzte, polterte, lachte, träumte, ohne viel zu denken, und schuf ein apartes sinfonisches Naturbildchen.

Das Finalthema hat noch Gedanken aus dem Scherzothema im Kopf: seine störrische Triole auf dem schweren Taktteil, sein drängendes, steigerungssüchtiges Wesen, seine Poltermanieren erlauben diesen Schluß. Zu ihm gelangt man freilich erst nach einer 32 Takte langen Einleitung, einem Vorhof, der eine Art aufgelösten Orgelpunkts darstellt. Weit sind die Bogen des Satzes; seine Längenmaße, sein rhythmisches Partiturbild (zum Schluß mit punktierten Vierteltriolen) schubertisch. In einer Steigerung bringt uns der Künstler nahe an Des-dur heran, wir halten schon auf der Dominante und wollen eben hinabsteigen —, da wird des mit cis verwechselt, und wir kommen in ein bukolisches A-dur-Gebiet, in dem Violinen sich wiegen und wo es so gemütlich hergeht wie im Gesangsthema des ersten Satzes: der finale Seitensatz. Bruckner liebt diese Überraschungseintritte und, die Heiterkeit solcher Umdeutungstechnik im voraus auskostend, war er gewiß weniger davon überrascht als die Hörer: und dies gehört zu seiner Überlegenheitsgeste. Wie zu erwarten, erregt das

Triolenthema — man sieht es ihm am Gesicht an — eine stürmische Durchführung, es wird zuletzt in den Trompeten ganz tobend, ein Unisono schwillt an und reißt zu unbekanntem Ziel —, da plötzlich: Halt. Ein Choral der Streichinstrumente. Ein In-die-Knie-Sinken. Eine feierliche Akkordmelodie ertönt wie aus andrer Weltgegend, unverkennbar kommt sie herüber aus den Kyrie-eleison-Gebeten der f-moll-Messe. Mitten im Leben sind wir vom Tod umfangen.

> Die Sünder, ob sie gleich in lauter Freude leben,
> So muß doch ihre Seel in größten Furchten schweben.

Hier hat das Ethos des Tondichters Klang und Gegenwart gewonnen ... Unsere alten sinfonischen Hörergewohnheiten vertrugen anfänglich diesen rhythmischen Einschnitt nicht, das Anhalten im Ablauf; aber sowie wir die Stelle aus dem Ethos heraus anhören, gewinnt sie Bedeutung, und wir folgen still und ehrfürchtig. Wie auf Zehenspitzen schleichen von diesem heiligen Ort Streicherpizzikato und Holzbläserachtel fort, wieder beginnt das Spiel der Welt im Bilderbunt von Trotz und Lust, und endet nach klassischer Art mit einer kriegerisch-siegerischen C-dur-Stretta. Aber vorher, kurz vor dem Schluß, erhebt sich absichtlich zurückhaltend die choralartige Stimme der Trompeten und Posaunen (Buchstabe S) noch einmal. Trotz dieser Einbauten ist die rondohafte Form, der Wechsel dreier Themen in vier Abschnitten klar. Und es bedarf einer erklärenden Tabelle wohl nicht.

Wir verlassen die Sinfonie überhaupt ohne Fragen. Und wo keine Frage, da auch wenig Erlebnis. In den überlieferten Stimmungsgruppen findet sich schon die Brucknersche Gebärde, aber sie bestimmt noch nicht die Gruppen. Die Gegensätze werden nicht gebunden, sondern episch aufgereiht, der Künstler ist sich seiner Riesenkraft bewußt, doch zieht er es vor, zahme Musik zu machen, aus der freilich die Gewalten durchblitzen wie nahe Gewitter. Der Ausdruck will nichts übersteigern, die Form wird eingehalten, zwar gedehnt, aber nicht gesprengt. Die Ethosentwicklung ist noch nicht vollzogen, der Musiker will eine Sinfonie schreiben, kein schrankenloses Bekenntnis. In der ersten Sinfonie ein Gemisch von protestierenden und religiösen Stimmen, aus einer gährenden Seele rufend —, hier ein fast absichtlich zurückgedrängtes ethisches Bewußtsein. Es ist ablesbar aus der „gesitteten" Haltung des Werkes, das bei seinen Wiederholungen denn auch mit Wohlgefallen aufgenommen wurde.

*

Vollentwickelt ist das Brucknersche Ethos in der Dritten, der Wagner-Sinfonie in d-moll. Am 31. Dezember 1873 abgeschlossen, kommt sie ins Wiener Gesellschaftskonzert am 10. Dezember 1877, in die Philharmonischen Konzerte (nach kleiner Umarbeitung) am 21. Dezember — 1890. Weitere Aufführungen in Wien sind: 25. Januar 1891 (Musikaufführung des Wagnervereins, geleitet von Hans Richter), 9. Juli 1892 (Populäres Sinfoniekonzert in der Theater- und Musikausstellung, geleitet von Ferd. Löwe), 9. Januar 1898 zweite Aufführung in den Philh. Konzerten, 17. März 1900 (Fünftes Sinfoniekonzert des „Neuen philharmonischen Orchesters, aus dem später das Konzert-Vereins-Orchester entstand, geleitet von Ferd. Loewe); 2. April 1900 (zweites außerordentliches Konzert des Neuen philh. Orchesters, auf Verlangen aus dem 5. ordentlichen wiederholt). In Deutschland: Dezember 1885 in Frankfurt, Museumskonzert unter Leitung Müllers. 1897/98 Oldenburg, 1899/1900 Breslau; 1902/03 Leipzig (Nikisch), Mannheim (Kaehler). In Berlin 1901/02 namentlich durch Richard Strauß und das Berliner Tonkünstler-Orchester, auch auf Kunstreisen in einer Reihe von Provinzstädten. Als diese Sinfonie am 18. März 1894 in den Lamoureux-Konzerten zu Paris zum erstenmal erschien, enthielt das Programm folgenden Vermerk: „Le grand public ignorait encore à Vienne tout ses œuvres, lorsque Hermann Lévi fit exécuter à Munich en 1886 sa septième symphonie, qui obtint un succès extraordinaire. Alors seulement la Société philharmonique de Vienne se décida à jouer des œuvres de Bruckner . . ."

Die d-moll-Welt klingt auf: Viertelnoten der Bässe, Dreiklangszerlegung der in Sechzehnteln schwirrenden Bratschen und der einander nachahmenden beiden Violinstimmen. Im vierten Takt die Trompete mit dem gehaltenen Urschrittthema d — a — d, dem folgenden melodischen Aufstieg und Abklang in die Oktave.

Ein neues Thema! Das war nicht die Sprache, die schon andere gesprochen hatten. Das war Verkündigung und Stolz des Eignen. Dieses Trompetenthema protestiert nicht, dieses Thema bestimmt erst zart, wie aus der Ferne rufend, später aus der Dominantwelt heraus (a) immer bewußter: „Es muß so sein!" Es entwickelt sich, es ballt sich, holt verdichtend und verkürzend, neue Energien aus sich selbst heraus. Bei Beethoven gab es die bange Frage: „Muß es sein?" Hier ist ein Überzeugungsruf: „Es muß so sein!"

Aber dem Gottesgedanken tritt von Anfang an in skalig niederstürzender Unisonowucht ein Gegensymbol entgegen mit allen Zeichen bewegten Lebens; kaum ertönt, duckt es erschrocken vor sich selbst zusammen und kriecht wie im Staub, ermannt sich, bäumt sich auf, zeigt robuste, sinnliche Naturkraft, bis es, sein störrisches Wesen verlierend, singend wird und sich zuletzt in Vierteltriolen der Flöte wie in die Luft verliert. Wer ist dieses Motiv? Welches Erlebnis kündet es an?

Mit der Heiterkeit des Umdeuters — wir kennen diese warme Technik schon — setzt der Künstler inzwischen sein Gesangsthema: F-dur. Die große Gebärde Dessen, der Segen der Felder und Wälder kennt, der sie preist und nie vergißt, wie Rosegger sie gepriesen und nie vergessen hat, wird Gestalt. Die singende Bratsche liegt mittelstimmenhaft geborgen unter der kosenden zweiten Geigenstimme, das Horn summt nach — wo Vergangenheiten tönen, kann das Horn nicht fehlen —, die zärtlichen Geigenstimmen werden in Vierteltriolen und Nebennoten — Sonderreize für Musikerohren — immer zärtlicher, das Ganze gerät in naturhaftes Blühen, der Garten des Seitenthemas schwillt und sprießt, selbstbewußte, markige Rhythmen wenden die Thematik ins Stolze —, der von der Welt noch für den einfältigen Organisten gehalten wird, ist ein heimlicher König, ist sinfonischer Vollbringer. In jubelnden Schlägen hämmert er seine F-dur-Thematik ins Breite und reißt in seinem oktavigem Unisonothema zur Schlußgruppe fort. Da — sechs Takte nach Buchstaben G — Trompeten und Posaunen in geballten Akkorden choralhaft verkündigend: Sursum corda! Die innere Logik des Künstlers kann daran nur das Urthema selbst anschließen, das in beiden Posaunen aus der Tiefe — E-dur — antwortet. Und aus gleicher Logik folgt die Demutsgebärde — ein flectamus genua —, Umkehrung des Schlußthemas in den Holzbläsern, ein Miserere der Flöten — Verrieseln, Verrinnen der Bewegung, Erstarren des Satzes in E-dur...

So wurde in dieser sinfonischen Form, bis zur Durchführung — ein

Gebärdenbild des Künstlers sichtbar, der nur sein Individualerlebnis gestaltet.

Was wird nun geschehen? Deutlich bemächtigt sich das Hauptthema des Bewußtseins des Künstlers. In ruhigem Schreiten erfüllt es allmählich die Tiefen der Sinfonie, schwillt aus sich in Imitationen heraus: Gott ist das Alpha und Omega. Über scheuen Pizzikatoschritten naht ein anderes Symbol — es scheint uns bekannt, wo sahen wir dieses Gesicht? —, da zeigt sich: aus der ersten, selbstsicheren Unisonowucht des Gegenmotivs, aus diesem bäumigen Knorren wurde ein seiner Kleinheit bewußtes Menschenkind, ein Gebeugter... Sein Flehen wird Inbrunst (in breiten Gesängen der Trompeten und Holzbläser), seine Inbrunst Aufbegehren und Trotzen — das Motiv findet zu seiner Natur zurück —, das Ringen mit dem Engel beginnt, beide Themen verbeißen sich ineinander, bis sich das Hauptthema losreißt und im vollen Orchesterunisono alle Stimmen zu einer Stimme bindet: „Ahnst du den Herrn?". — Es schmettert in einer Größe nieder, die nach allen Verkürzungen und Bekämpfungen verhundertfacht erscheint. Der Künstler hat seinen religiösen Seelenkampf entwickelt: ein Abbild, das die sinfonische Grammatik „Durchführung" nennt.

Ein Beben ging durch den Raum, als die Stimme Gottes ertönte. In den Tiefen vermurmelt der Paukenwirbel. Mit zaghafter Wärme wagt sich noch einmal der irdische Seitensatz hervor, aber klingt rasch ab. Die Coda erhöht die Höhe und Herrlichkeit des Gottesgedankens — Ges-dur- und A-dur-Breiten thematischen Bläserprunks —, wie in Scham verbirgt der Gottsucher sein Antlitz: noch kann er — er fühlt es — nicht gesegnet sein. In Unruhen wandeln die Bässe skalig zur Tiefe, eine Leiter ins Schattenreich, wie sie Beethoven beim Ausgang der Neunten baute; die Trompetenstimme verkündet den Glanz des Ewigen in die Räume hinaus. Abweisende Rhythmen brechen auf einem abweisenden Klang (dem verminderten Septakkord) ab — ein letztes Beschwören in aufhaltenden Holzbläserstimmen —, dann im Prestosturz des Orchesters ein hundertstimmiges „Zurück!", wie es dem Weisheitssucher Tamino entgegenschlug — und auf ergebnisloser, leerer Quint schallt die Breite des Gottesthemas: noch ist die Antwort Gottes nicht erobert, der Kampf nicht zu Ende.

Das Adagio tritt aus der d-moll-Welt in das Halbdunkel von Es zurück. Das Antlitz der Musik wird verschleiert, ein neuer Weg zu Gott versucht. Im Streichquartett beginnt eine Seligpreisung, die Bässe sinken ins ppp des tiefsten Geheimnisses hinab. — In seiner schönen Rede über den Dichter sagt Hugo von Hofmannsthal: „Ich sehe beinahe als die Geste unsrer Zeit den Menschen mit dem Buch in der Hand, wie der kniende Mensch mit gefalteten Händen die Geste einer andern Zeit war . . ." Diese andere Zeit ist in dem Adagio Gegenwart geworden, die Musik Bruckners kniet und erschauert. Aus den Holzbläsern werden leise Seufzer, verehrend, schmeichelnd oder büßend laut, sie wachsen in den Hörnern zum Sehnsuchtsruf, das Gefühl schwillt in den Streichern zu den Höhen mystischer Liebestrunkenheit —, alles drängt zu Gott; aber das Feuer dieses Satzes ist nicht genährt von den Gluten der Tristanerotik, nicht von den Frauenleib- und Umschlingungsmotiven des Pariser Tannhäuser: es ist die reinste Gottesminne. Auf dem Terzquartakkord der Ges-dur-Dominante plötzliches Abbrechen. Weshalb? Die Stelle, die den wachsenden Fluß aufhebt, hat den Verfasser früher immer gestört; heute glaubt er, sie könne gar nicht anders sein. Man darf Gott nicht überfallen, man muß ihm nahen. Der Künstler ist sich seiner Niedrigkeit bewußt und deckt sie auf, wie jener Bruder David von Augsburg, der da lehrte: drücke dich nider, stöubelin . . . Er kann gar nicht anders. So ist seine seelische Wirklichkeit, und sein Abbrechen bezeugt Reichtum. Neuerliches trunkenes Aufbäumen und neuerliches Sichniederdrücken des Stäubleins: er kann seine Haltung nicht ändern.

Eine demütige Terzenfigur von Haydnscher Abkunft, aus der f-moll-Messe, aus der Zweiten Sinfonie bekannt, führt zu einer neuen Station.

Anscheinend bestimmt hiermit eine außermusikalische Kraft die Musik, zwar kein poetisches, aber ein ethisches Programm. Und doch bestimmt sich diese Musik nur durch ihr Selbst: Alles, was wir hörten, ist thematisch. War jenes Seufzen der Bläser nicht der umgekehrte letzte Vorhaltstakt des Themas? Und wird nicht der ganze Besitz des Themas, seine Anfangsterz, sein synkopiertes Steigen, seine Vorhaltigkeit als ein Schatz irgendwie verwendet, jetzt und in der Durchführung, ist nicht jeder Takt davon getränkt?

Hierin liegt die schöpferische Kraft des Künstlers, der die alte thematische Arbeit, eine Erfindung des 18. Jahrhunderts, seiner Gläubigkeitssinfonie dienstbar machte und, sich asketisch bindend, Phantasie und Gefühl ordnete. Die abbrechende Stelle erscheint in neuem ethischen Licht, und wo wir Unvermögen sahen, steht die Schöpferkraft.

Im Mittelteil wird eine neue Station erreicht. Die Bratschenmelodie unter klopfenden Achteln, die sich durch die Tonarten windet, die ganze Welt zu wissen scheint und wieder fromm und einfältig zurückkehrt, hat das seelisch-vereinsamte Wesen des Künstlers und geht, selbst wenn sie im Baß schreitet, unvermählt mit den anderen Stimmen ihres Wegs. Und wieder kommen wir zu einer Station, zum Misteriosoatz in Ges, einer akkordischen Versammlung betender Streicher, die ihr Kyrie eleison stammelt. Die beiden Erlebnisse — Vereinsamungsmelodie und Streicherkyrie — verknüpfen sich, flehende Stimmen singen ineinander, die Inbrunst wächst, das große Gebetsthema des Anfangs beginnt zu erbrausen, alle Zungen werden klingend, alle Stimmen sind der Seligpreisung dienstbar, ob singend, figurierend, ob rhythmisch schmetternd oder triolenerregt — und wieder sieht man den knienden Menschen der anderen, der betenden Zeit, so oft der Demutsgedanke unterbricht, bis über altem Plagalschluß sich alles löst und in bebenden, tiefen Streichern das Ruhen in Gott erreicht wird.

Der ganze Satz läßt sich auf eine dreiteilige Liedform zurückführen, erweitert durch Durchführungsideen eines ersten Satzes: das Individualerlebnis hat, neugestaltend, dieses Adagio zum Kyrie eleison der Sinfonie gemacht. Ein starker Satz, dessen Schwäche (für das Empfinden des Verfassers) nur dort liegt, wo die naive Wagnerverehrung stärker wird als das Brucknersche Ethos, und (wie zwei Takte vor und nach Buchstabe N) Operngeister ins Tremolo fremd hereinwehen.

Ich meine, die großen Künstler wurden klingend, wenn ihre Aufgabe sie berührte. Wenn die Gesellschaft an sie pochte, verschlossen sie sich, konnten stumm oder linkisch oder grob oder verdrießlich werden. Nahte die Musik, so wurden sie überquellend, tänzerisch, liefen wohl im Zimmer auf und ab und sangen wie die alten Verzückten, kaum fähig, sich zu halten und zu schreiben. Als das Scherzo dieses Werkes kam, wurden alle Wirbel des Erdendaseins in Bruckner lebendig. Wie überlegen beginnt er zu schalten! Das Material wird erst andeutend hingeworfen: rollende Achtel, großschrittig aufdrängende Baßpizzikati — alles mit Sicherheit hingesetzt, bis die Spannung stark genug ist und aus dem Andeutungsmaterial das Thema selbst entsteht. Es ist nicht fertig wie in der Zweiten Sinfonie: wir sehen seiner Geburt zu. Es rollt in junger Kraft seine Achtel um die Tonika herum, es steigt, wie Riesen steigen, urschrittig durch zwei Oktaven, es stapft und plumpt im urhaften Brucknerrhythmus — alles Schwere der Welt beginnt zu kreisen. Ein bunter Spielreigen dreht sich, Trompeten antworten so hurtig, als Violinen fragen können, die Harmonie bekommt Flügel, und aus einem Freudensturz nach fremdem Sekundenakkord, fliegt sie federleicht der Dominante zu. Die Durchführung spielt sich mit der Thematik, erfindet eine lockende, rockschwingende Geigenmelodie und schickt alles Bisherige, Spielfigur, Rollfiguren und Baßpizzikati, zur Begleitung hinab. Der Meister steht über den Dingen. Es mag genug schwere Arbeit in der Scherzoleichtigkeit stecken, wie in allen künstlerischen Lösungen, die so „leicht" und mühelos schweben — aber er hat den Ton für die Weltfreuden des Gläubigen gefunden. Urschrittthema und wehende Rockmelodik.

Die gleiche demütige und doch entschiedene Kraft zur Freude im Trio. Eine A-dur-Tanzweise der Bratschen, die zwei Oktaven durchklettert, als ging es einen Maibaum hinauf. Mit Vergnügen sieht man zu, wie die erste Oktave im Urschritt genommen wird, der Künstler nirgend seine Grundhaltung verleugnen kann. Schon im dritten Takt der Klettermelodie setzen Stakkatoviolinen mit einer Gegenstimme ein, Material genug, um ein dreiteiliges Lied von irdischem Wohlgefühl unter den Augen des Ewigen zu singen: die Trillerseligkeit, das tonartliche Bunt, die Flötenjuchzer, die Verwebung von Thema und Figurenspiel und schließlich die köstliche Überraschungstechnik, die die A-dur-Welt aus Des herauszaubert — alles dies ist nur eine Kadenz von A nach E und nach A zurück. Und so wird Meister Antonius fröhlich.

Das Finale... Ein großes Thema, ein Thementurm wird sich hier erheben. Man ahnt es aus den sausenden, aufgescheuchten Achteln der Streicher. Nun erhebt es sich in der Wucht der Bläsertutti, das Haupt in den Achtelstürmen, gewalttätig in seinem Dezimensturz. Es ist kein singendes Thema. Es vergräbt sich in die Tonbasis D, entsendet eine akkordisch geballte Melodiekette. Mutige Energien gehen von hier aus, Willenskraft durchströmt den Satz, der fast wie ein zweites „erstes" Allegro aussieht, und doch das Finalgefühl in treibenden Unruhen gibt.

Das Kraftgefühl des Tondichters erwacht immer mit der Kraftprobe. Er kennt keine Finalermüdung. Wo sonst Ermattungen stehen, steht bei ihm Wachstum, das über sich hinaus will. Er lockt die Erwartungen nach g-moll, um sie durch Umdeutung zu überraschen; er wagt eine Melodik von praterhaftem Schwung, die außerdem noch modulatorische Keckheit besitzt: das Verwogene in der Form des Selbstverständlichen. Die Geste des lebenslustigen, „aufgekratzten" Bruckner. Alle hat dieses Gesangsthema in der Freudentonart Fis verblüfft, entzückt, befremdet, es ist eine Berühmtheit in der Brucknerliteratur geworden. Aber an der beinewerfenden Polkalust zieht der ernste Choral vorüber, ein Schatten aus Ewigkeiten fällt darauf. Hierdurch ist die oft angefeindete Stelle, eine der größten schöpferischen Kühnheiten der Literatur, ethisch gerechtfertigt. Der Künstler scheint sie besonders geliebt zu haben. Im Durchführungsteil (Buchstabe T) schält er den Choral aus seiner Umgebung heraus, bettet ihn nur zwischen Pizzikati, um ihn sichtbar zu machen und auszustellen wie einen heiligen Leib. Das ganze Gebilde hat ein so eigenartiges Profil, daß es den Satz über unvergeßlich ist und darüber hinaus: es steigt gleichsam über den Rand der Sinfonie, folgt uns nach, samt seinem Choral, und verkündet damit etwas von der Magie der sinfonischen Kunst, die nicht als Ohrenerlebnis im Konzertsaal endet.

Der Künstler findet alsbald, nach einem gehaltenen Zwischensatz, wieder zum ordnungsgemäßen F-dur zurück und schwelgt sich in den Praterklängen aus, unbekümmerter Jubel, eine erhöhte Verkaufts-mei-G'wand-Stimmung — da plötzliches Abbrechen und Versinken — feierliches Choralblasen der vier Hörner, schmerzliches Erinnern, Verrieseln der Freudenbewegung: die gleiche ethische Gebärde wie im Adagio. Der Mensch wird sich im Taumel seiner Niedrigkeit bewußt. „Drücke dich nider, stöubelin..." Wer könnte sich diesem Erschütterungsbild einer Seele versagen? —

Eine knirschende, gepreßte Schlußgruppe im Unisono beginnt: ein Sichfassen, ein Sichvorbereiten auf die Offensivstellung, die nun die Durchführungskämpfe vom religiösen Helden verlangen.

Aus dieser Gebärdenklarheit leuchtet die Logik des sinfonischen Geschehens. Haben sich die Kräfte während dieser Arbeit abermals verdoppelt, haben sie im Ausgegebenwerden neue geheimnisvolle Beschaffenheit empfangen? Jedenfalls ist die Willenskraft der Schlußbildung ungeheuer. Der Tondichter darf es wagen, das Dezimenthema, das furchtbare, drachenhafte Symbol in seiner ganzen närrischen Verbissenheit zu zeigen —, er weiß, ein größeres, reineres Symbol wird kommen. Weite Unisoni führen aus dem pp irgendwohinaus, irgendwohinan, in sagenhafte Regionen, Trompetenchöre feiern mit Jubelvorhalten die Dominante wie eine Schwelle des Himmels: ein freudiger, warmer Glanz ergießt sich, und darin strahlt glorienhaft das überwindende Haupt- und Oberthema der ganzen Sinfonie mit seiner erzenen Bestimmungskraft auf.

Die D-dur-Seligkeit, als letzterreichte Höhe, ist die logisch-ethische Steigerung jenes leeren Quintschlusses im ersten Satz: der Ring wird geschlossen, freudenvolle Erhabenheit beseelt die Riesenstimme, in die sich alle Breiten des Orchesters schließlich vereinigen: Deo soli gloria!

Richard Wagner wußte, warum er die Widmung dieser Sinfonie annahm.

*

Die Vierte Sinfonie, Es-dur, Romantische Sinfonie genannt, wurde in den siebziger Jahren komponiert, die Reinschrift des Finales ist vollendet am 5. Juni 1880. Kurz darauf die erste Aufführung: 20. Februar 1881 in einem Konzert zum Besten des Deutschen Schulvereins mit den Philharmonikern und Hans Richter. In die Wiener Philharmonischen Konzerte selbst zum erstenmal aufgenommen: 5. Januar 1896. Mahler dirigierte sie am 28. Januar 1900 im 6. philharmonischen Konzert, Löwe am 20. November 1900 im Wiener Konzertverein, Mottl am 30. Januar 1903 mit dem Orchester des Wiener Konzertvereins in einer von Gutmann veranstalteten Aufführung. Dezember 1890 wird das Werk von Levi in München aufgeführt, Februar 1895 von Mahler in Hamburg, 4. März 1895 in Berlin von Weingartner (königl. Kapelle), dann Aufführungen von Nicodé (Dresden), Wüllner (Köln), Obrist (Stuttgart), Göllerich (Linz), Nedbal (Prag), Winderstein (Leipzig) usw., alle zwischen 1896 und 1902.

Die Sinfonie, die ungefähr zwanzig Jahre um ihre Anerkennung zu ringen hatte, gehört zu den „flüssigsten" aller Brucknerischen. Die größte Freude des Komponisten bestand darin, wenn jemand den letzten Satz gegen die anderen hervorhob, was freilich selten vorkam. „Er ist der beste Satz", sagte er dann bestätigend, mit leuchtenden Mienen.

Das Hauptthema ist eine Naturstimme, die sich selbst lauscht. Die verschwimmenden Harmonien des Streichorchesters, die Ortlosigkeit des Horns, das wie von einem unbetretbaren Ufer herüberweht, das quintige Schweben des Themas, die süße Trübung der zweiten Themenspitze (die unterdominantisches Moll, ces, berührt) — dies alles ist Morgenzauber, Waldromantik. Später, am Beginn der Durchführung, wird der Tondichter dieses Symbol wiederholen, die Fernstimme noch fernhafter, das Geheimnisvolle geheimnisvoller entrücken. Jetzt gibt er sich dem Naturerlebnis hin, das ihn wie Wanderglück begleitet: Horn und Holzbläser ineinandersingend, Akkordrucke, die wunderbare Lichterspiele erzeugen, erwachende Stimmen, die in Brucknerscher Mischrhythmik (Viertel und Vierteltriolen) zur ersten Quartsextakkordseligkeit jubeln.

In dieses sinfonische Weben donnert ein markiges, metallisches Motiv der Metallbläser. Es kann ganz gut aus der Vorstellung sprengender Rosse entstanden sein; jedenfalls gehört es zu einem der Brucknerschen Kraftmotive, die das Mark der Sinfonie bilden, sein Mannestum, ja vielleicht seinen Heidenstumrest anzeigen. Es donnert mit seiner Zielharmonik nach F, aber der Künstler entführt uns ins Anderswohin eines Gegensatzes, sein Gemüt bedarf der Des-dur-Welt: im Seitensatz beginnt das Nahe zu klingen, der kleine Waldvogel „Zizibe" bekommt Klanggestalt in einer zwitschernden Sext, der Mensch tritt auf und klingt mit (in dem wohligen Bratschen- und Horngesang unter der Zizibesext). Später, am Schluß der Durchführung, stellt Bruckner die beiden Hauptsymbole unmittelbar nebeneinander: das choralgewordene Fernthema (nach Buchstabe K) und das „Menschenmotiv" ganz allein, ohne Vogelruf, in breiter Entfaltung der Streicherkantilene (Buchstabe L). Die reinigende Macht der Natur und den tiefatmenden, befreiten Menschen. Der Sinfoniker kann seine Symbolik nicht „sprechender" gestalten.

Schon das F-dur-Seitenthema der Dritten Sinfonie war so gebildet: die eingebettete, singende Bratschenstimme, vom Horn wiederholt, darüber das Rauschen von Naturstimmen in den Streichern — die gleiche instrumentale Gebärde dürfte, hier wie dort, das gleiche andeuten.

Der Andantesatz: der einsame Bruckner. Das Thema bleibt quintig, wie es das Hauptthema war, wie es das Scherzothema sein wird. Die Form ist einfach: zweiteilige Liedform mit Durchführungen. Kein Takt, der nicht aus dem Thema flösse. Manchmal sind die Stimmen mit der Sorgfalt eines Gärtners zu schönen *Partiturbildern geordnet. Eine Durchführungsepisode träumt von Heimat und Jugend.* Marschartig gehen Bässe, das Ces-dur-Thema des Horns lächelt uns warm zu, Violinstimmen singen mundartlich, sehnsuchtsvoll blüht es aus D-dur, aus F-dur, Mundart und Pathos vermischen sich, die Bässe bekommen thematische Erhabenheit — aber die Demut erinnert sich ihrer selbst, der hochanschwellende Satz sinkt zurück, die Hornstimme ermattet und verklingt über mystischen Paukenwirbel ... Vielleicht hat hier die rätselhafte Melancholie Gestalt gefunden, die den tiefen Menschen so oft beim Anblick des Naturschönen bedrückt. Vielleicht ist der Trauerzug durch einen Wald gemeint, den Viele heraushören. Vielleicht das Heimweh nach der letzten Heimat. Wir denken an die zweite Art der Wackenroderschen Kirchenmusiken.

Das Scherzo ist den Hörnern, den Instrumenten der Jagd, entsprungen, das Zeitmaß — lockere Zweiviertel — der Hast keck stürzender Jagdbewegung. Doch liegt keine Illustration oder Momentaufnahme vor, vielmehr ein frohes Tonbild mit dem musikalischen Motiv des Jagens und Gejagtwerdens. Die alte Scherzoform wird mit der individuellen Heiterkeit des Künstlers erfüllt, der vielleicht das rhythmisch Rasche der Natur, vielleicht seine eigenen Freudenunruhen gestalten will. Unter bebenden Streichern überrufen einander halb achtelige, halb triolische Fanfaren, und diese Rufe aus dem Irgendwoher erregen Vorstellungen waldiger Weiten, wimmelnder Menschen. Posaunenstürze rasseln dazwischen, Gegenmotive der Streicher huschen, Triolen wiegen sich auf Tonika und Dominante, Motivteile hetzen fast zwei Oktaven hinauf, Triolen toben sich auf dem Halbschluß aus.

Es ist verweht. Bezeichnend für den Scherzohumor Bruckners ist nun das verwunderte ges der Pianissimobässe, dann a, zu Beginn der Durchführung, das den Zauber wieder hervorlocken möchte. Die ganze wilde Jagd braust auch noch einmal vorüber. Die Pauke hämmert die letzten Triolen, Hornrhythmen leiten in die Dreiviertel des Trios.

Ein Ländler in Ges-dur. Eine reizende Klarinetten- und Flötenmelodik, die den Quartsextakkord durchwiegt und in überraschender Natürlichkeit nach B biegt. Kleines Weiterführen im Mittelsatz durch die Streicher, naive Rhythmik und modernste Akkordrückung verbinden sich zu neuen sinfonischen Reizen. Schluß mit den zarten Wellungen des Ges-dur-Ländlers. Ein köstliches Stückchen, das man Edelweißmusik nennen möchte.

Österreich in der Sinfonie. Und nirgends ist Österreichs Wesen reiner aufbewahrt, als in seinen Stiften, Schlössern, Bildern und Gesängen.

Eine düstere Welt öffnet sich im Finale. B-moll-Stimmung lastet, Bässe ticken in Vierteln, eine Figur wühlt auf und ab, aus Horn und tiefer Klarinette fällt ein Gesang, ein Ganznotenmotiv. Ein gebeugtes Sturzmotiv, von eigener Müdigkeit in die Oktave hinabgezogen, auf der Untersekunde matt ruhend. Unheimliches lebt in dieser Erscheinung, sie wächst auf, verkürzt, erhebt sich, bis sie in furchtbar drohendem Absturz, im geballten Unsino des Orchesters das starre Antlitz des Hauptthemas zeigt. Es wird nun vollständig sichtbar mit seinem mühsamen Skalenmotiv, dem Quintriß, seiner schroffen triolischen Schlußrhythmik: da es abbricht, öffnen sich Abgründe. Man steht geängstigt, bedrückt vor dieser tragischen Gebärde. Tod? Schicksal, Verhängnis? Es ist eine der Michelangelostellen Bruckners.

Vor diesem ersten Höhenpunkt erklang in Hörnerbreiten das eben verklungene Scherzothema, und da nun eine zweite Überleitung in jagenden Sextolen beginnt, wendet sich die Sinfonie noch ein zweitesmal zurück: unter Freudentrillern hoher Geigen, Jubelvorhalten der Trompeten erscheint wie ein ferner Gipfel im Sonnenlicht das romantische Urthema des ersten Satzes. Der Satz verrinnt langsam im

Paukenwirbel, die Kraft atmet aus. Solche Stellen, die in Doppelsteigerungen erreicht werden, gehören zur Ekstatik Bruckners: sie, nicht der ruhige Fortfluß sind seine technische Gebärde.

Ein neuer Abschnitt: die Gesangsgruppe. Ein c-moll-Thema der Streicher auf rhythmischen Bässen marschierend, voll ernster Haltung, melancholischer Gedanken, die sich triolisch beleben; und als Kontrast ein Bläserthema mit frischem rhythmischen Entschluß, lächelnd, sextensingend, schaukelnd, sich selbst vergnügt variierend, ausruhend auf den Heiterkeiten der eignen wohligen Dur-Melodik. Der Künstler liebt diese Motive, die vielleicht einen Glücksfall in seinem Leben bedeuteten und ihm das Blut in die Wangen trieben, als er sie zuerst notierte; beide scheinen sich zugleich in seine Phantasie gedrängt zu haben, aber er muß den Doppeleinfall ins Nacheinander ordnen, die schöpferische Üppigkeit schön gruppieren, und wurde vielleicht staunend, als die Hörer seines Reichtums von Verworrenheit sprachen.

Die Linien steigen nicht mehr, der Satz schreitet wie über Hochflächen. Unvermittelt bricht die Jähe einer Überleitung herein, Sextolenerregung der Streicher, skalenstapfende Bässe, neue Wildnisse, dann süßes Entklingen der singenden Gruppe —, der erste Finaleabschnitt ist beendet. Nun bereitet sich der Komponist zu einer Riesendurchführung vor, die selbst in mehrere zerfällt; eine ungeheure Architektur zeigt sich, ein weitgespanntes Profil: durch die schwere Überschaulichkeit rondohafter und Erster-Satz-Formen wird die Nüchternheit von der Themenplastik als Wegweiser geführt; aber die Erlebnisfähigkeit freut sich an einem die schöpferische Naturkraft wiederholenden Menschenwillen, der Berge auf Berge stülpt. Das Chaotische hat sein Ziel im Grenzenlosen. Gratlinien führen zu letzten Gipfeln, hinter denen neue Gipfel erscheinen, Zerklüftung, Sturm, Alpenseligkeit bilden eine Gipfelmusik: das Lied vom hohen Berg — unten entschwindet die Welt. Man darf an Adolf Pichlers Jungfrauhymne denken:

> „Adler bringen den Gruß, wenn dich der Morgen umfließt;
> Einsam schaust du hinab; es grollen finstre Gewitter
> Dir zu Füßen, den Strom sendest du segnend ins Tal . . . ."

Aber das Codaerlebnis mit seiner halb treibenden, halb ermattenden Kraft? Seinem Hörnergesang voll Resignation, den der Meister selbst „Schwanengesang der Romantik" genannt haben soll? Das Sturzthema verkehrt seine Linie und erhebt eine letzte Frage. Steigt der Schatten des Todes auf? Wehen Vernichtungsschauer?

Das Ganze ist Vorbereitung, instinktvolle letzte Senkung. Denn jetzt schwillt eine harmonische Woge auf, entführt den Satz ins Fremde (Fes-dur) —, im Sturz ergießt sich irgendwohin die angeschwollene Tonmasse — — Es-dur, die Haupttonart, erscheint wie eben erfunden, und mit ihr strahlt aus Fernen hereinwachsend in Choralbreite das Hauptthema des ersten Satzes. Der Künstler will die Natur überbieten, Niegebautes bauen, eine Landschaft über die Landschaft, eine Welt in die Himmel hinein erhöhen —, und diese Phantasie, die um ihre Wirklichkeit ringt und sie nur ahnen lassen kann, ist ergreifend und erschreckend wie die Michel Angelos. Selbst in die höchsten Verklärungen der Streicher fällt tragischer Klang, in die Jubelfiguren dringt Ces aus dem Unterdominantreich. Schon die ersten Takte der Sinfonie kannten diesen Ces-Klang: durchaus geschlossen bleibt sie bis zur letzten Note.

Zu wenig, das Werk wie Josef Schalk tat, „deutsche Sinfonie" zu nennen. Es ist Natursinfonie, alle Stimmen des Alls, segnende und bedrohende Gewalten fließen zusammen, geborgen und verloren, als Zwerg und Titane steht der Mensch in dieser Gottesausstrahlung. Manchmal ergreift es wie die Symbolik Böcklins, der die Dämonie des Meers in Schlange und Weib bannte; manchmal wie die Schauer apokalyptischer Visionen.

Einmal schreibt Adalbert Stifter an G. F. Richter wie er, „kaum im zehnten Lebensjahr durch die Schöpfung von Haydn in ein ahnungsreiches, wonnevolles Wunderland versetzt wurde und oft schon damals die schönen Linien und die Färbung unsrer Wälder betrachtete..." Und wie er dann vom Stift Kremsmünster täglich den Blick auf die blauen Alpen und ihre Prachtgestalten richtete, und „zum erstenmal den Satz hörte: das Schöne sei nichts anderes, als das Göttliche in dem Kleid des Reizes dargestellt, das Göttliche aber sei in dem Herrn des Himmels ohne Schranken, im Menschen beschränkt..." Ein Glauben, der ihm zur Wahrheit wurde, „oder Gott ist nicht Gott". Diese Stiftersche Wahrheit ist verwandt mit der Bruckners; aber die kräftigere Natur des Musikers hatte die Reste eines alten Heiden in sich zu unterwerfen und zu zwingen, bevor er im Göttlichen aufging: dies mag die rätselhaften Schauer des Finales erklären.

Bewunderungswürdig ist die Gefaßtheit des Künstlers in jenen Jahren. Die Dritte Sinfonie war 1877 abgelehnt worden — „die Leut' wollen von mir nichts wissen!" — es entstand die Vierte. Zurückblickend sehen wir die innere biographische Linie; erstes Sichempören, Jähe und Aufruhr in Linz. Dann in Wien: Verbergen des Ich, Zurücknehmen der Kraft, Ermannung, Sichfassen, Herausformen des Ich, Glaubensverkündigung. Naturandacht in der Vierten Sinfonie, die ein großer Heimattraum ist, wie ihn die Vereinsamten der großen Städte träumen. —

Gleichzeitig mit der Vierten schuf Bruckner eine B-dur-Sinfonie, die spätere „Fünfte". Sie entstand von 1875 bis 1880, am Finale allein hat er zwei Jahre gearbeitet. Dieses Werk setzt die innere Biographie fort. Die geschichtlichen Daten der Fünften Sinfonie sind gering: sie wurde zum erstenmal in der Provinz aufgeführt, am 8. April 1894 in Graz, und zwar von Franz Schalk. Weitere Aufführungen: von Löwe, Budapest, 18. Dezember 1895, dann in München, hierauf von Schalk in Prag. In Wien zum erstenmal 1. März 1898 von Löwe. Am 24. Februar 1901 von Gustav Mahler (mit starken Kürzungen). 1898/99 Berlin (Nikisch), Karlsruhe (Mottl) usw. Ein Besucher der Grazer Uraufführung tat den Ausspruch: „Hier werden die Motive durch das Orchester nur so durchgesiebt; auf der einen Seite kommen sie hinein und auf der anderen heraus . . ."

Die Fünfte ist Bruckners Monumentalsinfonie, gefährtenlos unter ihren Gefährten, geistoffenbarte, außenferne, ganz abgewandte Musik. Gerade was er im Wien jenes Jahrfünfts sah, drängte ihn in seine Innerlichkeit zurück. War die Vierte ein Gruß an die Heimat, so ist die Fünfte Versenkung in die Heimat der Seele. Er gewahrte um sich die Frivolitäten einer reichwerdenden Stadt, die Schiebungen der Gründerzeit, die Praterhintergründe eines Heute, das, vom Gestern trunken, sich am Morgen berauschte, und die gänzliche Unberührtheit jener Zeit von den ewigen Dingen. Grund genug für ihn, einen Dom aufzubauen, der ihn umhüllte, einen Altar, an dem er einsam kniete, ein Werk, das seine volle Kraft verzehrend, ihn mit neuen Energien bereicherte. Mehr als jede andere Sinfonie ist diese, und mehr als jeder andere Satz ist das Finale domhaft. Er muß mit äußerster Anstrengung diese hohe Welt errichten. Aus den stürmenden Kontrapunkten hört man den leidenschaftlichen Eifer des Künstlers, aus den Riesenmaaßen des Werkes den höchstgespannten Willen zu Gott.

Die Einleitung — Adagio — bildet einen weiten vorgelagerten Platz. Im ergebenen Schritt geht ein Skalenmotiv Pizzikato diatonisch auf und nieder. Wenn es (auf der Dominante) endet, reckt sich jäh im FF die Gestalt eines auseinandergerissenen Ges-dur-Akkords unter zuckenden Zweiunddreißigsteln durch zwei Oktaven auf. Ein beklemmendes, man möchte sagen drachenhaft aufspringendes Symbol. Ein glaubensfester Chorgesang tönt in ermutigendem A-dur aus den Bläsern. Eine kurze Überleitung drängt zum Kampfentschluß.

Das Hauptthema beginnt nicht mit Urschritten, vielmehr ist es von inneren Konflikten beunruhigt. Man erkennt die beladene Seele aus dem nach abwärts gekrümmten Bogen, dem Zurücksinken ins Molldunkel, aus der sich aufraffenden punktierten Rhythmik, den trotzenden Weiterführungen in Oktavsprüngen, den breiten ermatteten Klagen der tiefen Klarinetten und Bratschen, dem Aufschwung in Vollorchesterpracht und neuem sinkenden Verzagen: solche seelische Summen enthält ein Brucknersches Thema! Wenn man unter Beethovensche Musikgebärden summarisch die Worte „Freiheit" oder „Menschheit" schreiben darf, so dürfte man hier nur die alten Worte Kyrie oder Miserere nobis anbringen. Stärker als in der Dritten ringt der Gläubige dieser Sinfonie mit dem Versucher. Dort zog der Choral im Allegro nur als Bild vorüber, hier stand er in der Einleitung hochaufgemauert, ein Symbol der himmlischen Stadt, nachhallend ins ganze Werk.

Der Gesangsatz — ein scheues Pizzikatothema — hat eine zögernde Haltung, wie die Andächtigen, die auf Zehenspitzen dem Hochaltar nahen; in sein f-moll ist eine Einzelstimme der ersten Violinen eingebettet, flehend wie eine Lamentation zur österlichen Zeit. So kommen Adagioelemente in das erste Allegro, der Künstler gestaltet, sein Urtempo durchsetzend, die Form durch das Individualerlebnis. Und so führt er sie auch weiter. Die noch folgende erste Satzhälfte muß alle gläubige Beklemmung und allen religiösen Mut aufnehmen. Wenn der matte Trost des Gesangteils unter schweren trauervollen Synkopen abgesunken ist, gewinnen Zuversichtsmächte die Oberhand, die Schlußgruppe hat Schwingen, eine Des-dur-Melodik der Violinen und Holzbläser ballt sich akkordisch — willensfreudiges Des- und A-dur —, lumen de lumine könnte darüber stehen —, die erste Höhe wird gewonnen, die Unisoni reißen fort, und zuletzt melden schöne thematische Hörner beseligende Zuversichten.

Auch der Baugedanke der Durchführung wird von dieser Individuallogik bestimmt. Alle Themen, auch die Adagiotempi, werden verarbeitet, aber nicht um sie zu „verarbeiten", sondern um sich zu befreien. Den sich entspinnenden Glaubenskampf nennt ein kundiger Beurteiler, Walter Niemann, „ein Bild großartigster Seelenschilderung und dramatischer Anschaulichkeit..."

Nun enthüllt jener Einleitungschor seine Sendung, nun zeigt jenes Ges-dur-Thema seine wahre Natur: in wunderbarer Symbolik wird es „der Widersacher", wenn man will der „Antichrist": seine Rhythmik wendet sich wuterfüllt gegen das Glaubensthema. „Immer kritischer gestaltet sich die Lage. Nichts scheint den empörten Widersacher zurückdrängen zu können, weder Hauptthema, noch Chorgesang. In höchster Erregung stürmt das Heer des Gegners auf wilden Rhythmen daher — da plötzlich Generalpause. Der letzte Versuch wird unternommen. Anfangs vorsichtig und zaghaft stellt der Tondichter den feindlichen Mächten zum letztenmal seine Glaubensthemen gegenüber. Diesesmal bleibt er mit ihrer Hilfe Sieger über die feindliche Schar der Anfechtungen..."

Das Skalenthema der Einleitung monumentalisiert sich, heroisch wandeln Bässe und Streicher, im Trompenchor wie von Stimmen aus der Höhe erscheint das Hauptthema, diesmal in ungebrochenem Licht, reines B-dur: es hat sich verklärt, der Glaubensmut wird zum erstenmal gewonnen.

Im Adagio stehen sechs Viertel gegen vier Viertel, ein tiefes Streicherpizzikato gegen die einsam singende Oboe, eine zackige Baßlinie gegen Quint- und Septseufzer — zwei Welten, die nebeneinander atmen und scheu zusammenleben. Als murmelnde Mönche schleichen die Gedanken des Künstlers. Seine Weltflucht war nie größer als jetzt, sein Absonderungswille wird zur klösterlichen Zurückgezogenheit. So wandelt es weiter, prozessionshaft: Sechs Viertel gegen vier Viertel, Pizzikato und Gesang — keiner seiner früheren Sätze, kein Sinfonieadagio überhaupt kannte solche Müdigkeit der Seele, die kahle Schwermut, die sich nicht trösten will. Einmal wird sie weich und erinnerungsvoll: draußen liegt die Heimat — ein C-dur-Satz gerät ins Blühen und entsendet lyrische Wärme. Streng im Adagiostil Bruckners geschehen die zwei Abwandlungen des Hauptgesanges, die zweite reich und reicher gesteigert mit choralartigen Gängen, die den Himmel suchen (wie später in der Siebenten Sinfonie). Aber die Resignation herrscht vor. Max Reger hat in seiner Böcklinsuite den geigenden Eremiten mit der einsamen Solovioline nachgemalt; Bruckner kannte das Bild nicht und malte nicht: er war selbst der tönend Einsame.

Oktavige Stellen sprechen mittelalterlich herb und streng, die Septenpizzikati am Schluß sind Zeichen des Sich-Schickens und Ergebens, das Oboenthema kehrt wieder, d-moll wird D-dur, es zwingt sich zu einem einzigen flüchtigen Lächeln. Viel Ungelöstes bleibt.

> „Sind das die letzten Töne — meinen
> die Mönche der Einsamkeit jetzt mich?
> Aber es dunkelt das Herz,
> ich höre litaneienhaft, rosenkranzlang
> das Vaterunser der Stille und
> die Stille weinen."

Der Sechsviertelkontrapunkt des Adagios kommt jetzt in Bewegung, er läuft als Streicherunisono durch die drei Viertel des Scherzos, eine Bläsermelodie schwingt über ihn hin, der Satz langt auf E an, umspielt dieses E hartnäckig wie ergebnislos —, die rechte Heiterkeit, das Selig-Schöne will nicht kommen, die alte, kahle Stimmung überwiegt, der Satz bricht ab.

Der Künstler versucht nun anderes. Er holt aus dem Schatz der Ennser und Trauner Thematik einen singenden Satz, jede Stimme auf eine andere Art fröhlich, ein Meisterstück der Polyphonie, in fünf Stimmen eins der reizendsten Partiturbilder. Drei Tonarten (F, Des, E) werden im Flug durchmessen, Erdenlust bekennt sich laut, und doch verliert man keinen Augenblick das Gefühl vollkommener Einheit: auch unter diesen Szenen des heiligen Lachens geht unbeirrt der erste, stelzende Kontrapunkt weiter. Gerade das Abbrechen war Weiterführen, der „Riß" spannte und verknüpfte.

Verdrängte Gefühlswelten werden frei. Laut stampfende D-dur-

Fröhlichkeit beschließt die dreiteilige Liedform. Und hier (stärker aber noch im Scherzo der Siebenten Sinfonie) hat man den Eindruck, als sei er dem Christentum für Augenblicke entschlüpft, als zeige sich der Urbewohner der Erde, als rege ungebrochene Kraft gigantisch die Glieder; aber das Ungebundene bindet der Kontrapunkt in der Tiefe.

Wir haben das Fis, die Terz aus dem Durdreiklang, noch im Ohr. Es klingt in das Trio als leise klagendes Ges, und von diesem fast weinerlichen Hornton geht in zwei Strahlen eine sanfte Zwei-Viertel-Takt-Melodik aus. Jedesmal, wenn jenes Ges ertönt, kommt sie wie beim Namen gerufen von neuem, ein Spiel großen, naiven Humors. Und der gleiche kindhafte Humor löst sich in einem reizenden Ineinanderplaudern von Holz und Streichern, einer anmutigen Ländlerei, die auf altväterischen Schulkadenzen, wie auf Befehl, Halt macht. Die Unschuld des Künstlers, der Berge kreisen machen kann, unterhält sich mit sich selbst: ein neues Abbild seiner Lebensgebärde.

Das Finale beginnt mit einem weiten beethovenschen Rückblick auf alles Geschehene: das Vergangene wird gemustert, Kopfthema und Einleitung des ersten Satzes, die Mönchsprozession aus dem Adagio. Dazwischen aber rafft sich neuer Kampfwille zu einem harten, oktavigen Finalthema zusammen, das alsbald einen kontrapunktischen Satz aus sich heraustreibt. Ihm entgegen tritt nach einer tonartreichen Gesanggruppe und einem Streichersturm zum Bläserunisono die zweite wichtige Finalerscheinung: der große Bläserchoral in Ges, nach dem man das Werk die Choralsinfonie nennen darf.

Aus dieser Thematik wird nun ein Riesensatz gesponnen, der, in seiner Gesammtheit überblickt, wie ein im Orchester monumentalisierte Orgelimprovisation klingt. Man müßte alle Einzelheiten kontrapunktischer Arbeit aufzeigen, würde aber doch nur neben der Handlung einherreden. Es ist keine Improvisation Bruckners aufbewahrt —, aus diesem Finale könnte man sich ein Bild davon machen, wie eine unerschöpfliche Phantasie sich immer noch „unerschöpflicher" zeigt und unüberbietbare Steigerungen überbietet, würde aber das Bild zerstören, indem man es beschriebe. Allerdings: Die Brucknersche Begeisterungsnatur findet immer eine neue Thematik; aber sie selbst ist es, die, andere Äußerungsformen zurückdrängend, Gleichläufigkeiten ergibt.

Das Hauptthema des ersten Satzes tritt (bei Buchstabe O) wieder ein, sein Inhalt ist noch nicht genügend erschöpft, sein Endschicksal im Kampf noch nicht entschieden. Nun zeigt es seine äußerste Ekstatik. Das Orchester, der Saal, die Erde wird ihm zu eng, es strebt ins Überirdische hinauf. Der Künstler stellt ein Nebenorchester von elf Bläsern auf, die Himmelstore scheinen sich zu öffnen, seine Vision wird Klanggewalt: der Choral von der Herrlichkeit Gottes erschallt. Über das Getümmel der Welt strahlt ruhevoll die ewige Wahrheit. Mit gebieterischer Bewegung, als stürze er Luzifer, verbannt er das oktavige Widerthema in die Tiefen der Bässe. Unter dem Klang der Triumphinstrumente, Triangel und Becken dringt die Stimme des Chorals über die Enden der Welt, um, wie im Messenkredo die fides viva, die fides intrepida zu verkünden; die Wackenrodersche Geste der „stolzen Trompete" erreicht ihre höchsten Formen, wenn die Trompeten des Nebenorchesters das Hauptthema jubeln.

So hat der Künstler sich dargebracht. Und sein Werk, dem Ethos entsprungen, erzeugt auch Ethos: niemand kann sich den Mächten der sich überhymnenden Sinfonie entziehen, die uns mit dem Frohglauben des Künstlers selbst erfüllt.

„O Herr, Donner,
der über meine Himmel weht,
ich will zu dir restlos mich verflüchtigen — —".

Walter Niemann meint zu dem Finale, ein Wort Karl Söhles anführend, es könne hier die kontrapunktische Technik die nicht immer gleich starke Begeisterung des Künstlers, ähnlich wie bei Brahms, ersetzt haben. Schon Friedrich von Hausegger, der in den „Gedanken eines Schauenden" frühzeitig ein sehr reifes Urteil über Bruckner entwickelte, sprach die gleiche Ansicht aus. Drei gewichtige Stimmen erheben den gleichen Einwand, und doch glauben wir — heute — die Brucknergebärde anders deuten zu müssen. Vielleicht kam jenes Bedenken aus der Wagnerschen Ausdruckswelt, die im Kontrapunkt mehr Technik als Erlebnis erblickte? „Ich bin kein Orgelpunktpuffer..."

Und man darf erweiternd sagen: auch kein Kontrapunktpuffer. Reines Kontrapunktieren um seiner selbst willen war einem Gottsucher, wie Bruckner, keine Befreiung.

Dagegen fehlt der Fünften Sinfonie bis auf das Scherzo eine andere Brucknersche Gebärde: das sich aufschließende, sich verströmende Österreichertum. Es gibt auch eine gewisse Brucknerkühle, die Luft großer Höhen, in die er zurückweicht wie der Prophet. Die lyrischen Elemente verflüchtigen sich, das Kolossale wird Musik.

*

Die Sechste Sinfonie, A-dur, wurde komponiert 1879—1881. Dank Göllerichs Angaben im Programmbuch einer Linzer Aufführung ergeben sich folgende Entstehungszeiten der einzelnen Sätze. 1. Satz vom 24. September 1879 bis 27. September 1880 (Wien). 2. Satz November 1880. 3. Satz vom 17. Dezember 1880 bis 17. Januar 1881 (datiert Universität Wien). 4. Satz vom 28. Juni bis 3. September 1881 in Sankt Florian. Die beiden Mittelsätze unter Wilhelm Jahn mit den Philharmonikern am 11. Februar 1883. Erste vollständige Aufführung (d. h. alle vier Sätze, aber gekürzt) unter Gustav Mahler im 7. Philharmonischen Konzert am 26. Februar 1899. Dann unter Göllerich am 13. Dezember 1901 mit dem Wiener Konzertverein (ganz ungekürzt). Unter Löwe am 19. März 1902. In Stuttgart unter Pohlig am 14. März 1901, dann unter Weingartner in Berlin 1902/03.

Das Werk steht in der Schätzung selbst Brucknernaher noch zurück, hauptsächlich des Finales wegen, das nicht wie sonst zu den letzten Gipfeln getürmter Kraft führt. Das Bestimmungsthema der Sinfonie hat die imperatorische Geste des Künstlers: sein rhythmischer Auftakt, sein Quintsturz, sein Griff nach den unterdominantischen Schatten, sein Schwung ins Helle, sein königliches Sichaufpflanzen und Gebieten bei der Wiederholung, seine Lust, zu leuchten, sein Frühlingsstrahlen und der über die gemeinen Dinge hinausbebende Begleitrhythmus hoher Streicher zeigt den freudigen Stolz der Herrennatur.

Das Gesangsthema, aus dem trockenen Boden eines sinkenden Skalenmotivs keimend, hat fast weiblich-zarte Unruhen, seine Kantilene beteuert, weitgespannte Liebesfähigkeit öffnet die Arme (in der Non der Oboe), sein süßer Mordent wirbt, ungestillte Sehnsucht bricht ab, sucht ein zweites Mal sich zu stillen, inniger, heftiger drängend, und doch verrät die zarte Unschuld eines Oboen- und Hörnergesanges (D-dur) die Reinheit und Keuschheit alles Verlangens. Selbst, wo der Gesang in Dur zu starker Dissonanzenleidenschaft gesteigert wird, zeigt er mehr die enthusiastische als erotische Seite des Brucknerschen Empfindens.

Wenn dann das Hauptthema in der Durchführung auf dem Triolengewoge von Glanz und Begeisterungsharmonien mit verkehrten Linien schwebt (G-dur, a-moll, C-dur), verkündigt es die freudige Grundhaltung der Sinfonie; ebenso die feierlich-ruhige Koda mit den einander überantwortenden Hörnern und Trompeten, die die thematische Behauptung aufs neue behaupten, das Betonte weiter betonen: eine unverkennbare Credofroheit. Begnadend bricht sie aus der Brust des Künstlers und verleiht dem Satz die Schlußglorien.

Das schöne kurze Adagio, F-dur, beginnt mit milder Trauer (Seufzer der Oboe), aber aus seiner zarten Melancholie wächst langsam eine Beseligung in dem schwellenden E-dur der Streicher und der durchsingenden Cellostimme. Immer stärker wächst es in Vorhaltstrunkenheit, bis das Gefühl des Allumfassenwollens durchbricht, eine der Stunden, wo die Güte des Künstlers Gesang wird, und er die Nächsten wie Fernsten an die Brust ziehen möchte.

Gleich darauf stille, sich bescheidende, irdische Glückseligkeit in dem stimmenverschlungenen Sechzehntel- und Achtelmotiv, das, langsam sich verbreitend und lösend, zu einem ergebenen marschartigen Gebilde, einem Satz von Prozessionsrhythmik führt: immer wieder wird die Gebärde des Demütigen sichtbar, der sich nur als Atom im Kosmos kennt, in Freude und Trauer dem Herrgott dankbar.

Mit den die Koda bildenden Glückseligkeitsmotiven, ihrem innigen Umschlungensein wird das Ethos des Satzes angeschlagen. Eine thematische As-dur-Skala der Violinen steigt vom höchsten Ton durch drei Oktaven herab — nur eine Skala, aber eine Welt von Liebe und Treue: in vollste Weite spannt sich das Gefühl und wiederholt des Künstlers Überschwang, alle Menschen heute bei sich zu sehen.

Dann kehrt er stillselig in seine Sechzehntelidyllik zurück, bis alles in eigener Befriedigung ruhevoll verklingt. Unwillkürlich denkt man dabei an diejenige Art von Selbstgenügsamkeit, von der Schopenhauer einmal sagt: in unsrer elenden Welt gleicht der, welcher viel an sich selber hat, der hellen, warmen, lustigen Weihnachtsstube mitten im Schnee und Eis der Dezembernacht . . .

Das Scherzo ist in drei Stimmengruppen wie in drei Stockwerken gebaut. Klopfende Viertelblässe in der Tiefe, in der Höhe mischt sich Holzbläserthematik und eine flüsternde Zweiunddreißigstelfigur der Violinen, und die Mitte nimmt das Hauptthema ein: Zweite Violinen und Bratschen mit den Sextakkorden des triolischen Hauptthemas in a-moll. Diese Rhythmik gibt dem ganzen Satz die Formung: eine phantastische Szene, in die wieder idyllische Augenblicke spielen, wenn (nach Buchstaben C) das zweite Horn seinen triolenseligen Gesang, oder später, wenn ihn Oboen und Klarinetten (Buchstabe G) singen. Das Trio (in vier Achteln) setzt diese Stimmung auf seine Weise fort: in den naturfrohen drei Hörnern und in der abschließenden Kadenzierung der Streicher, die immer wie ein gutes Wort wiederholt wird und nicht ohne thematische Beziehung ist. Endlich in dem C-dur-Ausruhen der Streicher am Schluß des Trios.

Das Finale, eines der wenigst hervorragenden von Bruckner, hat doch Bedeutsamkeiten. Aus der Adagiowelt stammt seine Hauptthematik, und kurz nach dem Anfang setzt sich glaubensstark der Blechbläserchoral mit einem Urschrittthema durch. Die lyrische Gruppe (Buchstabe D) ist Heimaterinnerung, die auf die Zweite Sinfonie (Seitensatz) zurückweist. Aus der Schlußgruppe wird ein Energiethema gewonnen, das wie eine Vorstudie zum Finale der Siebenten Sinfonie anmutet, und zu dieser Thematik erhebt sich in feierlicher Rede die eherne Posaunenstimme mit dem Choral: es ist die Brucknersche Bindung, die seit der Ersten Sinfonie wiederkehrt und hier, wie in der Dritten Sinfonie, besonders schöne Formen gewonnen hat. Die Rückkehr des Freuden- und Glanzthemas des ersten Satzes beschließt breit und bestimmend das Werk.

Wir empfangen aus diesen sinfonischen Bildern ein Seelenbild des Künstlers jener Zeit, das sich lebhaft unterscheidet von dem der B-dur-Sinfonie. Keine Abgewandtheit, sondern Sichzuwenden wie der armeausbreitende Priester, Mannesstolz, Gottesfreudigkeit, morgenliches Strahlen der Seele, zartwerdende Liebe, unschuldiges Beteuern, Glaubensmut; im Adagio inneres Gleichgewicht, Einsiedlerglück, im Scherzo und Trio phantastisch und naturselig die alte Kraft, im Finale der Blick vom Diesseits zum Jenseits und schließlich die verklärende Lösung im Glauben. Diese Zeichen verbinden sie mit der Siebenten Sinfonie, die ebenfalls ohne Abgrund, ohne aufreißenden Konflikt die beglückenden Sicherheiten in Ecksätzen und Scherzo weiterführt.

Festliche Freudigkeit schwebt in der A-dur-Sinfonie. Ohne bestimmte äußere Einflüsse zu kennen, sehen wir doch, daß der Künstler stark genug ist, sich unter feindseligem Druck zu erhöhen. Die Quelle aber der Gottfreudigkeit, die sich darauf in der Siebenten Sinfonie zur Gottestrunkenheit steigert, mag der lachende Katholizismus des Barock sein, die florianische Heiterkeit, die Hansjakob an allen Florianern fand.

*

Die Siebente Sinfonie, E-dur, komponiert zwischen 1881 und 1883, ist diejenige, die Bruckners Namen als Sinfoniker zuerst ins Weite trug und, wie schon ausgeführt, die positive Wendung seines Schicksals bedingte. Ihre erste Aufführung fand statt am 30. Dezember 1884 im Stadttheater zu Leipzig unter Artur Nikisch. Die zweite am 10. März 1885 in München unter Hermann Levi, die eigentliche Festsetzung des Erfolges. In Wien ein paar Jahre später, am 21. März 1886 unter Hans Richter bei den Philharmonikern. In dem Konzertjahr 1885/86 viel gespielt: in Köln, Hamburg, Graz (Muck), Amsterdam, New York, dann 31. Januar 1887 Berlin (Klindworth), dann 1894 (Muck) usw. Wiederholungen in Wien: 24. Februar 1889 (Musikaufführung des Wagnervereins unter Hans Richter), 8. November 1896 (Philharm. Konzert), 13. März 1901 (Konzertverein unter Löwe), 16. März 1902 (Philharm. Konzert unter J. Hellmesberger jun.).

Die Siebente war die erste Sinfonie, mit der Bruckner bei den Wiener Philharmonikern vollständig erschien. Nach der Aufführung fand im Freundeskreis (Löwe, Schalk, Hans Paumgartner, Adalbert von Goldschmidt, Eckstein) eine Art „Feier" statt. Bruckner kehrte davon ziemlich spät abends nach Hause zurück; als er seine Wohnung betrat, fand er auf dem Tisch eine Depesche von Johann

Strauß, der ihm seine tiefste Bewunderung aussprach. Ganz ergriffen von dieser einzigen Huldigung des Wiener Walzerkönigs zeigte Bruckner die Depesche herum.

Das eröffnende Pracht- und Glanzthema, aus Brucknerscher Begeisterungsgewalt entstanden, bestimmte die Richtung der ganzen Sinfonie. In königlicher Haltung schwingt es im Horn und Cello empor, macht die Brucknersche Ausbiegung ins Unterdominantische, steilt sich dann bei der Wiederholung in der Schlankheit singender Violinen auf, den Raum bis an die Orchestergrenzen melodisch erfüllend; Nebenstimmen singen ihm zu; das Reiche wird bereichert, doch die Gesamtstimme bleibt Gottesfreude, Sich-Eins-Wissen mit dem Höchsten. Der offene Himmel steht zu Anfang der Gloriasinfonie, die Zungen der Verzückung reden, kein Ton des Konfliktes wird laut. Der Aufschwungskünstler spricht seine Aufschwünge aus, nichts vermochte zu hemmen, den Glanz der Gesichte zu trüben.

Im Seitenthema, das unter Bläserachteln, zwischen Dur und Moll dahinkräuselt, sich mordenthaft schlängelt, bald diese, bald jene Überraschungstonart streifend, ist mehr rhythmischer Gegensatz als Konflikt. Aber dieses unscheinbare, seltsam fortwindende, kapriziös gestimmte Thema zeigt sich bald als ungeahnte Glanz- und Energiequelle, ebenfalls bereit, am Freudenwerk teilzunehmen.

Der wunderbar erfüllte Meister liebt seine Themen — sind sie nicht die Kinder des Familienlosen? — er sieht das zweite gegen den Glanz des ersten zurückstehen, es bedrückt ihn vielleicht, er sucht es zu entwickeln, noch höher, noch glanzvoller, seine Steigerungsnatur, seine Ekstatik, die in den Briefen so oft „Hoch!" ruft, erlaubt kein bürgerliches Musikmachen, kein Weiterschleppen im „Machmichnicht-heiß-, Machmichnicht-kalt-Ton": er schiebt sein Thema auf den Akkord der Begeisterung (Quartsext), wo es glückselig ruht, verkehrt seine Linien, macht die kindsköpfigen Launen zu Erhabenheiten, sammelt leisen Donner in den Baßtiefen eines Orgelpunktes, preßt einen Bläserturm bis zur Tredezim hinauf, verdichtet den Rhythmus zum Hufschlagdröhnen, und nun hat er einen rhythmischen Donner in Händen, mit dem er den Saal, die Erde erschüttert — bis er ihn stimmenweise löst und mit Humor in eine fast vergnügt schwankende, leise torkelnde Schlußgruppe münden läßt.

Sein sinfonischer Enthusiasmus brauchte diesen Freudendonner, er muß seiner Natur Genüge tun, koste es auch eine Durchführung schon im Vorhof der Sinfonie.

In schönem Fluß zieht die Schlußgruppe dahin, ein paar verstärkende Konturtöne des Unisonos werden singend, bald klingt es nach Heimat, und Dur wie Moll werden von dem vergnügten Schwanken des Basses thematisch gehalten.

In der Durchführung gibt es ein Beschaulichwerden der Themen, heftige c-moll-Erregungen des Freudenthemas mit enggeführten Leidenschaftsstimmen, ein Hochschwellen des Gesangthemas bis zum flutenden Hymnus, prachtvolle Reprisengriffe, sieghaftes polyphones Dahinschreiten, dann eine Koda, die zu einem breiten Meer übersingender Allegrostimmen wird, und zuletzt die Verklärung des schon verklärten Themas, das Aufgehen der Himmel mit jubelnden Streichern, jubelnden Bläserchören.

Überall durchfühlbar die Sicherheit des technisch Gereiften, die Flüssigkeit des Satzes, die Festfreude. Ja, der pfingstliche Glanz, der auf diesem Satz ruht, noch stärker als in der Sechsten Sinfonie, hat das Ganze zum Lieblingswerk gemacht. Nirgend aber eine starke Gegensatzsymbolik, nirgend der Donner und Rauch entfesselter ethischer Kämpfe.

Das Scherzo, a-moll, an dritter Stelle stehend, bindet auch nicht (wie das der Fünften Sinfonie) Diesseits und Jenseits. Über einem drollig-schwerfälligen Widermotiv springt hellzackig, oktavig und quintig die Signaltrompete mit dem Thema auf. Der prachtvollen Plastik des Motivs folgt ein septisch stürzender, fortführender Übermutsrhythmus, und die Lust am schönen Einfall baut und bildet eine Bauernunterhaltung, die Oberösterreich zum Welttanzplatz erweitert. Emporreißen widerstrebender Vierklänge, thematische Entladungen, Unisonoskalen, die das posaunig-schmetternde Thema überbrausen, walzerige Leichtigkeit, und hahnebüchene Vierschrötigkeit, manchmal das heilige Lachen des Künstlers in Trillerketten, und doch das Ganze ein seiner formalen, dreiteiligen, modulatorischen Pflichten sehr bewußter Satz.

Bruckner steht in solchen Humorsätzen über der Welt, seine schwere Fröhlichkeit wird ein alleskönnender Kraftenthusiasmus. Manche glaubten in diesem Scherzo eine Gigantomachie zu sehen,

Baumausreißer, Blöckeschleuderer, Böcklinsche Fabelgestalten, zottige Waldriesen, die mit Stämmen und Quadern wie mit Flaumfedern spielen. Gewiß handelt es sich um die Anmutsform einer gewalttätigen Natur, des durchbrechenden heidnischen Temperaments; doch der Waldriese, der Blöckeschleuderer, ist niemand andrer als Bruckner selbst in phantastischer Vervielfältigung. Die christliche Gebärde fällt, und zurück bleibt der bauernurhafte Heidentrotz.

Nach diesen Tumulten fließen wie in Feierabendruhe die weiten Triomelodien, mit Stimmen von schönem Bug, geglätteter Führung und friedlicher Gesinnung. Klares Geigensingen, klares Cellosingen in F-dur. Aber es ist keine Philisterruhe, die sich am Waldrand der überstandenen Strapazen freut. Die Harmonie enthusiastisch gestimmt, übersteigt einen kleinlichen Halbschluß im normalen C, ihre Gewaltneigungen gehen im Quintenzirkel um zwei Stationen weiter, nach D. Es ist eine heroische Ruhe, die sich ausbreitet, eine Ruhe von Niveau. Hier und da gibt es Gemächlichkeiten nach Art Griegscher Akkordidyllik, melodische Behaglichkeiten schönen Rastens, durchblitzende Trompetenstakkati und Schlußarabesken der Flöte; aber im Grund des Stückes lagert eine jederzeit bereite Gewalt — ein Scherzorhythmus in der Pauke, und wieder beginnt das Kraftwesen sein heidnisches Spiel.

Auch das Finale bindet nicht Diesseits und Jenseits. Sein Thema, ein beschwingter Nachhall des sinfonischen Hauptgedankens, ist ein Flug- und Drängethema, eine neue Form der Brucknerschen Enthusiastik. Ihm gegenüber tritt der kirchenhafte Choral, die „Hochrufe" werden von ernster Gebeugtheit abgelöst, die auf Pizzikatobässen leise-feierlich schreitet. Ohne weiteres könnte man der Choralmelodie die Worte: Credo, Credo unterlegen. Mit ungefüger Endtrillerwucht pflanzen sich Riesenunisonos in den sinfonischen Boden, Abkömmlinge der Heidenwucht aus dem Scherzo. Übergewaltig der Willensausdruck in heroischen Vorhalten, raumsprengend das Kolorit der preisenden Posaunen, Tuben und Hörner, der Stolz der Wackenroderschen Gottestrompete. Die Elemente der Bruckner-seele finden im epischen Nacheinander ihre Gestalt. Nirgend aber werden sie Zusammen- oder Gegenklang. Keines überstürmt das Andere. Die Siegerverklärung gilt dem Glanz- und Glorienmotiv des ersten Satzes: noch tiefer öffnen sich die Himmel, bewegter wird Verzückung des Verzückten, und die potenzierten Jubelchöre des ersten Satzes sind dagegen nur ein Einfaches.

Die Sinfonie vermeidet damit mechanisches Sichselbstnachbilden, das glanzvoll erzählende Werk hat eigene Gesetzmäßigkeit, aber kennt keine starke Kampflust: ein Intermezzo, das dem Tedeum gleich nur seliges Gelöstsein in Gott jubelt, ein Vorspiel kommender Tragik.

Das Adagio, komponiert zwischen dem 22. Januar und dem 21. April 1883, ist der zweite Satz geworden und trägt die wichtigste Rolle: von ihm geht das ethische Schwergewicht aus.

Dieselbe Seele, die im ersten Satz ekstatisch prangte, sich in Steigerungen bis zum Zerreißen spannte, ist nun zusammengesunken, kaum bewegbar, wie erstarrt in einem Schmerz. Zeigte sie dort ihre Gottesfreudenkraft, so hier ihre maßlose Leidefähigkeit. Ein Gram, den alle Möglichkeiten speisen, hat den Künstler im Besitz, eine vielleicht erst objektlose, dann ahnende Trauer, die alles von sich weist, nur sich selbst als der einzigen Wirklichkeit lebt, und, die Geschichte einer Passion schildernd, sie erst in allen Schauern erlebt: — das bedeutet für uns dieses Adagio, dessen cis-moll-Thema in den dumpfen Stimmen der Tuben lastend hangt, Instrumente aus dem Nibelungendüster, hier zum erstenmal, aus seelischen Gründen, aus Maler-, nicht Kopistenabsicht, verwendet.

Seltsam verwoben mit dem Tod eines großen Mannes gibt das Adagio der ganzen hellfreudigen Sinfonie eine tragische Hinterwelt. Man spürt die Gegenwart unerbittlicher Gewalten und sieht das Bemühen des Künstlers, teils das Unerträgliche zu tragen, teils aus den fernen Regionen Zuversichten zu holen, als gäbe es eine selige Lösung, m ü s s e eine geben, bis er den Bissen des Schmerzes wieder ausgeliefert oder still, mit feuchten Augen, kinderhaft wehrlos erliegt, sich ins Namenlose des Grames ergebend.

Diese Variationen eines Leidenkönnens lesen wir ab aus der cis-moll-Trauer des Einganges, dem markigen, choralhaften E-dur-Gang der Streicher, dem Alleinsingen der Violinen auf der G-Saite, den sich selbst tröstenden Zartheiten des septisch fortsingenden Quartetts, den zusammenknirschenden und aufjammernden Orchesterschreien geballter Septimenakkorde, nach denen der Schmerz an sich selbst ermattend zusammensinkt, und milde Klarinettengänge in die Tubentiefe zurückmünden.

Aber die Seele, die in diesem Unmaß trauert, voll männlicher Haltung, ohne Sentimentalität, besitzt außer der Gramfähigkeit die maßlose Liebefähigkeit: die, die den Künstler ebenso rätselhaft überfällt wie jene, als sei sie nur deren Verkehrung, und er müsse nun zu dieser Stunde, da er jede Hand von sich wies, jede Menschenbrust an seiner Brust empfangen. Diese Liebesfähigkeit löste sich aus in einem Fis-dur-Gesangsteil, der zu den unvergänglichen Tröstungen der sinfonischen Musik gehört. Wer immer ihm noch nahte, dem nährte er die Seele mit einer Beglückung —, die den Glauben an eine entsündigende Region sammelte. Nur wer liebend ist, erfindet Glück in der Form von Melodie.

Dabei hat diese Liebesgebärde Bruckners eine ebenso edle wie technisch hochstehende Form. In drei Geschossen baut der Polyphoniker sein Thema auf, das die Bachsche Kunst vielstimmiger Natürlichkeit in ruhigem Fließen wiederholt. Die Mittelstimmen wiegen dahin, die Bässe stützen, und die Oberstimme mit dem seelenvollen Quartenaufblick, dem Septenglück, dem Auflächeln und stillen Schwärmen, läßt ihren Heimatston, der Würde des Orts entsprechend, mehr ahnen als ausströmen.

Ruhevoll vollendet das Minnelied seine dreiteilige Form. Hugo Wolf, der die Sinfonie gewiß seit 1886 gekannt hat, vermochte sich ihrer melodischen Beglückung nicht zu entziehen: in seine Gebärde umgewandelt, homophon, aber noch erkennbar klingt Brucknerscher Septengesang in seinem „Gebet" und seinem „Genesenen an die Hoffnung".

Der Künstler steht nun vor den technischen Notwendigkeiten der Durchführung. Er verarbeitet das heroische Trauer- und das Gesangsthema in ruhigem Ansichhalten und fortwährendem Steigern. Der markige Dur-Teil des Trauerthemas wird bedeutsam, er hebt sich choralartig verbreitert durch harmonische Prächte heraus. August Halm hat die Logik der einzelnen Fortschreitungen in seinem Brucknerbuch wie ein Anatom erklärt. Aber die Gesamtlogik steht höher, sie kennt einen Hochpunkt, den das Ganze geistig erreichen muß, um das Unerträgliche zu ertragen, sie sucht die Regionen der Erlösung.

Das Trauerthema schreitet, zum letztenmal, in voller Gestalt. Streichersextolen geben umspielend Bewegungsdrang, aus den choralartigen Andeutungen ist eine aufsteigende Hymne geworden, die immer höher wächst, immer unwiderstehlicher einem Ziel zudrängt, über das Irdische hinaus: — sie berührt H-dur, dann eine Zwischenharmonie, und in plötzlichem Sinnwechsel öffnet sich blendend, als seien ewig verschlossene Tore aufgesprungen, die strahlende C-dur-Welt. Alle Glorien des Klangs sind lebendig, ein Choraljauchzen, ein Kraftjubel durchstoßender Trompeten unter Triangelsilber und Beckenschall, als freue sich nun endlich Kraft der Kraft, Aufschwung des Aufschwungs.

Und mit biblischer Wucht verharrt der Künstler, sich entladend, auf dieser Zymbeln- und Posaunenstelle, das Wiederholte in ekstatisch-breiter Sicherheit wiederholend. Es ist eine der großartigsten Verkündigungen der Musik, hervorgegangen aus dem Siegesmarsch der fünften Beethovenschen Sinfonie; aber wir ahnen einen anderen ethischen Sinn: ein Aufsteigen aus Grab und Nacht zu Glanz an Gottes Seite und zu ewigem Leben. Et resurrexit! Der christliche Gedanke der Todesüberwindung, des Künstlers reinste Hoffnung, formte die Gewalten dieses C-dur-Durchbruchs.

Bis hierher war Bruckner mit der Geschichte seines Schmerzes gekommen — da traf ihn ein Erlebnis, das auf eine seltsame Art den rätselhaften Trauerüberfall erklärte: aus Venedig lief eine Depesche ein, die den Tod Richard Wagners meldete. „Da hab ich geweint, o, wie geweint — —" So erzählte er den beiden Helms (Vater und Sohn), die ihn im Januar 1894 in seiner Wohnung, Heßgasse, aufsuchten, als er gerade von Berlin zurückkam, das Ohr noch voll vom Triumph des Tedeums und der Siebenten Sinfonie. „Ja, meine Herren, das Adagio hab ich wirklich auf den Tod des Großen, Einzigen geschrieben. Teils in Vorahnung, teils als Trauermusik nach der eingetretenen Katastrophe . . ." Dann ging er ans Klavier, spielte die Auferstehungsstelle mit dem Beckenschlag, das nachfolgende Diminuendo Des-dur, und die nun mit X in der Partitur bezeichnete Bläserstelle, die eigentliche Trauermusik, die er unter dem Eindruck der Todesnachricht niederschrieb.

Das heroische Trauerthema tritt dort leise wieder ein, aber über die Tuben seufzt eine Hornstimme hin, die man nicht anders wie musikgewordenes Jammern und Schluchzen empfinden kann (Buchstabe Y) — „o, wie hab ich geweint . .!" —, eine weltliche Parallele jener Mitleidensstelle in der f-moll-Messe: Passus, passus... Dann verklärt sich der Schmerz selbst in edlem, hoffnungssicherem Cis-dur.

Wenn man ermißt, was Wagner in Bruckners Dasein bedeutete, weiß, welche Rätsel der Seele in einem Künstler Wirklichkeit werden, und er, anders als die anderen, den tiefsten Depressionen scheinbar grundlos überantwortet ist, dann wird man ihm auch glauben, daß zarte Sorge vorahnend sein Gemüt erfüllte, daß er den Tod selbst als hereinspielende mystische Erfüllung empfand, das Adagio also auf den Heimgang eines Großen schrieb, vorfühlend und mittrauernd.

Die wunderbar verallgemeinernde Fähigkeit der Musik hat dieses Adagio aber vom Tod Richard Wagners abgelöst, und es allen zugewendet, die in Größe schieden. Die Trauermusik erklang mit Recht in den Kirchen beim Tod Anton Bruckners selbst, beim Tod Hugo Wolfs; und über dies noch hinaus bleibt sie ein Memento mori und ein Trost. Brauchte es in den anderen Teilen der Sinfonie noch der ethischen Bindung von Diesseits und Jenseits? Hatte der Künstler in den Fanfaren des Jubel-C-dur nicht in alle Ecken der Welt den unerschütterbaren Glauben verkündet: non confundar in aeternum?

Die Siebente und die Sechste Sinfonie gehören innerlich zusammen als zweimaliger Versuch, Gottesfreude in voller Reinheit zu bekennen. Als drittes gehört in diese Gruppe das Tedeum. Dem Glänzen und Ausstrahlen der A-dur und E-dur folgt eine dunkle Welt, die tragische Sinfonie in c-moll, und dieser folgt der große Abschied, die letzte Ode, die Neunte Sinfonie, in ihren drei Sätzen selbst ein Finale zu acht Vorwerken. So zeigt fast jedes Lebenswerk Verschiedenheit im Gleichartigen und bedeutet eine besondere Station im Gang über diese Erde.

*

Die Achte Sinfonie, c-moll, entstand zwischen 1885 und 1886 und wurde im Winter 1889/1890 überarbeitet. Erste Aufführung: Wien, 18. Dezember 1892 (Philharmon. Konzert), dann 1893 in Olmütz (Kapellmeister Labler), 1895 Dresden (Nicodé), 1901 Mannheim (Kaehler), 1899 München (Hausegger), 1903 Stuttgart (Pohlig), in Wien wiederholt 3. März 1902 (Löwe).

1887 schrieb Bruckner das Hauptthema einmal für Helm auf, der sich über das aus unterdominantischen Tiefen, dem F-Gebiet, hervortauchende Thema einer c-moll-Sinfonie wunderte. Eines der absonderlichsten Themen Bruckners, erscheint es schattenhaft, in pausig durchbrochener Form, beginnt mit einem dissonanten Stoß, wirft sich bis zur Non auf und rollt in unheimlicher Rhythmik zurück. Nichts stellt sich seinen Anläufen entgegen, nur der matte Seufzer der Oboen und Klarinetten antwortet; es erscheint in voller Gestalt, tonlich erfüllt, mit unerbittlichen Gewalten, in Bässen, Kontrabaßtuba, Hörnern — schmerzend schneidet die thematische Trompete durch das Tremolo — ein Wehschrei des ganzen Orchesters — in Brucknerscher Rhythmik (Viertel und Vierteltriolen) sinkt der Satz ab. Ein Symbol dämonischer Zerstörungsmächte hat sich angekündigt. Beklemmung vor dem Verhängten, hiobhafte Schauer vor Gott und vergebliches Auflehnen gegen den Vernichter —, das mag die Geste dieser seltsamen Thematik sein, die, geistig der der Ersten Sinfonie verwandt, eine höhere stilistische Form gefunden hat. „Du hast mich verlassen, mein Werk zerstört, die Kräfte gehemmt, es zu vollenden, wie es Deiner würdig ist, und mein Würgen und Stammeln reicht nicht, Dich zu versöhnen!" Der tragische Zug der Sinfonie, in der sich Bruckner noch am meisten mit Beethoven berührt, ist festgestellt. Hatte er im Adagio der Siebenten Sinfonie, im Tedeum den Auferstehungsglauben ausgerufen, in den Messen seine Credoseligkeiten bekannt — hier vernimmt er die Stimme der posaunenden Engel: wehe denen, die auf Erden wohnen . . . !

In dem rhythmisch verknüpften Gesangsthema, seinem breiten Schwung in die Kadenz des Halbschlusses wird die Zuversicht des Künstlers Gesang. Er fühlt die Schönheit der Erde, die Erbarmnis Gottes und sieht in allem Düster die Sterne blinken. Der Glaube ist des Kampfes wert: der Gerechten Pfad glänzet wie ein Licht, das da fortgeht und leuchtet bis auf den vollen Tag . . . Er will nicht verworfen sein in Ewigkeit. Schon brechen aus der Schlußgruppe Trompetenfanfaren in triumphalem Es-dur hervor — noch ist es zu früh: sofort erscheint unter dem Tremolo der höchsten Streicher der Dämon der Tiefen mit seiner zuckenden unerbittlichen Sekunde, und,

Ruck für Ruck sich vorschiebend, behauptet er in breiter Lagerung (Oboen, Tuben) die Oberhand.

Nun folgt einer der großartigsten Sätze Bruckners, was Tiefsinn des Baues und Gewalt der Tonsymbole anbelangt: die Durchführung. In allen Fratzen und Formen erscheint das dämonische oder Widersachermotiv, in teuflischer Verzerrung aus Holz, Hörnern und Tuben zeigt es sein Gesicht; in der Umkehrung beginnt die Gesangsgruppe, die reine, strebende Macht ihre Rhythmik zu entwickeln. Da klopft aus der Tiefe die teuflische Sekunde an dies Gebilde, die Dämonen melden sich, erst rhythmisch unterbrochen, dann pausenlos, immer drängender, bis es sich in voller Gestalt und in fundamentaler Gegenbewegung gegen das herabstemmende, zu halben Triolen ausgedehnte zweite Motiv stemmt, das Riesenkräfte gewonnen hat. Ein titanischer Kampf entbrennt — atemringende Hörner keuchen in Kampfpausen rhythmisch dazwischen — die Leiber der Themen werden aneinandergepreßt, die Harmonien zerdrückt — ein letzter Versuch des Aufbäumens, das Widersacherthema wird auf sechs Takte verbreitert — da ist es zu Ende: mit gebrochener Linie sinkt es stöhnend zur Tiefe, über seinen Zuckungen behauptet sich erschöpft das zweite Thema, der Zuversichtsgedanke.

Die Reprise der Sinfonie wiederholt nicht das zur Wiederholung vorgeschriebene Hauptthema. Das Verhängnismotiv taucht nur noch als rhythmisches Gespenst in den starren Holzbläsern auf, erschreckende Trompeten verkünden den Dämon, in den tiefen Violinen, in der Viola verklingt er, eine beklemmende Stille breitet sich um das Violasolo: alle anderen Instrumente lauschen reglos, bis die letzte rhythmische Spur verflog. So sah es in der Seele des Tondichters aus: bis zur Erschöpfung rang er um seine Selbstbehauptung.

Als Bruckner noch an der Sinfonie arbeitete, zeigte er Eckstein den eben fertig gewordenen Abgesang dieses merkwürdigen Satzes: „Samiel, der erste Satz wird schön abschließen ...!" Dann spielte er die Stelle auf seinem alten Bösendorfer voll Ergriffenheit — über sein Antlitz war ein eigentümliches Erschauern gebreitet und während des Spiels sagte er mit unterdrückter gepreßter Stimme: „Das ist die Totenuhr ... die schlägt unerbittlich, ohne Nachlassen, bis alles aus ist ...!" Auch in der Folge erfaßte ihn, so oft er die Sinfonie vorspielte und zur „Totenuhr" kam, ein eigenartiges Grauen, wie es wohl die erleben, die bei den letzten Seufzern eines Sterbenden zugegen sind.

Das Scherzo vom deutschen Michel ist mehr als ein prachtvoller Gegensatz, den Musikergeist folgen läßt: auf Ermattung — Kraftschöpfen. Hartnäckig und unnachgiebig stößt das sich steifende Thema gegen die herabsausenden Streicher, und das alte Fachwort vom basso ostinato bekommt hier (nicht im technischen), aber im ethischen Sinn neue Bedeutung: der Baß der Widersetzlichkeit und fröhlichen Auflehnung, der das Genie auszeichnet und die Welt neu baut. Aus diesem widderhaften Gewaltbaß schöpft der Künstler selbst Energien — auf die Totenuhr folgt die Lebensuhr — er zwingt die Harmonien gegen ihren Willen zusammen, die Unterdominante (as-moll) und den Oberdominantton (b) und steckt mitten hinein den deutschen Michel: Beethovensche Gewaltherrschaft. In der Durchführung bekommt der Michel (in orgelhaften Gängen der Holzbläser) die himmlischen Züge eines Erzengelantlitzes. Immer deutlicher entwickelt sich der Kampf des Göttlichen gegen das Teuflische, wovon wir oben sprachen, und macht das Scherzo zu einer wichtigen Station in der Sinfonie.

Im Trio, im langsamen Zweivierteltakt aber, träumt der Michel, nach einem allgemein verbreiteten naiven Brucknerwort, ins Land hinaus. Der Künstler erfüllt die vorgestellte Figur mit der eigenen Heimattreue — ist er denn nicht der Michel mit den zwei Seelen, der streitbaren und der knabenhaft-verträumten? Eine vorausgenommene Adagiomelodik, betrachtend und in sich beruhigt, durchströmt das Stück, tiefe Hörnerseligkeiten in E-dur-Gängen, eine werbende, bukolische Sept der Violinen, Harfenglitzern darüber — „hätte Bruckner nichts geschrieben als dieses Trio, wie müßten ihn allein deswegen schon gute Menschen lieben", sagt Willibald Kaehler, der aus der unverstellbaren Geste der Musik die tiefe Güte des Brucknerschen Herzens hörte.

Bruckner scheint den Deutschen Michel besonders geliebt zu haben, ja beim Verlassen seiner Wohnung kehrte er einmal um, um das Manuskript des Scherzo mit Notenblättern zuzudecken, seinen Michel wie ein Kind zu schützen.

Das große Adagio in Des-dur zeigt die Inbrunst des Hochbrucknertums. Sein verklärtes Wesen wird durch ein neues Instrument, die Harfe, bestimmt. Lange hatte Bruckner mit sich gerungen, ob er sie, die ihm nicht sinfoniewürdig erschien, verwenden solle, hatte sie nur als Putz für Liszts beschreibende Dichtungen gelten lassen, und kam dem besuchenden Eckstein, eines Tags, mitten in der Arbeit, schon an der Tür entgegen: „Samiel, ih' hab do' (doch) a Harf'n g'schrieben!" Lange beschäftigte ihn sein Harfenkonflikt als Abweichen vom Stilprinzip, und es machte den Eindruck, als ob er sich deshalb bei allen seinen Freunden entschuldigen wolle, um allerdings über seine Hypochondrie einige Wochen später zu lächeln.

Es lag innere Notwendigkeit vor. Denn dieses Adagio, das sich mit verschwimmenden Rhythmen, und weithinsingenden Violinen meerhaft ausbreitet, ist von einem neuen, dem seraphischen Element bestimmt. Der Steigerungsnatur des Künstlers war es Gebot, über das siebente Adagio, eine höhere Ebene der Ekstatik zu erreichen, zumal nach dem ersten Verzweiflungssatz, wo er das Klopfen des Todes hörte. So sind denn hier wesentlich die großen hymnischen Aufschwünge gleich zu Beginn, die zweimal das Thema abschließen, und sich harfenumspielt in die Wolken verlieren. Dann schweigt die Harfe im ganzen Stück. Die Erfindungsgewalt ist stärker und reicher geworden: in den fünfzig ersten Takten sammelt sich eine Vielfalt flehender, geknickter, markiger, stolzer und verzückter Motive und ein durchschneidendes Schmerz-Symbol der Violinen. Im Seitensatz steht ein Motiv sinkender Sexten und Oktaven, das sich zu einer langen Erzählung von Einsamkeit und Mirseregedanken ausweitet. Das Schwergewicht ruht in der zweiten der beiden Durchführungen, einer der gestuften Steigerungen, die sich unterbrechen und neu ansetzen müssen, um sich zu verwirklichen. Es ist das Sichbereitmachen des Erfüllten für den höchsten Augenblick, wo er selig in Gott, Gott selig in ihm ruhen wird. Im vierfachen Fortissimo strahlt auf dem Gipfelpunkt der Steigerung Es-dur in der Verzückungsform (Quartsextakkord), die Tore des Himmels sind gesprengt, und nun erklingt wieder der seraphische Hymnus, umspielt von jenem Preisinstrument, der Harfe. Eine Art sinfonischer Wiederholung des Messensanctus mit den Engelstimmen und Hosannarufen, ist dieses Riesenadagio entrückter und machtvoller, in seiner Güte gütiger als das der Siebenten; breiter seine Wucht, weiter seine Gliederung, aber trotz der stilistischen Überlegenheit nicht so sinnenhaft bezwingend wie jenes.

In den letzten Jahren seines Lebens war der Künstler naturgemäß dem Todes- und Vernichtungsgedanken stärker ausgeliefert; daher im Finale eine gesteigerte Überwindungsgewalt, übermächtiger, ja, maßloser Verklärungsdrang.

Er hatte im Scherzo die Kraft am Widerstandsgedanken, im Adagio durch die „geistliche Hochzeit" mit Gott gestählt. Beharrlichkeit und Vertrauen sind neu gewonnen. Nun folgt Endkampf und Entscheidung: die letzte Schlacht. Er beginnt sie, seine finale Absicht betonend, gleich mit einem kriegerischen Glaubenschoral, massiger und wuchtiger als die Sturzthemen des Dritten und Vierten Finales. Seine Harmonien schwingen von D nach b-moll, nach Ges, nach Des, wo glaubensstolze Hallelujatrompeten Fanfaren schmettern. Mit sieghaftem Bewußtsein tritt der Choral seine Aufgabe an: er klingt wie ein Anruf um den göttlichen Beistand, und ist dessen sicher.

Bruckner hat nach diesem kein Finale mehr geschrieben. Ahnungsvoll wurde alle Energie versammelt, alle Kunst getürmt, um hier, nach dem tragischen ersten Satz, die ethische Erhabenheit zu erreichen, aber auch, um das Finale aller Finale zu gestalten. Es ist seinem Grundwesen nach ein kriegerisches Getümmel, worin der Choralgedanke sich gegen Widerthemen durchsetzt, aber auch allen anderen positiven Mächten der Sinfonie Raum bricht. Wie groß die Ethosentwicklung des Meisters geworden ist, dessen Kraft durch die „Prüfungen" wuchs, sieht man im Rückblick auf das ganz unproblematische Finale der Zweiten Sinfonie, sieht man an den Schlußsätzen der d-moll-, Es-dur-, A-dur- und E-dur-Sinfonie, die zwar die Apotheose des Urthemas herbeiführen, aber überboten werden von der vierfachen Apotheose des Achten Finales, das sämtliche Themen der Sinfonie zu einem Schluß von unerhörter Türmung vereinigt, darunter auch das dämonische Vernichtungsthema in Durgestalt. Selbst das nach Raumerweiterung greifende Fünfte Finale steht an inneren Mächten, an Hallelujakraft dagegen zurück. Dies Zusammenwachsen und Zusammenstrahlen von Themen, dieses „Symphonein" der ganzen Sinfonie hält der „Totenuhr" des ersten Allegros erst das Gleichgewicht. „Und der Engel griff den Drachen, die alte Schlange, welche ist der Teufel und der Satan, und band ihn tausend Jahre, und warf ihn in den Abgrund und verschloß ihn und versiegelte oben drauf, daß er nicht mehr verführen sollte die Heiden, bis daß vollendet würden tausend Jahre . . ."

Jetzt findet der Künstler die Höhen der Entrückung, die Ruhe in Gott, und konnte diesen Tag der Siege nur einmal erreichen: am Ende eines Lebens und einer Meisterschaft. Bruckner hat kein Finale mehr geschrieben . . .

*

Die Neunte Sinfonie, begonnen Ende April 1891, wurde am 31. Oktober 1894, zwei Jahre vor dem Tod des Meisters mit dem Adagio abgeschlossen. Versagte die Kraft, sie zu vollenden — so scheint, abermals größer als sonst, die Kraft der Formung in den drei vollständigen Sätzen, als ob der Meister Spätblüher zuletzt die kostbarsten Früchte trüge. Der Anblick des ersten Themas allein zeigt ein Gruppenthema, gruppiger als alle anderen, eine Einfallsfülle, die wahrhaft florianisch ist, d. h. überbreit und überweit wie das bauliche Kolossalerlebnis seiner Jugend.

Der Künstler steht am Ausgang. Der achtmal gekämpfte Kampf ist noch einmal zu kämpfen, als ob alles Vorherige Unzulänglichkeit, alles Gesagte Ungesagtes wäre. Es ist kein Ende im Künstler.

Es gibt einige Verse in Rainer Maria Rilkes Stundenbuch, die solchem Ewigsicherneuern und Niezuendekommen gelten:

> „Ich lebe mein Leben in wachsenden Ringen,
> die sich über die Dinge ziehn.
> Ich werde den letzten vielleicht nicht vollbringen,
> aber versuchen will ich ihn.
>
> Ich kreise um Gott, um den uralten Turm,
> und ich kreise jahrtausendelang;
> und ich weiß noch nicht: bin ich ein Falke, ein Sturm
> oder ein großer Gesang . . ."

In dieser Sinfonie ist der Künstler nur noch ein großer Gesang. Niemals hat er ein Werk aus solchen Urtiefen der Ehrfurcht begonnen, als habe er sie jetzt erst entdeckt. Aus mystischem Abgrund zögern aus den Hörnern unsichere Motive von Grundton zu Terz, zu Quint, tastend, entmutigt, zu Boden sinkend. Gebeugten Hauptes beginnt der Sänger sein Kyrie . . . Der alte Wackenrodersche Zug spielt über das Antlitz der Sinfonie.

Aber dies war noch nicht das Thema. Eine Vorwelt empfängt uns, wir müssen durch vier Vorhöfe, bis sich seine heilige Größe zeigt. Die Sprache wird vielleicht einmal Siegel finden für die seltsamen Gebärden dieser Vormusik. Für die erste mystische Verzückung der Ges-dur aufreißenden Hörner, deren Triumph entkräftet vermurmelt, für die vorhaltig durch die Harmonien gleitenden Violinstimmen, die im Steigen zu fallen scheinen, die aufleuchtenden Oktavensprünge, die krausen, drängenden Linien, die emporpressenden Akkorde — — mit dem Engel ringend gelangt der Künstler zum Anblick Gottes. Zweimal in Oktaventiefe abstürzend und wieder aufwallend entrollt dieses Unisonohauptthema seinen furchtbaren Anblick, als erscheine Gott in Ungewittern. Im Druck auf fremde Tonarten, die sich nach d-moll zurückfügen müssen, zeigt es den Arm des Gebieters, die Allmacht.

Der ganze Misteriosoton der Vormusik ist verwandt der Tiefenschau der alten Mystiker: das Gottsehen mit geschlossenen Augen, Gottwerdenwollen aus Gnaden. Von anderer Seite her sieht ein guter Beobachter (Karl Grunsky) in dieser Entwicklung Brucknersche Züge, die wir wieder die Lebensgebärde nennen können: „schüchtern in der Welt, bescheiden unter Gleichgesinnten, fragend und sehnsuchtsvoll nach allem Höheren, Kind im Mann, ein Kind, das sich oft nicht traut, seine Herzlichkeit nur zitternd hingibt und nur langsam das Bewußtsein seiner eignen Größe erreicht".

Homo sum. — — Mit zweimaligem demütigen Augenniederschlagen beginnt der Gesangsatz, A-dur. Seine Wärme strömt erst zaghaft. Dann heimliches Werben. Siehe, ich bin ein Mensch wie alle, sündhaft und gebrechlich, von Leidenschaften durchströmt wie dieser mein Gesang, voll Sehnsucht wie die Septimen der Geigen, im Irren liebend, im Lieben irrend... In solchem Licht erblickt sich der Künstler vor dem Gottesgedanken, der noch in keiner seiner Sinfonien so erschreckenden Anblick gewonnen hat. Das Thema schattet selbst über die anderen Teile hin. Sonst war der Seitensatz die Heimat der Heimat — hier klingt nur, sehr verschleiert, im Dur-Moll-Wechsel der schöne österreichische Landschaftston durch. Der Meister ist dem Diesseits schon halb entrückt. Alles Geschehen liegt im Glanz des Himmelslichtes.

Selbst die Schlußgruppe, die eigens vorbereitet wird, hat einen

Zug von überirdischer Gelassenheit: die üblichen Unisoni sind fast singend — kein entbranntes Fortreißen —, und zuletzt entkeimt ihr ein eigener Gesangsatz, schwach erglühend wie fernes Abendrot (Ges-dur): alle Liebefähigkeit des Brucknerschen Herzens verströmt sich. In Erregung sinkt der Teil der Durchführung zu.

Als ob Bruckner erst am Ende seines Lebens zur Ahnung der Gottesgröße gekommen wäre und sie zum erstenmal symbolisieren könnte — so hochgewaltig spannt sich der Durchführungswille.

Gott, der Herr, erscheint fast wie ein Gegner, wie ein Ankläger. Der Kampf aus der Achten Sinfonie, klein dagegen, spielt noch einmal, aber mit vertauschten Rollen: dort grollte der Mensch, und seine Leiden klagten Gott an; in der letzten Sinfonie fordert Gott von seinem Kinde Rechenschaft. Vergebens kämpft es sich an ihn heran, in furchtbaren Gesichten (f-moll-Sturz des Themas) zeigte er seine Unerbittlichkeit — an diesem Überthema zerschellt jede Bemühung. Umsonst der wütende Anspruch der Trompeten mit dem ersten Verzückungsmotiv, umsonst die zerreißende Rhythmik, das Armeausstrecken: unversöhnt thront der ewige Richter in seiner Gewalt, dem „grimmen Löwen" des Sachsenspiegels gleich. Der Satz schließt auf schallenden leeren Quinten — ergebnislos.

Unentschieden blieb auch der Kampf des ersten Satzes der Dritten Sinfonie. Aber welche Gottesgewalten treten hier als „Gegner" auf! Erst am Ende eines Lebens weiß der Mensch, was gut ist „und was der Herr von dir fordert ... nämlich sein Wort halten und Liebe üben und demütig sein vor deinem Gott ..."

Scherzo und Trio sind Intermezzi huschender finaler Heiterkeit. Keine Urschritttthemen schreiten, kein Oberösterreich stampft — dies alles liegt so weit — die Schwere ist befreit, und im erlösten Rhythmus geht es gerade hinein, über Leben und Dinge, ins himmlische Märchen. Selbst das alte Poltern im Brucknerrhythmus hat seine Bauernschwere eingebüßt und gleicht mehr dem Umfahren lustiger Teufel im Volksmärchen. Bunte Elemente mischen sich: ein neu erfundener Akkord, der auseinanderhüpft in Flöten und schläfrigem Fagott, Chopinsche Passageneile, thematische Paukensoli, Pikkololichter, Violinspikkati, Berliozsche Gelenkigkeit und dazwischen die Wehmut einer sordinierten Duolenmelodie, ein letztes, wundes Lächeln. Das klingt fast unbrucknerisch, doch niemand hätte diese formsichere, entlastete Musik schreiben können wie Bruckner.

Das Adagio ist der Epilog eines Schaffens. Der Abgesang einer Vollendung, wie ihn Mozart, Wagner, Ibsen geschrieben haben. Hat Bruckner im Scherzo und Trio als lächelnd Befreiter Rückschau gehalten, so hier als Beladener des Lebens, der sein Kreuz getragen und alles, wie es kam, als göttliche Begnadigung segnet. Es ist die einsamste Musik, die gesungen wurde. Keines seiner Adagio beginnt mit einem so schmerzirren, vereinsamten Geigengesang, einer bittern, bitteren Klage, die einen wahren Kreis von Jammer in zwei Takten beschreibt: eine Non aufwärts, dann ins Unsagbare hinab über das chromatische Intervall ais. Alle geschleppten Bürden der Vergangenheit sind in den weiter wankenden Vorhaltsmelodien der nächsten zwei Takte vereint. Da tritt D-dur ein, der Künstler findet Fassung, er steigt in Verklärungshöhen auf, und mit einer katholischen Amenformel findet er in Demut den Weg zum Gottesfrieden. In diesen ersten sechs Takten ist, wie in einer Inhaltsangabe, das ganze Adagio enthalten, mehr noch: sie sind die abgekürzte Lebenskonfession des Mannes und sagen ihn völlig aus. Die nach E-dur aufsteigende Formel berührt in uns ähnliche Empfindungen wie das aus der Dresdener Hofkirche stammende Sextenmotiv aus dem Parsifal, wurde hier aber thematisch entwickelt.

Der folgende Zwischensatz entwickelt auch das erste Bürdemotiv in allen Möglichkeiten, als langnachhallenden, als bohrenden, als bedrohenden Schmerz — es kommt zu wahren Fanfaren des Leides —, bis unter ganz unirdisch herabklingendem hohen Violintremolo eine Elegie der Hörner hervortritt, die Stufe um Stufe entsinkt. „Abschied vom Leben" nannte Bruckner diese Stelle (Buchstabe B der Partitur), als er sie, 1894 eben von Berlin zurückkehrend, den beiden Helms vorspielte.

So war mein Dasein ... Von diesem Abschiedsgesang geht ein Wehmutsschauer über die ganze letzte Musik. Die Melancholien der Erlebnisse fließen zusammen. Auch über den Erinnerungen, zu denen nun das Seitenthema führt. Dieser As-dur-Satz mit den Quartenaufblicken der Violinen und dem Bratschenmurmeln mag wohl die Heimat sein; und der Ges-dur-Satz mit seiner süßen Sehnsucht nach verlorenen Dingen, dem immer höher dringenden Suchen der

Violinen, kann wohl der Jugend gelten. — Der alte Rosegger gestand einmal — so viel er auch geschrieben habe, sich, den eigentlichen Rosegger, habe er nicht gesagt: vielleicht könne es nur ein Musiker. Nahm er den innersten, ungeschriebenen Rosegger ins Grab, der innerste Bruckner fand hier seine Musik.

In den beiden Verarbeitungen des Bürdegedankens wächst sein Schmerzinhalt ins Ungemessene. Bilder der Rückschau tauchen vor dem geistigen Auge auf. So wird bei Buchstabe S das Seitenthema verkehrt und vergrößert, aber dieselbe Melodie sang schon vor dreißig Jahren der Chor zum Miserere nobis in der D-Messe (S. 17 des Klavierauszuges); und dasselbe Miserere sangen Flöten, Oboen und Klarinetten im ersten Satz der Dritten Sinfonie (Part. S. 34). Immer die betende Gebärde, in allen Stationen des Lebens: ein geschlossener Daseinskreis wurde durchmessen.

Ganz zuletzt erheben die Tuben ihre dunkeln erzenen Stimmen, und ein Thema, anklingend an das Adagio der Achten Sinfonie, dann eine Hornerinnerung aus der Siebenten, klingen auf, die Werke durch ein inneres Band umschlingend.

Die Grundenttäuschung des Lebens, das Ewigvergebliche war Musik geworden. Nun verklingt alles in die selige E-dur-Klarheit des Endes: ein Licht verklärt den Beter wie jenes, das Dantes Antlitz verklärte, als er am Schluß des Paradiso die Rose des Himmels erblickte ...

Was konnte noch folgen? Ist unvollendet, was menschlich ein so vollkommenes Ende bildet? Zu einem Fertigwerden im musikalischen Sinn reichte die greise Kraft nicht mehr. So blieb am Ende Bruchstück auch diese sinfonische Vollendung:

> „Wir bauen an dir mit zitternden Händen,
> und wir türmen Atom auf Atom,
> Aber, wer kann dich vollenden,
> du Dom." (Rainer Maria Rilke.)

Übereinstimmend berichtet die Bruckneruberlieferung vieler Zeugen, der Meister habe an Stelle eines letzten Satzes, nicht als „das Finale", sein Tedeum bestimmt. Bei der Uraufführung der Neunten Sinfonie (am 11. Februar 1903 in Wien) machte Ferdinand Löwe denn auch dieses Tedeum; aber er schied es von der Sinfonie durch eine fast halbstündige Pause. Mit Recht. Er mochte gleich Nikisch fühlen, daß der greise Verklärungsstil des letzten Adagios und das viel ältere mannesstarke Tedeum nicht zur Einheit zusammenklingen.

Und doch hatte der Brucknersche Wunsch schöne Sinnigkeit: nur e i n Stück gab es noch als Abschluß — nicht der Neunten Gottessinfonie — sondern aller Werke zusammen, ihre gesammelte Botschaft und ethische Essenz: die stimmenvereinende Glaubenshymne Tedeum laudamus!

BRUCKNERS ERDEN- UND HIMMELFAHRT

Bruckner entstammte einer reindeutschen Gegend, seine Heimat blieb fast frei von slawischer Frühbesiedelung, sein Blut, seine Haltung zeigen etwas ganz Unslawisches, seiner gelassenen Gebärde ist die Ostmenschenwildheit Wolfs ganz fremd. Man sprach von seinem Claudiuskopf, der lebenden Bronzebüste. Es mag sein, daß sich in ihm etwas Römerblut vererbte. Julius von der Traun will die feingebogenen, im Alter schneidig hervortretenden Nasen der Oberösterreicherinnen auf die römischen Kolonisten in den norischen Waffenfabriken zurückführen. Sollte sich die Kolonistennase nur bei den Frauen zeigen? Was wir uns unter dem Römisch-Großen vorstellen, die imperatorische Geste, war Bruckner jedenfalls eigen; aber sein Cäsarentum, dem sich noch ein tüchtiges Stück Deutscher Michel zugesellt, ist gebeugt durch das Christentum: Kühnsein und Verzagen, Prälat und Kirchendiener, Heidenmensch und Beter, Kraft und Demut, Kind und König — alles dieses setzte seine Seele zusammen.

Manchmal erinnert er an die Bildnisse mittelalterlicher Äbte, die mit dem Finger auf die Grundrisse der Kirchenbauten zeigen, die sie befahlen. Und manchmal wieder an den alten Rembrandt, der alles verloren hatte, nichts mehr besaß, sich ein Tuch um die Stirn schlang und zu malen begann: immer wieder, immer wieder.

Jedenfalls war er Österreicher durch und durch, aus den Bergen herabgekommen wie das Eisen und das Holz der Alpen. Und hinter seinem Kampf mit den Ästheten steckt der Kampf der Provinz mit der Weltstadt, der Natur mit dem Papier. Ist die menschliche Nächstenliebe genial im Aufspüren der schwachen Seiten des Gegners, so wird sie übergenial, wenn es nebenbei ums Brot geht, die sanftesten Egoismen werden kläffend und bissig, die schläfrigsten Instinkte wach, da gilt nicht Landsmannschaft und Blut, da gilt nur: Hebe dich hinweg! Jedes Zentimetertalent fühlt sich vom Ellenmaß gefährdet, und Kleidung, Nase, Abstammung, Gewohnheit müssen herhalten. So sagte man: „Der Jesuit ... der Meßner ... der Bauer!" Und so erfuhr Anton Bruckner den echten österreichischen Unglauben.

Eine Kunst von alter Rasse und neuer Technik, stand sein

Werk im vollen Gegensatz zum Intellektualismus, war die ins Religiöse fortgeführte Schubertsche „Ideenlosigkeit", und so erfüllte er „als wahrer Künstler und echter Österreicher seine Sendung. So bewies er, daß die neuen Ausdrucksmittel und die wunderbare Technik, die Liszt und Wagner aus der Befruchtung ihrer Musik durch die Poesie gewonnen hatten, auch der Musik im allgemeinen, der ‚gedankenlosen' Musik ungeahntes Leben zuführen. Seine Symphonien sind klassisch und modern zugleich. Seine Unbefangenheit — Genie ist Unbefangenheit, möchte man einmal sagen — ließ ihn genau das Richtige treffen . . ." (Max von Millenkovich, Die österreichische Tonkunst, S. 80.)

Diese alten Österreicher hingen an ihrem Vaterland ohne Worte und große Geste und stellten es selbst von seiner besten Seite dar. Dem geliebten Land keine Unehre machen — das kehrt in den Briefen Stifters wieder, das klingt aus der Haltung Anton Bruckners, denn sie hatten das Gefühl der Repräsentationspflicht, als sei sie mit dem Wesen des deutschen Österreichers irgendwie verknüpft, als gebe das Land gerade auf sie acht, wie sie's treiben, und hänge von ihnen ab. Und sie handelten in stummer Treue, gaben sich hin, und fühlten sich erhöht, wenn der eine Hofrat wurde, der andere ein gnädiges Kaiserlächeln empfing, aufs neue entflammt für das Land, das sich mit der Vergeltung übrigens gar nicht beeilte und erst nach dem Ableben das Nicht-Unehre-Gemacht-Haben feststellte.

Bruckner verließ Österreich nicht, kein Wagemut riß ihn nach andern Erden, er hob nicht, sich entwachsend, die Schwingen nach neuen Weiten.

Bruckner dachte auch nicht weit genug, um über seinen Fall hinaus die Tragik des Österreichers zu fühlen, wie der vergrämte, epigrammeschreibende Grillparzer. Die Art seiner Kunst brachte es mit sich, daß er nicht ein Sorgloser des Lebens wurde, wie sein Zeitgenosse Johann Strauß, den er sehr schätzte, und der gleichsam seine ergänzende Erscheinung ist, wenn man an die beiden österreichischen Seelen, die fromme und die walzernde, denkt, deren dauernde Zeichen Tedeum und Schöne blaue Donau, Adagio und Fledermaus bleiben.

Diese Seelen, seltsam verbunden mit der Wiener Landschaft,

als seien sie von einander geschaffen worden, geben dieser schönen Erde ihren Ton. Tullnerbecken, Rebenhügel, Waldrücken, Schenken und Kapellen am Weg, die Donau und das stromgespiegelte Stift Klosterneuburg — Luft und Boden sind erfüllt vom Haydn-, Schubert-, Strauß- und Brucknerklang. Er bildet den Besitz der Stadt, den Reichtum der verarmten Königin am Tor Europas, den Wiener Schatz, den Bürokratenenge und dünkelhafter Aberglauben — Austria erit in orbe ultima — am wenigsten dafür gehalten haben.

Bruckners Denkmal steht im Stadtpark, nahe dem Viertel, wo er tätig war. Eine Frauenfigur schwingt sich zu dem Bronzekopf auf — vielleicht die „Muse"? — Man weiß nicht, warum konventionelle Denkmalslyrik für das Unkonventionelle gewählt wurde, und teilt die Empfindung der Charlotte aus den Wahlverwandtschaften, daß Bildnisse immer einen stillen Vorwurf machen, auf Entferntes und Abgeschiedenes deuten und uns erinnern, wie schwer es sei, eines Mannes G e g e n w a r t zu ehren ... Ein Prinz steht als goldner Block auf der Wiener Burggartenrampe und sein Denkmal dürfte das Einzige sein, was an Wert von seinem Heldenleben blieb. Größere Eroberer sind die, deren Bildnisse das Vergänglichste von ihnen zeigen.

Beethoven war „die mächtige Stimme der Freiheit" in einer Zeit der Unfreiheit, und wenn die Polizei Metternichs und Sedlnitzkys Ohren gehabt hätte, zu hören, würde sie die Revolutionsfanfaren der Egmontouvertüre, das Siegesfinale der Fünften Sinfonie verboten haben. Bruckner war die einsame Stimme des Glaubens in einer Zeit, wo Gott verschollen war, in einer Gesellschaft, die Böcklins Pietà verhöhnte, der Makart in der Abundantia die Früchte aller Zonen als Magenweide vormalte, und deren liberaler Wahn sich an Anzengrubers Flugschriftendeutsch gegen die „Finsterberge" berauschte, mochte er nebenher auch Dichter sein.

Nun taumelt diese Welt in Hysterien ihrem Ende zu. Wiener Heiterkeit blickt in Abgründe, nichts blieb vom goldenen Einst, nicht die Tische, woran sie schmausten, nicht die Kelche, daraus sie tranken. Eine andere Gesellschaft bildet sich: aus dem Rohen und Fernen heraus, erst noch unsicher und hochfahrend, in der Selbstsucht jäh und bedürftig, tritt sie hervor. Neue Haltlosigkeiten suchen nach neuem Halt. Erwartung sehnt sich, Seelen dürsten ... Und so wenig man sentimentalen Hoffnungen dienen darf — vielleicht bricht die Zeit für Brucknersches Ethos an. Vielleicht vernehmen kommende Geschlechter die Stimme eines Künstlers, der mit Taulerischer Kraft sein Credo sang, sich und uns ermutigend auf dem Weg vom Diesseitsdunkel nach dem Morgenrot.

Als der alte treue Meister Antonius im Himmel ankam — Otto Boehler hat die Schlußverklärung der Brucknerschen Lebenssinfonie in einem seiner lieben Schattenbilder aufbewahrt — und als er eben den Fuß über die letzte Wolkenstufe setzte, da wartete schon Richard Wagner und streckte beide Hände nach ihm, und Liszt kam herbei und Bach lehnte sich über die Orgel, zog ein paar neue Register und trat festlich auf den Pedalen herum, Franz Schubert nickte sein Liechtenthaler Servus, selbst der Herr von Beethoven, die Hände unwirsch auf dem Rücken, versuchte ein freundliches Zwinkern, und der ganze Himmelssaal zeigte sich in Sonntagsstimmung, denn alle wußten, daß der Mann in seinem Organistenrock mit reinen Händen und reinem Herzen ankam, und daß er recht behalten hatte mit seinem Tedeumstrost: non confundar in aeternum! Ich werde nicht verklingen in Ewigkeit!

Wer mußte nicht lächeln, als er ihn sah? Und wer ihn nicht beneiden?

Denn wahrhaft beneidenswert der Mann, der nicht zur Rechten, nicht zur Linken wankend, seinen Kinderglauben lebendig bewahrte und darin immer fruchtbarer und erlebnisreicher wurde, beneidenswert der Einfältige, der nur eine einzige geistige Wirklichkeit besaß, aber des Geistes so voll war, daß seine bloße Gegenwart den anderen erlösen konnte, beneidenswert die Moralität des Instinkts, von der Hölderlin sagt, daß die ihm gleichgestimmte Phantasie himmlisch ist.

So war er mitberufen, so baute er mit an den Toren in die Zukunft.

Und der Stein, der von euch Bauleuten verworfen ward, ist zum Eckstein geworden.

BRUCKNER-LITERATUR

Franz Brunner: Dr. Anton Bruckner. Ein Lebensbild. Linz, 1895.
Rudolf Louis: Anton Bruckner. München, 1905.
— Moderne Essays, Heft 49: Anton Bruckner. Berlin, 1904.
F. Gräflinger: Bausteine zu Anton Bruckners Lebensgeschichte. München, 1911.
— Die Boykottierung der Bruckner-Biographie. Ein Wort zur Abwehr. Wittenberg, 1911.
Karl Hruby: Meine Erinnerungen an Anton Bruckner. Wien, 1901.
Walter Niemann: Die Musik der Gegenwart (Anton Bruckner). Berlin 1920.
H. Rietsch: Anton Bruckner (Jahrbuch und deutscher Nekrolog von 1897). Berlin, 1898.
— Die Tonkunst in der zweiten Hälfte des 19. Jahrhunderts. (Anton Bruckner.) Leipzig, 1900.
Karl Almroth: Wie die Brucknerbüste entstand. Wien, 1899.
Max Morold: Anton Bruckner. Leipzig, 1912.
August Halm: Die Symphonie Anton Bruckners. München, 1914.
Hugo Riemann: Präludien und Studien, Bd. II. Die Musik seit Wagners Heimgang.
— Große Kompositionslehre, Bd. III.
Karl Grunsky: Bruckners Erste Symphonie. Leipzig, 1909.
— Bruckners Neunte Symphonie. Leipzig, 1903.
(Meisterführer): Bruckners Symphonien. Berlin, 1908.
Paul Gilson: Le tutti orchestral, étude analytique et documentaire de la dynamique orchestral (u. a. Bruckner). Brüssel, 1913.

*

R. Batka: Bruckneriana, Linzer Tagespost, 23. 4. 1911.
— Das Vordringen Bruckners. Kunstwart, 25. Jahrg., Nr. 6.
P. Bekker: Anton Bruckner im Verhältnis zu seiner Zeit. Allg. Mus Ztg., Berlin, 33. Jahrg., Nr. 40.
H. Damisch: Bruckner und die Chormusik. Der Merker. 8. Jahrg., Heft 20.
Max Graf: Anton Bruckner, Kunstwart, 13. Jahrg., Nr. 1 und Fortsetzung.
— Bruckner in der Anekdote, N. Musik-Ztg., Stuttgart 1902, Nr. 13.
Aug. Halm: Anton Bruckner. Das Hohe Ufer. 1. Jahrg., Heft 10, Berlin 1919.
Th. Helm: Fünfzig Jahre Wiener Musikleben. Der Merker, Wien, Jahrg. 1915/19.
W. Krug: Anton Bruckner. Summa 1918, Viertes Viertel.
M. Millenkovich: Die österr. Tonkunst, Wien. 10. Bändchen der Österr. Bücherei. S. 78—81.
Max Morold: Das Brucknersche Finale, Musik. Berlin, 6. Jahrg. Nr. 1.
— Bruckner-Fest 1919, Wien, 23. bis 27. April, Programmbuch der Konzerthaus-Gesellschaft, Verlag der Univers. Ed.

A. Newald-Grasse: Anekdotisches von Bruckner. Der Merker, Heft 5 vom 1. März 1915.
Artur Nikisch: Bruckner-Erinnerungen. Neues Wiener Journal vom 11. 10. 1919.
Seb. Röckl: Ein Dankschreiben Anton Bruckners an Ludwig den Zweiten von Bayern. Der Merker, Heft 5 vom 1. März 1918.
Jos. Schalk: Gedenkblatt für Anton Bruckner. 24. Jahresbericht des Wr. Akad. Wagner-Vereins, 1896.
Alfred Schnerich: Messe und Requiem seit Haydn und Mozart (Bruckner-Kapitel). Wien 1909.
E. Wellesz: La jeune école viennoise (Imititations de Brahms, Bruckner et Mahler). Revue musicale mensuelle, Paris 15. 3. 1912.
Alfred Westarp: Antoine Bruckner. L'homme et l'oeuvre. Edition de La Renaissance Contemporaine, Paris 1914.
— L'âme des neuf Symphonies d'Antoine Bruckner. Extrait de la Revue Musicale de Lyon 1911.

*

Die benutzten Werke wurden im Text selbst angeführt. Viel Anregung enthielt auch das Buch „Der Choral" (Styria, Graz 1906), dessen liebenswürdiger Verfasser, der Herr Superior P. Suibert Birkle, O. S. B., mir noch mündlich sehr wertvolle Fingerzeige in kirchenmusikalischen Fragen gab.

*

Die Bruckner-Literatur in weitestem Ausmaß zusammengestellt zu haben, ist das Verdienst Otto Kellers in München. „Die Musik" veröffentlichte in Heft 22 und 23 des XIV. Jahrgangs diese 24 Seiten umfassende Bibliographie, die sich auf folgende Gebiete erstreckt:

Aufsätze in Zeitschriften und Zeitungen:

Biographisches und Allgemeines	etwa 120 Nummern.
Besprechungen der hauptsächlichsten Bucknerschriften	etwa 20 Nummern.
Artikel über Bruckners Werke	etwa 25 Nummern.
Briefe Bruckners und Briefe an ihn	6 Nummern.
Aufsätze über Denkmäler, Gedenktafeln, Porträts und Bilder, über Sankt Florian, Brucknerfeste u. a.	etwa 50 Nummern.
Untersuchungen über Bruckners Beziehungen zu anderen Künstlern und Persönlichkeiten	13 Nummern.
Besprechungen von Bruckners Sinfonien	etwa 130 Nummern.
— von Bruckners Messen, dem Tedeum, Quintett, den Psalmen, Chören und Liedern	etwa 60 Nummern.
Daten der Entstehung von Bruckners Werken und deren Aufführungen, bis ins Jahr 1914 reichend	etwa 250 Nummern.

REGISTER

Abacco 135. 137.
Aichinger 108.
Albrechtsberger 37.
Almroth 108.
Altmann, Wilh. 152.
Ambros 79.
Arminger 108.
Aßmeyer 29.
Auber 61. 71.
Bach 23. 37. 80. 123. 128. 148.
Bahr 33.
Bayer, Franz 108. 116.
Becker 40.
Bekker, Paul 99.
Beethoven 120. 124. 128. 129. 136. 138. 141. 153. 177. 213. 226.
Berlioz 27. 54. 60. 89.
Böcklin 73. 195. 208.
Boehler, Otto 63. 227.
Bogner, Michael 21.
Bolle, Elisabeth 152.
Brahms 54. 61. 81 f. 84. 94. 106. 110. 124.
Bruckner, Geburtsland 12, Familie 13, 110, erstes Werk 16, Jugend 16 ff., St. Florian 17 ff., 119, Briefe 13, 20, 115 ff., Lehrer 21 f., Windhaag 22, Kronstorf 23, St. Florian 26, in Linz 27, 32 f., in Wien 56 f., als Lehrer 69, in Nancy 70, Paris 71, London 71 f., Hofkapelle 73, Prag 74, Tod 110, Bilder 115, Wohnung 121.
Brunner 109
Büche 115.
Bülow, Hans v. 48. 84 f. 153.
Burgstaller, Johann 48.
Cornelius, Peter 37. 60.
D'Alembert 144.
Debussy 142.
Dessoff 40. 99.
Deubler, Bernhard 131.
Dömpke, Gustav 88. 93. 95. 98.
Doppelbauer 104.
Dorrn 45.
Eckstein, Friedr. 65. 103. 120. 141. 205. 214. 216.
Edlbacher 31.
Exner Adolf 106 f.
Fasch 135.
Fétis 66.
Floderer 105.
Franz Josef 105. 108.
Frey, Wilhelm 94.
Gallus, Jacobus 119.
Gericke, Wilhelm 45. 159.
Girod 70.
Goldmark 99.
Goldschmidt, A. v. 205.
Göllerich, Aug. 67. 83. 87. 125. 174. 191. 202
Graupner 135.
Gruber 21.
Guttenbrunn, Adam Müller-, 33.
Gutmann, Albert 85. 93. 190.
Hain, R. 31.
Haydn 48. 135.
Halm, August 145. 210.
Hanfstängel 115.
Hanslick 38. 54. 60 f. 67. 69. 78. 81. 84. 86. 88. 92. 98. 103. 104.
Hausegger, Fr. v. 201. 212.
Helm, Dr., Theod. 73. 79. 80. 82. 84 f. 87. 95. 100. 107. 131. 134. 144. 210. 213. 221.
— Mathilde 130.
Hellmesberger 40. 67. 74. 87 f. 99. 105. 205.
Herbeck 15. 40 ff. 42. 47. 50. 53 f. 62. 67. 73. 81 f. 99. 110. 119. 159.
Herberger 110.
Heuberger 74 f. 121.
Heyse, Paul 99.
Hohenlohe-Schillingsfürst 105.
Horn, Camillo 67.
Hruby 63. 69. 119. 120.
Huemer 108.
Huber 115.
Hynais, Cyr. 67.
Jahn, Wilhelm 87. 202.
Kaehler 183. 212.
Kalbeck, Max 79. 86 f.
Kattinger 21. 26.
Kauffmann, Emil 159.
Kaulbach 110.
Kitzler, Otto 42 ff. 63. 118. 173.
Kirnberger 37.
Kleser, Dr., Hans 75.
Klindworth, Karl 107, 205.
Krejci 44.
Kryzanowski, Gustav 67.
Labler 212.
Levi, Herm. 91. 99. 106. 121. 183. 190. 205.
Lewinsky 99.
Liechtenstein, Fürst 80.
Liszt 54. 82. 84. 89. 74. 130.
Loidol 108.
Löwe, Ferdinand 67. 79. 96. 100. 110. 183. 190. 196. 202. 205. 212. 222.
Ludwig von Bayern 105. 152.
Mahler, Gustav 67. 109. 159. 190. 196. 202.
Marschner, Dr., Franz 65. 67. 74. 76. 121. 132.
Marpurg 37.
Max von Mexiko 109.
Meißner, A. 152.
Merklin-Schütz 71.
Morold, Max 137.
Mottl, Felix 67. 159. 190. 196.
Muck, Dr., Karl 92. 107. 205.
Müller, Georg 31.
Nedbal 191.
Neubauer, Josef 159.
Nicodé 191. 212.

Niemann, Walter 201.
Nietzsche 134, 151.
Nikisch, Artur 91. 67. 80. 106. 141. 142. 159. 179. 183. 196. 205. 223.
Nohl, Ludwig 88.
Ochs, Siegfried 107. 108. 159.
Oberhoffer 70.
Obrist 191.
Oetzelt, v. 105.
Palestrina 119. 138. 149.
Pauer, Em. 67.
Paumgartner, Hans 205.
Paupie, Ludwig 31.
Perger, Richard 159.
Pohlig 179. 202. 212.
Pramesberger, Dr. 48.
Pranghofer, Wenzel 30.
Preyer 29.
Püttlingen, Vesque von 38.
Rameau 38.
Rättig, Leod. 83.
Reger, Max 75
Reisch, Dr. Theodor 110.
Reznicek, E. N. v. 174.
Richter, Hans 83. 85. 101. 103. 106. 159. 183. 190. 205.
— F. X., 135.
— G. F., 195.
— Pius 73.
Riemann 38 f. 66. 135. 150.
Romuald 108.
Rosegger 11. 27. 222.
Rubinstein 74. 80.
Rudigier, Dr. Fr. Jos. 32 ff. 48.
Saint Saëns 71.
Schäffler 21.
Schalk, Franz 85. 96. 100. 196. 205.
—Josef 38. 83. 91. 98. 100 f. 110. 128. 159. 195.
Schatz 141.
Schenner, Wilh. 68.
Schmidt 125.
Schneider, Johann 72.
Schönaich 85. 99.
Schubert 54. 141.
Schumann 54. 142. 64.
Schuppanzigh 21.
Scriabine 145.
Sechter 29. 34 ff. 55. 66. 148.
Seiberl 28.
Sinsler 110.
Speidel, Ludwig 79. 89 f. 90. 68.
Staegemann 91.
Standhartner 99.
Stefan 106.
Stern 70.
Sternfeld, Richard 107.
Stifter, Adalbert 11. 26. 35. 195.
Storch, A. M. 51
Strauss, Richard 129. 132. 174. 183.
— Johann 78. 206. 225.
Stülz, J. 110.
Thomas 159.
Tilgner 115.
Türk, D. G. 24. 37.
Uhde, Fr. v. 115.
Vilbac, Renaud de 71.
Vockner 65.
Vogel, Bernhard 94.
Wackenroder 143. 160. 218.
Wagner 34. 38. 42 f. 45. 48. 62 f. 85. 87. 89. 99. 102. 105. 143. 144. 150. 190. 210. 221.
Waldeck 51.
Weber, Gottfried 37.
Weingartner 191, 202.
Weiss, Johann 16 ff.
Westphal 66.
Winderstein 191.
Witt 69.
Wolf, Hugo 27. 85. 100. 102. 107. 109. 127. 171. 210.
Wolfrum, Phil. 179.
Wüllner 191.
Zellner 68. 83.
Zenetti, Leopold v. 24.

SACHREGISTER

Thematik 123 f. 138. 148.
Form 136.
Erster Satz 137 f.
Ecksätze 139.
Scherzi 130 f.
Adagio 143 f.
Finale 138.
Sequenzen 141.
Unisono 140.
Pausen 137. 140.
Durchführungen 137. 148.
Harmonik 145 f.
Melodik 141.
Kontrapunktik 149.
Instrumentation 150 f.
Messen, F-moll 123. 138. 143. 150 ff.
— D-moll 46. 138. 159 ff.
Messen, E-moll 49. 148. 159.
Te Deum 71. 123. 137. 148. 159. 170 ff. 213.
150. Psalm 151. 159 ff.
Requiem 26.
Chöre 47.
1. Sinfonie 125. 126. 134. 147. 173 ff. —
2. Sinf. 135. 139. 141. 143. 147. 173. 179 ff. —
3. Sinf. 125. 135. 136. 139. 148. 169. 183 ff. 192. 196. 220. 222. — 4. Sinf. 129. 131. 133. 139. 144. 145. 147. 169. 190 ff. —
5. Sinf. 127. 139. 140. 148. 153. 196 ff. 207. —
6. Sinf. 145. 146. 202 ff. — 7. Sinf. 123. 124. 134. 139. 143. 145. 148. 180. 205 ff. 213. —
8. Sinf. 125. 130. 131. 136. 137. 138. 142. 143. 173. 212 ff. — 9. Sinf. 127. 128. 137. 142. 143. 145. 146. 147. 218 ff.